LAS
LECTURAS DIARIAS DE MAXWELL

365 DÍAS DE SABIDURÍA *para* DESARROLLAR
el LÍDER DENTRO DE USTED
e INFLUIR EN OTROS A SU ALREDEDOR

JOHN C. MAXWELL

GRUPO NELSON
Una división de Thomas Nelson Publishers
Desde 1798

NASHVILLE   DALLAS   MÉXICO DF.   RÍO DE JANEIRO

Editora General: *Graciela Lelli*
Adaptación del diseño al español: *Grupo Nivel Uno, Inc.*
Edición revisada por Lidere

www.lidere.org

ISBN: 978-1-60255-542-6

Impreso en Estados Unidos de América

22 23 24 25 26 LSCH 12 11 10 9 8 7 6

CONTENIDO

INTRODUCCIÓN

¿Cuál es la clave para el éxito? ¿Qué es lo que distingue a aquellos que logran alcanzar sus objetivos de quienes sólo pueden arreglárselas? La diferencia está en lo que cada uno hace a diario.

El secreto para lograr el éxito está en su agenda diaria.

Las personas logran todo su potencial porque invierten a diario en sí mismos. Dedican tiempo a añadirse valor. Y por esta razón pueden añadir valor a otros.

Hemos diseñado la obra *Las lecturas diarias de Maxwell* para ayudarlo a realizar esa inversión todos los días del año. Cada lectura contiene un pasaje de alguno de mis libros, con el fin de alentarlo, darle una lección, presentarle un desafío o impulsarlo a crecer. Cada lectura finaliza con un pensamiento que capturará la esencia del pasaje del día y lo ayudará a aplicarla en el diario vivir.

Es imposible crecer si usted no está dispuesto a cambiar. Y usted no cambiará a menos que modifique algo de lo que hace a diario. Es mi ruego que este libro le sea de ayuda en el año próximo.

—*John C. Maxwell*

ENERO

OCÚPESE DE LAS PEQUEÑAS COSAS

Cuando enseño en una conferencia o estoy firmando autógrafos durante la promoción de mis libros, las personas algunas veces me confían que también desean escribir algún libro. «¿Cómo inicio?» me preguntan.

«¿Cuánto escribe ahora?», les pregunto yo.

Algunos me dicen que están escribiendo artículos y yo los animo, pero la mayoría me dice tímidamente: «Bueno, no he escrito nada todavía.»

«Entonces lo primero que necesita hacer es empezar a escribir», les digo, «uno debe empezar con algo pequeño y avanzar desde allí».

Con el liderazgo es igual. Uno debe comenzar con algo pequeño y avanzar desde allí. Una persona que nunca ha dirigido antes, necesita influir en otra persona para empezar. Alguien que tiene influencia, debe tratar de desarrollar un equipo. Empezar con sólo lo necesario.

San Francisco de Asís decía: «Comience haciendo lo que es necesario; luego lo que es posible, y de pronto estará haciendo lo imposible». Todo buen liderazgo comienza donde usted está. Napoleón dijo: «Las únicas conquistas que son permanentes y no dejan dolor son las conquistas sobre nosotros mismos». Las pequeñas responsabilidades que usted tiene son la primera gran conquista de liderazgo que usted debe hacer. No intente conquistar el mundo hasta que usted se haya encargado de las cosas en su propio patio.

—*Líder de 360°*

¿QUÉ PEQUEÑO Y CONCRETO PASO
DE LIDERAZGO PUEDE DAR HOY?

EL INSTRUMENTO DEL LIDERAZGO

John W. Gardner observó: «Si he de nombrar un solo instrumento multiuso de liderazgo, ese es la comunicación». Si usted está familiarizado con alguno de mis libros sobre el liderazgo, entonces conoce mi creencia acerca de que todo surge y todo cae en el liderazgo. Lo que no he mencionado antes es que ese liderazgo surge y cae con la comunicación.

Si usted dirige su equipo, obséquiese tres normas para vivirlas mientras se comunica con su gente:

1. *Sea coherente.* Nada frustra más a los miembros del equipo que los líderes no logren organizar sus mentes. Una de las cosas que ganó el equipo de Gordon Bethune fue la coherencia en su comunicación. Sus empleados siempre sabían que podían depender de él y de lo que les hablaba.

2. *Sea claro.* Su equipo no puede obrar si no sabe lo que usted quiere. No intente deslumbrar a nadie con su inteligencia; impresiónelos con su simple franqueza.

3. *Sea cortés.* Todos merecen que se les muestre respeto, no importa cuál sea la posición de ellos o qué clase de historia tenga usted con ellos. Usted establece un tono para toda la organización si es amable con su personal.

No olvide que como líder, su comunicación pone el tono para la interacción entre su gente. Los equipos siempre reflejan a sus líderes. Pero no olvide que la buena comunicación no es de una sola vía. No debe ser de arriba hacia abajo o dictatorial. Los buenos líderes escuchan, invitan y luego animan a participar.

—*Las 17 leyes incuestionables del trabajo en equipo*

TOME CONCIENCIA DE QUE SU COMUNICACIÓN ESTABLECE EL TONO
CON LAS PERSONAS QUE USTED DIRIGE.

DISCERNIMIENTO

El discernimiento puede describirse como la habilidad de encontrar la raíz del problema, y descansa tanto en la intuición como en el pensamiento racional. El discernimiento es una cualidad indispensable para cualquier líder que desea lograr el máximo de efectividad. Esto ayuda a hacer muchas cosas importantes:

1. *Descubre la raíz del problema.* Los líderes de grandes organizaciones tienen que vérselas cada día con tremendos caos y complejidades. Nunca pueden reunir suficiente información como para tener un cuadro completo de casi nada. Como resultado tienen que confiar en el discernimiento para ver un cuadro parcial, llenar los espacios en blanco intuitivamente, y hallar el verdadero corazón del problema.

2. *Realza la solución de su problema.* Si puede ver la raíz del problema, puede resolverlo. Mientras más cerca está un líder a su área de inclinación, más fuerte será su capacidad y habilidad para ver las causas que originaron el problema. Si quiere aprovechar su potencial de discernimiento, trabaja en sus áreas fuertes.

3. *Evalúa sus opciones para un impacto máximo.* El asesor de administración Robert Heller tiene este consejo: «Nunca ignore un presentimiento, pero nunca piense que eso es suficiente». El discernimiento no se basa solo en la intuición, tampoco descansa solo en el intelecto. El discernimiento le permite usar tanto sus agallas como su cabeza para encontrar la mejor posición para su gente y su organización.

4. *Multiplica sus oportunidades.* Las personas que carecen de discernimiento raras veces están en el lugar correcto en el momento exacto. Aunque para algunos observadores los grandes líderes con frecuencia parecen ser personas afortunadas, creo que los líderes crean su propia «suerte» como resultado del discernimiento, esa disposición para usar su experiencia y seguir sus instintos.

—Las 21 cualidades indispensables de un líder

UTILICE SU DISCERNIMIENTO PARA POSICIONARSE A USTED MISMO Y POSICIONAR A LOS MIEMBROS DE SU EQUIPO DE MODO QUE ELLOS PUEDAN ALCANZAR EL ÉXITO.

USTED ES SU PROPIO LENTE

Quién es usted determina la manera como ve todo a su alrededor. Usted no puede separar su identidad de su perspectiva. Todo lo que usted es y todas las experiencias que ha tenido dan color y forma a su realidad. Ese es su lente, y esto es lo que quiero decir:

Un viajero que se acercaba a una ciudad grande preguntó a un anciano sentado junto al camino:

—¿Cómo es la gente en esta ciudad?

—¿Cómo eran allá, de donde usted viene?—preguntó el hombre.

—Terribles –contestó el viajero–. Desconsiderados, deshonestos, detestables en todo sentido.

—Ah –dijo el anciano–, esa es la clase de gente que va a encontrar en esta ciudad.

Apenas acababa de irse el viajero cuando llegó otro a averiguar sobre la gente de esa ciudad. De nuevo, el anciano le preguntó cómo era la gente en el lugar que acababa de dejar el viajero.

—Eran gente honesta, decente, trabajadora y generosa —declaró el segundo viajero—. Me dio tristeza dejar el lugar.

—Pues esa es la misma clase de gente que encontrará aquí —respondió el anciano.

La manera como vemos a los demás es un reflejo de nosotros mismos. Si soy una persona que confía en los demás, les veré como personas confiables. Si critico a los demás, veré a los demás como mis críticos. Si me intereso en los demás, les veré como gente compasiva.

Su personalidad se trasluce cada vez que usted habla acerca de los demás e interactúa con ellos. Alguien que no le conozca podría decir mucho acerca de usted basándose en una simple observación.

—*Cómo ganarse a la gente*

**TOME CONCIENCIA DE SU «LENTE»
AL INTERACTUAR CON OTROS.**

COLOQUE A LAS PERSONAS
EN SU LUGAR (CORRECTO)

Mover a alguien de un trabajo que odia al trabajo correcto puede ser un cambio de vida. Un gerente a quien entrevisté dijo que él movió una persona de su equipo a cuatro diferentes lugares en la organización, tratando de encontrar el lugar adecuado. Como la había colocado mal tantas veces, estaba casi a punto de rendirse, pero sabía que ella tenía un gran potencial y que era buena para la organización. Finalmente, después de encontrarle el trabajo adecuado, ella sobresalió totalmente.

Ya que este gerente sabe lo importante que es tener a cada persona trabajando en el lugar adecuado, le pregunta a su personal una vez al año: «Si usted pudiera estar haciendo cualquier cosa, ¿qué sería eso?» Las respuestas le ayudan a darse cuenta de cuáles personas están mal ubicadas en sus papeles.

Tratar de conseguir a la persona adecuada para el trabajo adecuado puede requerir de mucha energía y tiempo. Seamos realistas. ¿No es más fácil para el líder poner a las personas donde sea más conveniente y continuar con el trabajo? Una vez más, esta es un área donde el deseo de los líderes de actuar se vuelve en contra de ellos. Luche contra su tendencia natural de tomar una decisión y seguir adelante. No tenga miedo de mover a las personas cuando no estén sobresaliendo en la forma que deberían.

—*Líder de 360°*

Busque indicios para saber si alguien
de su equipo puede estar en un puesto mejor.

EL CARÁCTER LO ES TODO

¿Qué es lo que hace que una persona quiera seguir a un líder? ¿Por qué la gente obedece a regañadientes a uno mientras que a otro lo sigue apasionadamente hasta el fin de la tierra? ¿Qué es lo que diferencia a los líderes teóricos de los líderes exitosos que dirigen con efectividad en el mundo real? La respuesta está en las cualidades del carácter de la persona.

Mi amigo, ¿sabe si tiene lo que se necesita para convertirte en un gran líder, el tipo de líder que atrae a la gente y hace que las cosas ocurran? Quiero decir, si toma el tiempo para mirarse profundamente, ¿encontrará las cualidades que necesita para cumplir sus sueños más audaces, tan grandes que nunca ha compartido con nadie en el mundo? Esa es la pregunta que tenemos que tener la valentía de hacernos, y responderla con sinceridad si queremos desarrollar nuestro verdadero potencial.

—Las 21 cualidades indispensables de un líder

CULTIVE AQUELLAS CUALIDADES DEL CARÁCTER NECESARIAS PARA SER UN LÍDER EXITOSO Y APASIONADO.

LA LEY DE LA INFLUENCIA

La verdadera medida del liderazgo es la influencia, nada más ni nada menos. El verdadero liderazgo no puede ser otorgado, nombrado, ni asignado. Sólo procede de la influencia, y esta no puede imponerse. Debe ser ganada.

La prueba del liderazgo se encuentra en los seguidores. Siendo este el caso, ¿por qué algunas personas emergen como líderes, mientras que otras no pueden influenciar a los demás, sin importar cuánto se esfuercen en hacerlo? Creo que varios factores juegan un papel importante:

1. Carácter: quienes son
2. Relaciones: a quienes conocen
3. Conocimiento: lo que saben
4. Intuición: lo que sienten
5. Experiencia: donde han estado
6. Éxitos pasados: lo que han hecho
7. Capacidad: lo que pueden hacer

Este es mi proverbio favorito acerca del liderazgo: «El que se cree líder y no tiene seguidores, sólo está dando un paseo». Si usted no puede influir en otros, estos no lo seguirán. Y si ellos no lo siguen, usted no es un líder.

—*Las 21 leyes irrefutables del liderazgo*

¿LO SIGUEN LAS PERSONAS, O SÓLO ESTÁ DANDO UN PASEO?

SEÑALE LAS FORTALEZAS DE LOS DEMÁS

Con frecuencia, las personas cometen un error en su desarrollo personal cuando se concentran demasiado en sus debilidades. Como resultado, dedican demasiado tiempo a arreglar sus puntos débiles en lugar de maximizar sus puntos fuertes. De la misma manera, es un error enfocarse en las debilidades de los demás. Los autoproclamados «expertos» que pueden señalar lo malo de los demás *nunca* se ganan a la gente. La mayoría de las personas simplemente los evitan.

Más bien, debemos enfocarnos en descubrir los puntos fuertes de las personas y señalarlos. La mayoría de las personas tienen puntos fuertes que raramente utilizan. Pueden ser habilidades en el trabajo, conocimiento, capacidades generales, características de personalidad u otros atributos. Una vez leí un dato interesante basado en una investigación que decía que cada uno de nosotros puede hacer al menos una cosa mejor que otros diez mil. ¡Piense en eso! Usted posee un talento que no puede ser igualado por ninguno en su ciudad o vecindario . . . o en su universidad, o en la compañía o industria donde trabaja.

¿Ha descubierto ese talento? Si es así, es probable que ya vaya camino de encontrar el propósito de su vida. Si no es así, ¿no le gustaría que alguien viniera y se lo señalara? ¿Cómo se sentiría usted con esa persona? Le aseguro que estaría muy agradecido.

¿Por qué no intenta ser esa clase de persona para alguien más? Si lo hace, quizás esté ayudando a otros a que descubran para qué los creó Dios.

—*25 maneras de ganarse a la gente*

SEÑALE HOY UNA GRAN FORTALEZA DE OTRA PERSONA.

EL PODER DE ESTAR ENFOCADO

¿Qué tiempo toma la concentración requerida para ser un líder verdaderamente efectivo? La clave son las prioridades y la concentración. Un líder que conoce sus prioridades pero carece de concentración sabe qué hacer pero nunca lo termina. Si tiene concentración pero no prioridades, tiene excelencia sin progreso. Pero cuando tiene ambas cosas, tiene el potencial para lograr lo espectacular.

Con frecuencia me encuentro con personas en posiciones de liderazgo que parecen especializarse en cosas menores. Por lo que la pregunta importante es: ¿Cómo debe usted aprovechar su tiempo y energía?

Los líderes efectivos que alcanzan su potencial invierten más tiempo concentrados en lo que hacen bien que en lo que hacen mal. Para tener éxito, concéntrese en sus éxitos y desarróllelos. En eso es que debe invertir su tiempo, energía y recursos.

Crecimiento es igual a cambio. Si quiere ser mejor, tiene que mantenerse cambiando y mejorando. Esto significa entrar a nuevas áreas. Si dedica tiempo a cosas nuevas relacionadas con áreas fuertes, entonces crecerá como líder. No olvide que en el liderazgo, si dejó de crecer, estará terminado.

Nadie puede evitar completamente trabajar en sus áreas débiles. La clave es minimizarlas tanto como sea posible, y los líderes lo logran delegando. Por ejemplo, yo delego en otros los trabajos de detalles. Un equipo de personas maneja toda la logística de mis conferencias. De esa forma cuando estoy allí, me apego a las cosas que hago mejor, como por ejemplo, dar el discurso.

—Las 21 cualidades indispensables de un líder

ESTABLEZCA HOY SUS PRIORIDADES
Y ENFÓQUESE EN SUS FORTALEZAS.

MARQUE EL RUMBO

Cualquiera puede gobernar un barco, pero se necesita que un líder planee la ruta. Antes de llevar a su gente a una jornada, el líder atraviesa por un proceso a fin de que el viaje tenga la mejor oportunidad de ser exitoso:

Los navegantes se benefician de la experiencia pasada: La mayoría de los líderes naturales son activistas. Tienden a mirar hacia delante y no hacia atrás, toman decisiones y siguen adelante. Pero para que los líderes se conviertan en buenos navegantes, necesitan reflexionar y aprender de sus propias experiencias.

Los navegantes examinan las condiciones antes de contraer compromisos: Los buenos navegantes analizan todo antes de realizar un compromiso con ellos o con los demás. No sólo examinan los factores medibles como las finanzas, los recursos y el talento sino también los recursos intangibles como el tiempo, la moral, el ímpetu, la cultura, etc.

Los navegantes escuchan lo que otros dicen: No importa cuán buen líder es, usted no tendrá todas las respuestas. Por eso los navegantes de primera clase reúnen información de diversas fuentes.

Los navegantes se aseguran que sus conclusiones representen tanto las expectativas como los hechos: El poder «navegar», dirigir a los demás, exige al líder una actitud positiva. Usted debe tener fe de que puede llevar a su gente a lo largo de toda la jornada. Por otra parte, usted también debe ser capaz de ver los hechos de manera realista. Si no empieza con los ojos bien abiertos, se encontrará con una sorpresa.

—*Las 21 leyes irrefutables del liderazgo*

¿SE HA TOMADO TIEMPO PARA MARCAR
EL RUMBO DE LAS PERSONAS QUE DIRIGE?

LA LEY DE LAS PRIORIDADES

Cuando estamos ocupados, naturalmente creemos que estamos yendo a algún lugar. Pero una ocupación no equivale a tener productividad. La actividad no es necesariamente logro. Dar prioridades requiere que los líderes continuamente piensen con anticipación, que sepan lo que es importante, lo que sigue, que puedan ver cómo las cosas se relacionan con la visión general.

- *¿Cuál es el requisito?* ¿Qué debo hacer que nadie puede o debe hacer por mí?
- *¿Qué da los mayores resultados?* Trabaje en sus áreas más fuertes. Si otra persona de su organización puede realizar una labor de usted en un ochenta por ciento, delegue esta labor.
- *¿Qué produce la recompensa más grande?* La vida es muy corta para dejar de hacer las cosas que uno disfruta. ¿Qué le da energía a su vida y le apasiona a usted?

—*Las 21 leyes irrefutables del liderazgo*

HOY SOLO DEDIQUE TIEMPO A AQUELLO QUE LOGRE
PASAR LA PRUEBA DE LA EXIGENCIA, EL RENDIMIENTO
Y LA RECOMPENSA.

LAS PERSONAS NECESITAN SABER QUE FUERON DE AYUDA A OTROS

Cada vez que alguien me dice lo valiosa que es la gente de equipo, yo lo animo para que vaya y se lo diga a ellos. ¿Por qué? Porque necesitan saber que han ayudado a alguien.

«Los buenos líderes hacen que la gente se sienta parte esencial de las cosas, no solo un complemento» dice Warren Bennis, autor y experto en liderazgo. «Todos sienten que marcan una diferencia en el éxito de la organización. Cuando eso sucede, la gente se siente parte de ello y eso hace que el trabajo tenga sentido».

Walter Shipley de Citibank dice: «Tenemos 68,000 empleados. Con una compañía de esta magnitud, yo no me encargo del negocio . . . Mi trabajo es crear un ambiente que permita que la gente se apoye mutuamente más allá de sus propias capacidades . . . Yo recibo el mérito por proveer el liderazgo que nos tiene allí, pero ha sido la gente la que lo ha hecho». Shipley comprende lo que todo líder exitoso sabe, que la gente necesita saber que ellos fueron una parte importante en el resultado obtenido.

No es una señal de debilidad hacerles saber a los demás que los valoramos. Es una señal de seguridad y fortaleza. Cuando se es honesto con la necesidad de pedir ayuda, cuando se es específico acerca del valor que añaden los demás a la causa y cuando se es inclusivo con ellos para formar un equipo que hará algo mayor a lo que uno es, todos ganamos.

—25 maneras de ganarse a la gente

DÍGALES A LOS MIEMBROS DE SU EQUIPO
POR QUÉ SON VALIOSOS PARA USTED.

CONTROLE LO QUE HAY EN USTED

El ex entrenador de baloncesto de UCLA, John Wooden, uno de los entrenadores más grandes que haya existido, decía: «No permitas que lo que no puedes hacer interfiera con lo que sí puedes». Wooden era famoso por estimular a sus jugadores hacia la excelencia y animarles a alcanzar su potencial. Su meta nunca fue ganar un campeonato. Le interesaba el viaje, no el destino. Sin embargo, su ética de trabajo y su dedicación a las cosas que estaban bajo su control permitieron que su equipo tuviera cuatro temporadas invictas, una racha de ochenta y ocho partidos ganados consecutivamente y el increíble récord de diez campeonatos nacionales. Nadie había logrado eso antes que él, y nadie lo ha logrado desde entonces.

Es necesario que a medida que avanza en el viaje del éxito recuerde que lo que ocurre en usted es más importante que lo que le ocurre a usted. Puede controlar sus actitudes a medida que avanza en el viaje, pero no tiene control sobre las acciones de los demás. Usted decide lo que escribe en su agenda, pero no puede controlar las circunstancias de hoy. Desafortunadamente, la mayor parte del temor y las tensiones que tiene la gente se debe a cosas que no pueden controlar. No permita que esto le ocurra.

—El mapa para alcanzar el éxito

ENFÓQUESE HOY EN AQUELLAS COSAS
EN LAS QUE PUEDA HACER ALGO.

LOS LÍDERES VEN EL CONTEXTO GENERAL

La mayoría de las personas evalúan los eventos en sus vidas según la forma en que sean afectadas de manera personal. Los líderes piensan en un contexto más amplio. Comienzan preguntándose: ¿Cómo impactará esto a mi personal? Pero también se fijan en cómo impactar a los que están arriba y al lado de ellos. Tratan de ver todo en términos de la organización y más allá.

Los líderes efectivos saben dar respuestas a las siguientes preguntas:

- ¿Cómo encajo en mi área o departamento?
- ¿Cómo encajan todos los departamentos en la organización?
- ¿Cómo encaja nuestra organización en el mercado?
- ¿Cómo se relaciona nuestro mercado con respecto a las otras industrias y a la economía?

Y entre tanto que las industrias en nuestra economía se hacen más globales, muchos líderes buenos siguen pensando aun ¡más ampliamente!

Usted no tiene que convertirse en un ecónomo global para dirigir efectivamente desde la parte intermedia de su organización. El punto es que los líderes de 360° ven su área como parte de un proceso más grande, comprenden como las piezas del rompecabezas se deben acomodar. Si usted desea ser mejor líder, entonces amplíe su mentalidad y mire las cosas desde una perspectiva más amplia.

—*Líder de 360°*

PIENSE EN LAS MEJORAS POSITIVAS QUE PUEDA HACER HOY SOBRE LA BASE DE SU COMPRENSIÓN DE CÓMO SE ADECUA USTED EN SU ÁREA, ORGANIZACIÓN, MERCADO E INDUSTRIA.

DÉJESE IMPRESIONAR EN VEZ DE IMPRESIONAR A OTROS

Con frecuencia pensamos que si podemos impresionar a los demás, también influiremos en ellos. Queremos convertirnos en los héroes, asombrarlos. Eso crea un problema porque solo somos seres humanos, las personas pueden ver quiénes somos en realidad. Si nuestra meta es impresionarlos, nuestro orgulloso se infla y acabamos siendo pretenciosos, lo que hace que la gente se desinterese.

Si usted desea influir en los demás, no trate de impresionarlos. El orgullo realmente no es nada más que una forma de egoísmo, y la pretensión es solo una manera de mantener a las personas a distancia para que no vean quiénes somos en realidad. En lugar de impresionar a los demás, deje que ellos lo impresionen.

En realidad es una cuestión de actitud. Las personas con carisma, aquellos que atraen a los demás, son individuos que se enfocan en los demás, no en sí mismos. Hacen preguntas; escuchan; no tratan de ser el centro de atención, y no intentan parecer perfectos.

—*Líder de 360°*

DEDIQUE EL DÍA DE HOY A ESCUCHAR A LOS DEMÁS
Y DÉJESE IMPRESIONAR.

MANEJE SU ACTITUD A DIARIO

Uno de los descubrimientos más importantes de mi vida fue el darme cuenta que a menudo ponemos demasiado énfasis en la toma de decisiones y muy poco en el manejo de las decisiones que ya hemos tomado. Este descubrimiento fue tan importante para mí que escribí un libro que llamé *Today Matters*. La tesis del libro es que la gente de éxito toma decisiones correctas al comienzo y luego maneja esas decisiones a diario. Usted puede decidir tener una buena actitud, pero si no hace planes para *manejar* esa decisión a diario, entonces posiblemente va a terminar exactamente donde comenzó. Pero aquí está la buena noticia: *mantener* la actitud correcta es más fácil que recuperar la actitud correcta.

¿Cómo hace eso? Un proverbio chino que encontré nos da discernimiento: «Asuma una alegría que no siente, y en poco tiempo sentirá la alegría que asumió». O como dice el editor y publicador Elbert Hubbard: «Sea agradable hasta las diez de la mañana y lo que queda del día se encargará del resto». Cuando se levante en la mañana, necesita acordarse de la decisión que hizo de tener una actitud positiva. Necesita manejar sus pensamientos y dirigir sus acciones para que sean consecuentes con su decisión.

Si se responsabiliza de su actitud —reconociendo que puede cambiar su manera de vivir, manejándola todos los días, cultivando y desarrollando pensamientos y hábitos positivos— entonces podrá convertir a su actitud en su posesión más valiosa. Se podrá convertir en lo que marque la diferencia en su vida, abriendo puertas y ayudándole a vencer grandes obstáculos.

—Lo que marca la diferencia

DECÍDASE A MANTENER HOY UNA ACTITUD POSITIVA,
Y APLIQUE ESA DECISIÓN DURANTE EL RESTO DEL DÍA.

LA LEY DE LA CONEXIÓN

Entre mejor sea la relación que entable usted con los seguidores, y más fuerte la conexión que cree, más probabilidades hay de que esos seguidores quieran ayudarlo.

Sea que esté hablando en frente de una gran audiencia o conversando en un pasillo con un individuo, las directrices son las mismas:

1. *Conéctese con usted mismo*: Debe saber quién es y tener confianza en usted mismo si desea conectarse con los demás.

2. *Comuníquese con apertura y sinceridad*: El entrenador legendario de la NFL, Bill Walsh, dijo: «No hay nada más eficaz que un elogio sincero y no hay nada más feo que un elogio inventado».

3. *Conozca su audiencia*: Aprenda los nombres de las personas, conozca sus historias, pregúnteles sus sueños. Debe hablar sobre lo que ellos aprecian.

4. *Viva lo que predica*: Practique lo que se predica. De allí surge la credibilidad.

5. *Búsquelos*: Me disgustan las barreras de la comunicación. Me adapto a los demás. No espero que ellos se adapten a mí.

6. *Enfóquese en ellos, no en usted mismo*: El problema número uno de los conferencistas sin experiencia, y también de los líderes ineficientes, es enfocarse en sí mismo.

7. *Crea en ellos*: Una cosa es comunicarse con las personas porque usted cree que tiene algo de valor que decir. Otra cosa es comunicarse con las personas porque cree que ellos tienen valor.

8. *Ofrezca dirección y esperanza*: El general francés Napoleón Bonaparte dijo: «Los líderes son repartidores de esperanza».

—*Las 21 leyes irrefutables del liderazgo*

PROPÓNGASE CONECTARSE CON LAS PERSONAS
QUE USTED DIRIGE.

TÓMESE TIEMPO PARA ENTENDER A LOS DEMÁS

¿Cómo anda en términos de sus relaciones? ¿Dedica mucho tiempo y energías a establecer relaciones sólidas con los miembros de su equipo o está tan concentrado en los resultados que no se preocupa de los demás sino sólo de las metas que quiere alcanzar? Si esto último es cierto, piense en las sabias palabras de George Kienzle y Edward Dare en *Climbing the Executive Ladder*: «Pocas cosas le pagarán más altos dividendos que el tiempo y las dificultades que pase tratando de entender a los demás. Casi nada agregará más a su estatura como ejecutivo y como persona. Nada le dará una satisfacción más grande o le traerá mayor felicidad». Convertirse en una persona que valora mucho las relaciones trae éxito individual y al equipo.

—Las 17 cualidades esenciales de un jugador de equipo

CONSTRUIR RELACIONES SÓLIDAS CON SUS EMPLEADOS REDUNDARÁ
EN BUENOS RESULTADOS.

LA REGLA DE LOS TREINTA SEGUNDOS

Cuando las personas se reúnen, buscan maneras para verse bien frente a los demás. La clave para la regla de los 30 segundos es invertir esta práctica. Cuando usted hace contacto con los demás, en lugar de enfocarse en sí mismo, trate que ellos se vean bien.

Cada día antes de salir para alguna reunión, me detengo a pensar en algo que pueda animar a esas personas. Lo que les digo puede ser una de muchas cosas: agradecerles por algo que hayan hecho por mí o por un amigo; decirles acerca de alguno de sus logros; elogiarlos por una cualidad personal que exhiben, o simplemente darles un cumplido por su apariencia. La práctica no es complicada pero toma tiempo, esfuerzo y disciplina. La recompensa de practicarla es inmensa, porque realmente hace un impacto positivo en la gente.

—25 maneras de ganarse a la gente

TÓMESE HOY TREINTA SEGUNDOS PARA AÑADIR VALOR A CADA PERSONA CON LA QUE SE REÚNA.

ANTES DE COMENZAR, DESARROLLE RELACIONES

Los líderes cometen el error común de tratar de dirigir a otros antes de desarrollar una relación con ellos. Mientras se prepara para desarrollar a otras personas, dedique tiempo a conocerse mutuamente. Pídales que le cuenten su historia; lo que ha sido su viaje hasta este punto. Descubra lo que les molesta, sus fortalezas y sus debilidades, su temperamento. Pase algún tiempo con ellos fuera del ámbito donde normalmente los ve. Si trabajan juntos, practiquen juntos algún deporte. Si se conocen en la iglesia, reúnanse en el lugar de trabajo. Si estudian juntos, pasen algún tiempo juntos en la casa. Usted puede usar este principio en su hogar, con su familia. Por ejemplo, si dedica tiempo a sus hijos fuera de su ambiente cotidiano, aprenderá mucho acerca de ellos. Desarrollará su relación en una forma nueva, y les ayudará a crecer.

—*El mapa para alcanzar el éxito*

LAS TAREAS APUNTADAS EN SU AGENDA DE HOY
¿SON ALGO VALIOSO EN SU VIDA?

EL VALOR DEL TIEMPO

El tiempo es valioso. El psiquiatra y autor M. Scott Peck dijo: «Hasta que usted se valore, usted no valorará su tiempo. Hasta que usted valore su tiempo, usted no hará nada con él». En *What to Do Between Birth and Death*, Charles Spezzano dice que la gente no paga por las cosas con dinero; ellos las pagan con el tiempo. Si usted se dice a sí mismo, *En cinco años, habré ahorrado lo suficiente para comprar aquella casa de vacaciones,* entonces lo que usted dice realmente es que la casa le costará cinco años. «La frase ocupar su tiempo no es una metáfora», dice Spezzano. «Es la forma real en que la vida funciona».

En vez de pensar sobre lo que usted hace o lo que usted compra en términos de dinero, piense en ellos en términos de tiempo. Piénselo. ¿A qué vale la pena dedicar su vida? Ver su trabajo a través de esa perspectiva puede que cambie el modo en que usted administra su tiempo.

—*Líder de 360°*

LAS TAREAS APUNTADAS EN SU AGENDA DE HOY
¿SON ALGO VALIOSO EN SU VIDA?

HAGA CRECER A OTROS

Los miembros de un equipo siempre aprecian y admiran a alguien que es capaz de ayudarles a alcanzar otro nivel, alguien que los haga sentirse importantes y los capacite para alcanzar el éxito.

Los jugadores que añaden valor a sus compañeros tienen varias características en común:

1. *Valoran a sus compañeros de equipo*: Los miembros de su equipo pueden decir si usted cree en ellos o no. El rendimiento de las personas usualmente refleja las expectativas de aquellos a quienes respetan.

2. *Valoran lo que es importante para sus compañeros*: Los jugadores que valoran a otros escuchan para descubrir de qué hablan y en qué gastan su dinero. Este tipo de conocimiento, junto con el deseo de relacionarse con sus compañeros, crea una fuerte conexión entre todos.

3. *Añaden valor a sus compañeros*: Agregar méritos es realmente la esencia de realzar a otros. Es encontrar formas de ayudarles a mejorar sus habilidades y actitudes. Alguien que realza los méritos de otros busca los dones, talentos y la singularidad de los demás y luego les ayuda a aumentar sus habilidades.

4. *Hacen de sí mismos personas más valiosas*: Las personas que valoran a los demás se hacen ellos mismos mejores no sólo porque con esa actitud se benefician personalmente sino también porque ayudan a los demás a ayudar a otros. Si usted quiere aumentar la capacidad de un compañero de equipo, hágase usted mismo mejor.

¿Cómo lo ven sus compañeros de equipo? ¿Reconoce los méritos de los demás? ¿Los hace mejor de lo que pueden ser sólo con su inspiración y contribución? ¿Conoce realmente el valor de los miembros de su equipo? ¿Aprovecha esas características añadiéndoles valor en esas áreas?

—*Las 17 cualidades esenciales de un jugador de equipo*

TOME HOY MEDIDAS CONCRETAS PARA HACER CRECER A SUS
COMPAÑEROS DE EQUIPO.

VENCIENDO LAS BARRERAS PARA EL EMPODERAMIENTO

Dirigir correctamente no significa enriquecerse uno mismo, significa otorgarles poderes a los demás. Sólo las personas que han sido investidas con poder pueden explotar su potencial. Cuando un líder no puede, o simplemente no quiere otorgar poderes a otros, levanta en la organización barreras que nadie puede atravesar.

Cuando los líderes no otorgan poderes a otros, por lo general se debe a tres razones:

1. Deseo de seguridad en el trabajo
2. Resistencia al cambio
3. Falta de autoestima

La verdad es que el otorgamiento de poderes es poderoso, no sólo para la persona que está en desarrollo, sino también para el mentor. Engrandecer a los demás lo engrandece a usted. Es un impacto que puede experimentar como líder con tal de que esté dispuesto a creer en las personas y otorgarles su poder.

—*Las 21 leyes irrefutables del liderazgo*

¿ESTÁ USTED DISPUESTO A CEDER SU PODER
PARA HACER CRECER A OTROS?

LOS LÍDERES NO PUEDEN ESTAR POR ENCIMA DE LOS LÍMITES DE SU CARÁCTER

¿Ha visto alguna vez a personas altamente talentosas que repentinamente se desmoronaron cuando lograron cierto nivel de éxito?

Steven Berglas, psicólogo de la Escuela de Medicina de Harvard y autor de *The Success Syndrome*, dice que la gente que alcanza grandes alturas pero carece de un carácter sólido que los sostenga a través del estrés, van de cabeza al desastre. Él cree que su destino está determinado por una o más de las siguientes características: arrogancia, profundos sentimientos de soledad, una búsqueda destructiva de aventuras, o adulterio. Cada una constituye un precio muy alto a pagar por un carácter débil.

Si cree que una de estas cuatro características que identifica Berglas lo ha absorbido, tómese un descanso. Haga lo que sea para alejarse de algunos de parte del estrés de su éxito, y busque ayuda profesional. No piense que el valle en el que ahora está pasará con el tiempo, con más dinero, o con un aumento del prestigio. Las grietas no detectadas en el carácter solo se profundizan más y se vuelven más destructivas con el tiempo.

Aun si no tiene conflictos con algunas de estas cuatro áreas debe de todos modos examinar la condición de su carácter. Pregúntese si normalmente sus palabras y sus acciones concuerdan. Cuando dice que va a terminar un trabajo, ¿siempre lo termina? Si le dice a su hijo que va a asistir a su recital o a su juego de pelota, ¿estará allí?

Cuando guíe a otros en la casa, el trabajo, la comunidad, reconozca que su carácter es su más importante posesión. G. Alan Bernard, presidente de Mid Park Inc., afirmó: «El respeto que se merece el liderazgo requiere que la ética sea intachable. Un líder no solo está por encima de la línea entre lo correcto y lo erróneo, sino que su posición debe ser bien clara en las "áreas grises"».

—Las 21 cualidades indispensables de un líder

EXAMINE EL ESTADO DE SU CARÁCTER Y ASEGÚRESE DE QUE SUS PALABRAS SEAN COHERENTES CON SUS ACCIONES.

VISIÓN

Uno de los más grandes soñadores del siglo veinte fue Walt Disney. Cuando las dos hijas de Walt eran jóvenes, él acostumbraba llevarlas a un parque de diversiones en el área de Los Ángeles los sábados por la mañana. Walt se sintió especialmente cautivado por el carrusel. Al acercarse, vio una mancha de imágenes brillantes cabalgando alrededor al sonido de la música del órgano de vapor. Pero cuando estuvo más cerca y el carrusel se detuvo, pudo ver que sus ojos habían sido engañados. Observó caballos gastados con la pintura agrietada y descascarada, y notó que solo los caballos de la línea exterior se movían arriba y abajo. Los otros se mantenían sin vida fijos en el suelo. El desengaño le dio una gran visión: Disneylandia y Walt Disney World.

Para un líder, la visión es todo. Es absolutamente indispensable. ¿Por qué? porque es la visión la que lo guía. Es ella la que marca la meta. Enciende y alimenta el fuego dentro de él, y lo lleva hacia adelante. También es el encendedor para otros que siguen a ese líder. Muéstreme un líder sin visión, y le mostraré alguien que no va a ningún lugar. En el mejor de los casos, viaja en círculos.

Si carece de visión, mire dentro de sí. Saque sus deseos y dotes naturales. Mire a su llamado, si tiene uno. Si todavía no siente una visión propia, piense en la posibilidad de conectarse con un líder cuya visión esté en consonancia con la suya. Hágase su compañero. Esto es lo que Roy, el hermano de Walt Disney, hizo. Él era un buen hombre de negocios y un líder que podía hacer cosas, pero Walt era el que le proveía la visión. Juntos hicieron un equipo increíble.

—Las 21 cualidades indispensables de un líder

ENCUENTRE SU VISIÓN Y DEJE QUE LO GUÍE
EN TODO AQUELLO QUE HACE.

TODOS INFLUIMOS EN ALGUIEN

Los sociólogos nos dicen que aun el individuo más introvertido influirá en ¡diez mil personas durante toda su vida! Este sorprendente dato me fue aportado por mi socio Tim Elmore. Tim y yo concluimos que cada uno de nosotros influye y recibe influencia de otros. Eso significa que todos nosotros dirigimos en algunas áreas, mientras que en otras nos dirigen. A nadie se exenta de ser líder o seguidor. Hacer efectivo su potencial de líder es su responsabilidad. En cualquier situación dada, con cualquier grupo dado, hay una persona que ejerce una influencia prominente.

El líder prominente de cualquier grupo puede descubrirse muy fácilmente. Sólo observe a la gente cuando se reúne. Si se decide algo, ¿cuál es la persona cuya opinión parece de mayor valor? ¿A quién observan más cuando se discute un asunto? ¿Con quién se ponen de acuerdo más rápido? Y lo que es más importante: ¿A quién le sigue la gente? Las respuestas a estas preguntas le ayudarán a discernir quién es el verdadero líder de un grupo en particular.

—Desarrolle el líder que está en usted

¿QUIÉN ES EL VERDADERO LÍDER EN SU LUGAR DE TRABAJO?
¿QUÉ IMPACTO TENDRÁ ELLO EN EL MODO
EN QUE USTED DIRIGE A OTROS?

LA ESENCIA DEL LIDERAZGO

¿Dónde está su corazón cuando se trata de servir a otros? ¿Desea llegar a ser un líder para obtener gloria y beneficios? ¿O está motivado por un deseo de ayudar a otros?

Si realmente quiere llegar a ser el tipo de líder que la gente quiere seguir, tiene que decidir ser un servidor. Si su actitud es que lo sirvan más que servir, puede que tenga problemas. Si esto es un problema para su vida, entonces necesita poner atención a este consejo:

- Deje de señorearse de las personas y empiece a escucharlas.
- Deje de actuar en busca de ventajas personales y empiece a arriesgarse por el beneficio de otros.
- Deje de buscar su propio beneficio y empiece a servir a otros.

Es verdad que aquel que quiera ser grande tiene que ser como el más pequeño y el siervo de todos.

Albert Schweitzer una vez dijo: «Yo no sé cuál será su destino, pero una cosa sí sé: los que entre ustedes hayan buscado y encontrado cómo servir, serán verdaderamente felices». Si quiere dirigir en el nivel más alto, tiene que estar dispuesto a servir en el nivel más bajo.

—Las 21 cualidades indispensables de un líder

ANALICE SU MOTIVACIÓN PARA DIRIGIR A OTROS.

SEA ACTOR DE SU PROPIO CAMBIO

La calidad de su vida y la duración de su viaje al éxito dependen de su actitud, y usted es la única persona del mundo que tiene el poder de mejorarla. El doctor William Glasser sostuvo: «Si quiere cambiar sus actitudes, comience con un cambio de conducta. En otras palabras, comience a jugar, de la mejor forma posible, el papel de la persona que quiere ser, la persona en la que quiere convertirse. Gradualmente, la persona antigua comenzará a desvanecerse».

El cambio requiere acción. La mayoría de las personas esperan hasta sentir el deseo de cambiar de actitud. Pero eso solo los deja esperando porque tienen el orden del proceso a la inversa. Si espera hasta tener ganas para tratar de cambiar de actitud, nunca cambiará. Usted tiene que actuar para producir el cambio.

> Un acto de voluntad
> le pondrá en acción;
> Y su acción positiva
> le llevará a una actitud positiva.

Según Henry Ford: «Sea que pienses que puedes o que no puedes, tienes razón». La mente, más que cualquier otra cosa, determina cuán lejos llegará en el viaje del éxito.

—*El mapa para alcanzar el éxito*

ANTE LA ADVERSIDAD, ACTÚE EN POSITIVO.

HAGA SABER A LOS DEMÁS QUE LOS NECESITA

El día que me di cuenta que no podía hacerlo todo por mí mismo fue un gran paso en desarrollo como persona y como líder. Siempre he tenido visión, muchas ideas y energía. Pero cuando la visión se hace más grande que uno, sólo hay dos opciones: Abandonar la visión o buscar ayuda. Yo escogí la última.

No importa los éxitos que haya alcanzado ni cuán importante sea, lo que usted realmente necesita es a la gente. Es por eso que tiene que hacerles saber que no podría triunfar sin ellos. El presidente Woodrow Wilson dijo: «No solo deberíamos usar todos los cerebros que tenemos, sino que deberíamos pedir prestados todos los que podamos». ¿Y por qué sólo los cerebros? ¡Reclute las manos y los corazones de las personas también! Otro presidente, Lyndon Johnson, tenía razón cuando dijo: «No hay problema que no podamos resolver juntos, y muy pocos que podamos resolver solos».

—25 maneras de ganarse a la gente

DEDIQUE TIEMPO HOY A HACERLES SABER A QUIENES LO RODEAN CUÁNTO LOS NECESITA Y APRECIA.

ESTABLEZCA EL RUMBO

Si pudiera ir a cualquier lugar, ¿adónde le gustaría ir? No como vacaciones, sino en su vida. Su respuesta a esa pregunta es importante para determinar si usted tiene o no tiene éxito. Todos vamos de viaje, lo sepamos o no. Viajamos inevitablemente hacia el fin de nuestra vida. Así que la verdadera pregunta para nosotros es si vamos a elegir un destino y encaminarnos hacia él, o si vamos a dejarnos llevar por la corriente, y permitir que otros determinen adónde llegaremos. La decisión es completamente nuestra.

—El mapa para alcanzar el éxito

¿HACIA QUÉ DESTINO ESPECÍFICO ENCAMINA USTED SU VIDA?

CRECIENDO PARA ALCANZAR EL MÁXIMO DE SUS POSIBILIDADES

El novelista H. G. Wells sostuvo que la riqueza, la notoriedad, la posición y el poder no son de ningún modo una medida para el éxito. La única medida verdadera del éxito es la relación entre lo que podríamos haber sido y lo que hemos llegado a ser. En otras palabras, el éxito viene como resultado de la manera en que cultivamos nuestro potencial.

Se ha dicho que nuestro potencial es lo que Dios nos ha regalado, y lo que hacemos con él es nuestro regalo a Dios. Pero al mismo tiempo, nuestro potencial es probablemente el recurso sin utilizar más grande que tenemos. Henry Ford señaló: «No hay hombre viviente que no pueda hacer más de lo que piensa que puede».

Tenemos un potencial casi ilimitado, sin embargo, son muy pocos los que procuran alcanzarlo. ¿Por qué? La respuesta es: Podemos hacer *cualquier cosa*, pero no podemos hacerlo *todo*. Muchas personas dejan que quienes les rodean decidan su agenda en la vida. Como resultado, nunca se dedicarán realmente a *su* objetivo en la vida. Se convierten en personas de muchos oficios, expertos en ninguno, en lugar de enfocarse en uno solo.

Si esto lo describe mejor de lo que le gustaría, probablemente esté listo para dar los pasos para hacer un cambio. A continuación hay cuatro principios que lo pondrán en el camino para cultivar su potencial:

1. Concéntrese en una meta principal.
2. Concéntrese en un mejoramiento continuo.
3. Olvide el pasado.
4. Concéntrese en el futuro.

Cuando conoce el propósito de su vida y está creciendo para alcanzar su máximo potencial, está en camino a ser exitoso.

—*El mapa para alcanzar el éxito*

¿ESTÁ USTED ENFOCADO EN ESA OCUPACIÓN
QUE LO DISTINGUIRÁ DEL RESTO?

FEBRERO

1. Dé a los demás el tratamiento de las tres «A»
2. Agréguele amistad al trabajo en equipo
3. Aumente su pasión
4. Recuerde sus buenos momentos, no los malos
5. En esto, confíe en mí
6. Conéctese con otros
7. Las personas añaden mayor valor en sus zonas fuertes
8. La ley del sacrificio
9. Interésese por las personas
10. El mito de la posición
11. El valor del trabajo en equipo
12. Escriba palabras de aliento
13. El poder del fracaso
14. Cuándo es el momento para decidir
15. El liderazgo implica empoderamiento
16. Influyendo en decenas de vidas
17. Los objetivos señalan el camino al éxito
18. Sea un ejemplo de sacrificio
19. Añadiendo valor a otros
20. Transmita energía a las personas
21. Acepte el compromiso
22. Somos responsables de nuestras actitudes
23. Déjelos volar con usted
24. Nada más que la victoria
25. Triunfadores versus mediocres
26. Resistencia al cambio
27. Peldaños hacia el éxito
28. Entender a las personas rinde excelentes dividendos
29. Infunda motivación

DÉ A LOS DEMÁS EL TRATAMIENTO DE LAS TRES «A»

Todas las personas se sienten mejor y actúan mejor cuando se les da *atención, afirmación* y *apreciación*. La próxima vez que haga contacto con la gente, comience dándoles su atención total durante los primeros treinta segundos. Haga que se sientan bien, mostrándoles su aprecio en alguna forma. Luego observe lo que sucede. Se sorprenderá de ver con qué positivismo reaccionan. Y si le cuesta recordar que debe enfocarse en ellos en lugar de hacerlo en usted, entonces quizás le ayuden las palabras de William King. Él dijo: «Un chismoso es aquel que habla de otras personas, un aburrido es aquel que habla de sí mismo y un conversador brillante es uno que le habla a usted acerca de usted».

—*25 maneras de ganarse a la gente*

BRINDE HOY A LOS MIEMBROS DE SU EQUIPO MUESTRAS DE ATENCIÓN, AFIRMACIÓN Y APRECIO.

AGRÉGUELE AMISTAD AL TRABAJO EN EQUIPO

¿**P**or qué le recomiendo que se esfuerce en desarrollar amistades en el trabajo?

La amistad es el fundamento de la influencia: El presidente Abraham Lincoln decía: «Si usted quiere ganarse a un hombre para que apoye su causa, primero convénzalo de que usted es un amigo sincero». Las buenas relaciones hacen que la influencia sea posible, y la amistad es la relación más positiva que usted puede desarrollar en el trabajo con sus compañeros.

La amistad es el marco del éxito: Yo creo que el éxito a largo plazo es inalcanzable si no se tiene don de gente. Theodore Roosevelt dijo: «El ingrediente más importante en la fórmula del éxito es saber cómo llevarse bien con las personas». Sin él, la mayoría de los logros no son posibles y aún lo que alcanzamos puede sentirse vacío.

La amistad es el refugio en contra de las tormentas repentinas: Si le está yendo mal en el trabajo, ¿quién lo puede hacerse sentir mejor? Un amigo. Cuando tiene que enfrentar sus temores, ¿con quién preferiría estar? Con un amigo. Cuando tropieza, ¿quién puede ayudarlo a levantarse? Un amigo. Aristóteles tenía razón cuando dijo: «Los verdaderos amigos son un refugio seguro».

—*Líder de 360°*

NO SEA TAN SOLO UN MIEMBRO DE SU EQUIPO; SEA TAMBIÉN AMIGO DE AQUELLOS CON QUIENES TRABAJA.

AUMENTE SU PASIÓN

¿Qué le permite a la gente que parece común, lograr grandes cosas? La respuesta es la pasión. En la vida del líder nada puede tomar el lugar de la pasión.

Echemos un vistazo a cuatro verdades sobre la pasión y qué pueden hacer por usted como líder.

1. *La pasión es el primer paso para la realización.* Su deseo determina su destino. Cualquiera que viva por encima de una vida común tiene un gran deseo. Esto es cierto en cualquier campo: deseos débiles traen resultados flojos, así como un fuego pequeño produce poco calor. Mientras más fuerte sea su fuego, más grande será el deseo y más grande el potencial.

2. *La pasión aumenta su fuerza de voluntad.* No hay sustituto para la pasión. Es el combustible de la voluntad. Si quiere cualquier cosa escasamente, no tendrá la voluntad para lograrlo. La única forma de tener esa clase de deseo es desarrollar la pasión.

3. *La pasión lo cambia.* Si se deja llevar por la pasión, en vez de por las percepciones de otros, llegará a ser una persona más dedicada y productiva. Eso aumentará su capacidad de impactar a los demás. Al final, su pasión tendrá más influencia que su personalidad.

4. *La pasión hace posible lo imposible.* El ser humano está hecho de tal forma que cuando cualquier cosa enciende el alma, las imposibilidades desaparecen. Un fuego en el corazón levanta todo en su vida, es por eso que los líderes apasionados son tan efectivos. Un líder con gran pasión y pocas habilidades siempre sobrepasa a un líder con grandes habilidades y ninguna pasión.

—*Las 21 cualidades indispensables de un líder*

BUSQUE HOY SU PASIÓN O REAVÍVELA
PARA ALCANZAR MAYORES LOGROS.

RECUERDE SUS BUENOS MOMENTOS, NO LOS MALOS

Todos tenemos días buenos y días malos. No sé qué piense usted pero a mí me gustaría que se me recordara por los días buenos. Y sólo me queda pedir perdón por los días malos. El profesor del Seminario Teológico Fuller, David Augsburger dice: «Sabiendo que nada de lo que hacemos tiene el sello de la perfección y nada de lo que logramos deja de tener la marca de una humanidad limitada y falible, lo único que nos salva es el perdón». Si usted desea extraer el oro de las buenas intenciones de los demás, entonces el perdón es esencial. Y difícilmente será cosa de una sola vez. El líder de los derechos civiles Martin Luther King, Jr. tenía razón cuando dijo: «El perdón no es un acto ocasional, es una actitud permanente».

Y recuerde, esa actitud con la que usted juzga a los demás es con la que también será juzgado. Si extrae el oro de las buenas intenciones en sus relaciones con los demás, entonces es más probable que la gente haga lo mismo con usted.

—25 maneras de ganarse a la gente

ESTÉ DISPUESTO HOY A PERDONAR
CUANDO TRABAJE CON OTROS.

EN ESTO, CONFÍE EN MÍ

Si desmenuzamos las relaciones hasta llegar a su elemento más importante, este siempre va a ser la confianza, y no el liderazgo, el valor, la asociación o cualquier otra cosa. Si usted no tiene confianza, su relación está en serios problemas.

En su libro *On Becoming a Leader* Warren Bennis dice: «La integridad es la base de la confianza, y no es tanto un ingrediente del liderazgo como su producto más importante. Es la única cualidad que no puede adquirirse sino ganarse. Es conferida por compañeros de trabajo y seguidores, y sin ella el líder no puede funcionar».

Esto puede afirmarse no solo de los líderes y sus seguidores, sino también de todas las relaciones. El desarrollo de la confianza es como la construcción de un puente, requiere tiempo y debe hacerse una parte a la vez. Como en la construcción, es mucho más rápido y fácil derribar algo que edificarlo, pero si el cimiento es fuerte, existe una buena probabilidad de que lo que se construya sobre él se mantenga en pie.

Cuando dos personas confían por completo la una en la otra, la relación puede crecer a un nivel de amistad que es una de las recompensas más grandes de la vida. Ambas personas conquistan juntas las alturas, y como dijo el escritor y capellán de la reina Victoria, Charles Kingsley: «Bienaventurado es cualquier hombre o mujer que tenga un amigo, un alma humana en quien pueda confiar totalmente, quien conozca mejor y lo peor del otro y que le ame a pesar de todas sus faltas».

—Cómo ganarse a la gente

HOY Y TODOS LOS DÍAS, DIGA LO QUE PIENSE,
Y PIENSE LO QUE DIGA CUANDO TRABAJE CON OTROS.

CONÉCTESE CON OTROS

Algunas personas no son extrovertidas y simplemente no piensan en términos de crear y participar en equipos. Cuando enfrentan desafíos, nunca se les ocurre integrar a otros para lograr algo.

Como persona orientada hacia otras personas, para mí es difícil pensar en tales términos. Sea cual fuere el desafío que se me presenta, lo primero que pienso es a quién podría buscar para que haga equipo conmigo y me ayude. He actuado así desde que era un niño. Siempre he pensado: *¿Por qué andar solo cuando es posible invitar a otros para que vayan conmigo?*

Entiendo que no todos actúan de esta manera. Pero es realmente irrelevante si usted tiene o no la inclinación natural a ser parte de un equipo. Si hace todo lo que hace solo y nunca participa con otras personas, está creando grandes barreras a su propio potencial. El doctor Allan Fromme lo expuso de esta manera: «Se sabe positivamente que se logran más y mejores resultados trabajando con otros que contra otros». ¡Qué afirmación! Son los equipos los que hacen cualquier cosa de valor duradero. Además, aun la persona más introvertida en el mundo puede aprender a disfrutar de los beneficios de ser parte de un equipo. Y esto es verdad incluso cuando lo que se quiere lograr no es algo excepcionalmente grande.

Para la persona que está tratando de hacerlo todo sola, el juego definitivamente ya ha terminado. Si usted quiere hacer algo realmente grande, vincúlese con otros. Uno es demasiado pequeño como para pretender hacer grandes cosas.

—Las 17 leyes incuestionables del trabajo en equipo

PIENSE A QUIÉNES PUEDE USTED PEDIR QUE LO ACOMPAÑEN CUANDO DEBA ENFRENTAR LOS DESAFÍOS.

LAS PERSONAS AÑADEN MAYOR VALOR EN SUS ZONAS FUERTES

Con frecuencia me preguntan cuál es la clave de éxito. Les digo que puede atribuirse a tres cosas: (1) La bondad de Dios; (2) Las excelentes personas que me rodean; y (3) La capacidad para mantenerme en área fuerte. Me tomó cinco años poder averiguar cuáles eran mis puntos fuertes, pero con el paso de los años, he concentrado atención en menos y menos cosas.

Como líder y como jefe, trato de ayudar a los demás para que hagan lo mismo. Que encuentren sus zonas fuertes y que se ubiquen allí tanto como sea posible. Una persona triunfadora encuentra su lugar por sí misma, pero un líder triunfador encuentra el lugar correcto para los demás. ¿Cómo hago eso?

Primero, busco lo mejor en los demás. Cualquiera puede ver las debilidades, los errores y las imperfecciones en otros. Para eso no se necesita tener una habilidad especial. Ver las cosas buenas, eso sí es difícil. El jugador de béisbol del Salón de la Fama, Reggie Jackson, dijo: «Un gran entrenador tiene una destreza especial para hacer que sus jugadores piensen que son mejores de lo que realmente son. Te hace saber que cree en tu capacidad. Y una vez que te convences cuán bueno eres en verdad, nunca querrás jugar en un nivel inferior al de tu potencial». Eso es cierto en todas las áreas de la vida: los negocios, la paternidad, el matrimonio, el ministerio, etc. No busque los errores de los demás, busque lo mejor de ellos.

Segundo, yo hablo. Usted puede pensar lo mejor de los demás, pero si no se los dice, no les va a ayudar. Siempre he creído que todas las personas tienen una «semilla de éxito» dentro de ellas. La mayoría nunca la encuentran y por eso no logran alcanzar su potencial. A menudo observo a una persona y me pregunto: «¿Cuál es su semilla de éxito?» Cuando lo averiguo, se lo digo. Luego la fertilizo con ánimo y la riego con oportunidad.

—25 maneras de ganarse a la gente

**BUSQUE LO MEJOR EN LOS DEMÁS Y AYÚDELOS
A QUE ELLOS TAMBIÉN LO VEAN.**

LA LEY DEL SACRIFICIO

Si usted desea convertirse en el mejor líder que hay, necesita estar dispuesto a hacer sacrificios para poder dirigir bien. Si ese es su deseo, entonces las siguientes son algunas cosas que necesita saber:

1. *No existe el éxito sin el sacrificio*: Los líderes ceden para subir. Hable con cualquier líder, y descubrirá que este ha hecho sacrificios en varias ocasiones. Los líderes eficaces sacrifican muchas cosas buenas para dedicarse a lo mejor.

2. *Por lo general los líderes tienen que dar más que los demás*: El corazón del liderazgo es buscar el interés de los demás antes que el suyo propio. Es hacer lo mejor por el equipo. Por esa razón yo creo que los líderes tienen que ceder sus derechos.

3. *Usted debe ceder para permanecer arriba.* Si los líderes deben ceder para subir, tendrán que ceder aun más para permanecer arriba. Lo que lleva a un equipo a la cumbre no es lo que lo mantiene allí. La única forma de permanecer arriba es cediendo aun más.

4. *Entre mayor sea el nivel de liderazgo, mayor es el sacrificio*: Entre más alto vaya, más va a costarle. Sin importar qué clase de liderazgo sea, usted tendrá que hacer sacrificios. Tendrá que ceder para subir.

—*Las 21 leyes irrefutables del liderazgo*

¿ESTÁ USTED DISPUESTO A CEDER PARA ASCENDER?

INTERÉSESE POR LAS PERSONAS

Puede que esto le suene muy simple, pero en realidad todo comienza aquí. Usted tiene que mostrarles a las personas que usted se preocupa por ellas. Hágalo interesándose en ellas. Muchos líderes están tan orientados a la acción y a sus agendas que no hacen que las personas se conviertan en una alta prioridad. Si eso lo describe a usted, debe cambiarlo.

No quiero sonar grosero, pero ayuda mucho si a usted le gusta la gente. Si usted no es sociable, ese es el primer paso que debe dar. Busque el valor en cada persona. Póngase en los zapatos de los demás. Encuentre razones para que lo aprecien. Usted nunca se interesa en las personas si en realidad no se preocupa por ellas. Y si usted no se preocupa por ellas, ese defecto se convertirá en obstáculo en su habilidad para dirigir a las personas.

Si ésta es un área de desafío para usted, quizás quiera leer el libro *25 maneras de ganarse a la gente: Cómo hacer que los demás se sientan valiosos*, el cual escribí junto a Les Parrot; o tal vez quiera leer el clásico: *Cómo ganar amigos e influir en los demás*, escrito por Dale Carniege. Sea cual sea la forma de desarrollar ese don de gente, recuerde que las personas siempre se acercan a aquellos que los valoran y se alejan de aquellos que los denigran.

—Líder de 360°

MUESTRE INTERÉS POR LOS DEMÁS ANTES DE QUE LOS DEMÁS
SE INTERESEN POR USTED.

EL MITO DE LA POSICIÓN

Si yo tuviera que identificar cual es la idea falsa número uno que la gente tiene sobre el liderazgo, tendría que decir que es la creencia de que el liderazgo se da sólo con una posición o un título, pero nada más lejos de la verdad. Usted no tiene que poseer una posición en la cima de su grupo, departamento, división, u organización a fin de poder dirigir. Si usted piensa así, entonces usted está aferrado al mito de la posición.

Un lugar en la cima no hace que nadie sea un líder. La ley de la influencia en *Las 21 leyes irrefutables del liderazgo* lo dice claramente: «La verdadera medida del liderazgo es la influencia, nada más, nada menos».

Debido a que he ejercido mi liderazgo en organizaciones voluntarias casi toda mi vida, he visto a muchas personas apegarse al mito de la posición. Cuando una persona que se aferra a este mito es identificada como un líder en potencia y se le pone frente a un equipo, esta persona se incomoda si no se le da una especie de título o posición que lo etiquete como tal ante los demás miembros del equipo. En vez de esforzarse para desarrollar relaciones con ellos y de ganar influencia de manera natural, esta clase de persona espera que un líder de posición le confiera autoridad o un título. Poco tiempo después esta persona se empieza a sentir cada vez más infeliz, hasta que finalmente decide buscar otro equipo, otro líder u otra organizacion.

—*Líder de 360°*

UTILICE SÓLO LA INFLUENCIA RELACIONAL CON LOS DEMÁS
EN LUGAR DE DEPENDER DE SU POSICIÓN O TÍTULO.

EL VALOR DEL TRABAJO EN EQUIPO

Un proverbio chino dice que «detrás de un hombre talentoso, siempre hay otro hombre talentoso». La verdad es que en el corazón de toda gran conquista hay un equipo. La cuestión no es si los equipos son importantes, sino si reconocemos que lo son y nos esforzamos por llegar a ser los mejores miembros del equipo. Por eso es que yo digo que uno es demasiado pequeño como para pretender hacer grandes cosas. Solo, usted no puede hacer nada realmente importante. Esa es la Ley de lo Trascendental.

Lo desafío a que piense en un solo hecho de verdadera trascendencia en la historia de la humanidad que haya sido llevado a cabo por un ser humano solo. No importa lo que usted nombre, siempre encontrará que involucrado en tal cosa, ha estado un equipo. Por eso fue que el presidente Lyndon Johnson afirmó: «No hay problema que no podamos resolver juntos, y muy pocos que podamos resolver por nosotros mismos».

Si usted quiere desarrollar todo su potencial o lanzarse a una tarea aparentemente imposible, necesita transformarse en miembro de un equipo. Esta puede ser una frase hecha, pero no deja de ser una gran verdad: Los juegos los juegan los individuos, pero los campeones son los equipos.

—*Las 17 leyes incuestionables del trabajo en equipo*

VALORE EL TRABAJO EN EQUIPO EN LUGAR DE LOS LOGROS
Y OBTENDRÁ NO SÓLO TRABAJO EN EQUIPO
SINO TAMBIÉN LOGROS.

ESCRIBA PALABRAS DE ALIENTO

Por muchos años he creído en el poder de las notas de estímulo escritas. Las notas escritas no tienen que venir de alguien famoso para que puedan animar. Una palabra amable que viene del corazón siempre es bien recibida. Si usted nunca ha perfeccionado la práctica de enviar notas a mano a las personas, entonces quiero animarle a que intente esta forma muchas veces olvidada de ganarse a las personas.

En su libro *The Power of Encouragement*, amigo David Jeremiah dice: «El aliento por escrito viene directamente del corazón, sin interrupciones y sin inhibiciones. Por eso es tan poderoso». ¿No cree que es verdad?

El escritor del siglo diecinueve Walt Whitman luchó por años para que alguien se interesara en su poesía. Se desanimó mucho. Un día, recibió una nota que decía: «Estimado señor, no estoy ciego al valor del maravilloso regalo de *Hojas de hierba*. La considero la pieza más extraordinaria de ingenio y sabiduría que se haya escrito en América. Lo saludo en el comienzo de una gran carrera». Estaba firmada por Ralph Waldo Emerson.

No puedo imaginarme qué le hubiera sucedido a Whitman si Emerson no hubiera invertido en él al escribir esas amables palabras. Esa nota fue como aire fresco para Whitman, que respiró ese estímulo y así se sintió inspirado para seguir escribiendo. Pero usted no tiene que ser un escritor profesional para hacer una diferencia en la vida de una persona. El solo hecho de ocupar tiempo en escribir es evidencia de su deseo por invertir en ella.

—25 maneras de ganarse a la gente

ESCRÍBALE A ALGUIEN UNAS PALABRAS DE ALIENTO.

EL PODER DEL FRACASO

El éxito no consiste en evitar el fracaso. Todos fracasamos. A medida que viajamos, caemos en baches, viramos en sentido equivocado u olvidamos verificar el agua del radiador. La única persona que evita completamente los fracasos es la que nunca saca su coche del garaje. Así que el verdadero problema no es si va a fracasar o no. Es si va a fracasar con éxito (sacar provecho de su fracaso). Como dijo Nelson Boswell: «La diferencia entre la grandeza y la mediocridad está en la forma que un individuo mira los errores». Si quiere continuar en el viaje del éxito, necesita aprender a fracasar para seguir avanzando.

Las personas que no tienen éxito suelen tener tanto miedo al fracaso y al rechazo que pasan toda la vida evitando riesgos o decisiones que pudieran llevarles al fracaso. No comprenden que el éxito está basado en su capacidad de fracasar y seguir tratando. Cuando usted asume la actitud correcta, el fracaso no es fatal ni final. En realidad, puede ser un trampolín hacia el éxito. El experto en liderazgo, Warren Bennis, entrevistó a setenta importantes ejecutivos en diversas ramas y descubrió que ninguno de ellos consideraba que sus errores fueran fracasos. Al hablar de ellos, los llamaron «experiencias de aprendizaje», «el precio pagado», «desvíos» y «oportunidades de crecimiento».

Las personas exitosas no permiten que el fracaso se les suba a la cabeza. En lugar de quedarse con las consecuencias negativas del fracaso, pensando en lo que pudo hacer sido y cómo las cosas no salieron bien, ellos se dedican a las recompensas del éxito: aprender de sus errores y pensar en la forma de mejorar ellos mismos y su situación.

—El mapa para alcanzar el éxito

INTENTE CONSIDERAR EL FRACASO COMO UNA EXPERIENCIA
DE APRENDIZAJE.

CUÁNDO ES EL MOMENTO PARA DECIDIR

Mucha gente toma decisiones cuando las cosas no están yendo bien. Buscan alivio en la desesperación del valle en lugar de esperar a la claridad que resulta de estar en la cima de la montaña. ¿Por qué? Porque requiere mucho esfuerzo llegar a la cima de la montaña. Y cuando está experimentando la oscuridad del valle, es siempre tentador hacer cambios que espera que alivien la molestia.

Cuando está en la cima de la montaña proverbial, ese es el momento para tomar decisiones. Esta es la razón:

- Puede ver su situación con mayor claridad.
- Está moviéndose hacia algo, no sólo saliéndose de algo.
- Deja a los que están a su alrededor en una mejor posición.
- Decide usar datos positivos, no negativos.
- Tiene más probabilidad de moverse de cima a cima en lugar de valle a valle.

Por otro lado, cuando está en el valle, lo más importante que puede hacer es perseverar. Si se mantiene luchando, es probable que recupere sus energías, así como lo hacen los corredores de largas distancias. Y se dice que sólo cuando los corredores están lo suficientemente exhaustos como para llegar a esa fase es que descubren lo que verdaderamente pueden lograr. Si se mantiene perseverando cuando está en el valle, no sólo tendrá más posibilidades de subir a un plano en que pueda tomar mejores decisiones, sino que también habrá desarrollado carácter, lo cual le será muy útil para toda la vida.

—Lo que marca la diferencia

TOME SUS DECISIONES MÁS IMPORTANTES EN LOS MOMENTOS
DE MAYOR CLARIDAD MENTAL.

EL LIDERAZGO IMPLICA EMPODERAMIENTO

¿Cómo distingue a un líder? Según Robert Townsend, vienen en todos los tamaños, edades, formas y condiciones. Algunos son administradores con escasa capacidad, otros no son demasiado brillantes. Hay una pista: puesto que algunas personas son mediocres, al verdadero líder se le reconoce porque, de alguna manera, su gente muestra siempre un desempeño superior.

Un líder es grande, no por su poder, sino por su habilidad de hacer surgir poder a otros. El éxito sin que se pueda transmitir a otros es un fracaso. La principal responsabilidad de un líder es capacitar a otros para hacer el trabajo.

La lealtad al líder alcanza su nivel más alto cuando el que le sigue ha crecido personalmente gracias a la dirección del líder. ¿Por qué? Porque usted se gana el corazón de las personas cuando les ayuda a crecer.

Hace varios años, una de las personas clave de mi personal era Sheryl Fleisher. Cuando ella se unió al equipo no era una persona que influyera en la gente. Empecé a trabajar con ella hasta que verdaderamente llegó a tener influencia. Ahora, tiene mucho éxito ayudando a otros a desarrollarse. Hay un voto de lealtad que Sheryl da a mi liderazgo, y los dos sabemos la razón. El tiempo invertido en ella trajo un cambio positivo. Nunca olvidará lo que hice por ella. Pero también el tiempo que ella ha invertido en otros me ha ayudado en gran manera. Nunca olvidaré lo que ella ha hecho por mí.

Los líderes que le rodean deben ser personas en las que usted personalmente dejó huella o les ayudó a desarrollarse de alguna manera. Cuando eso sucede, el amor y la lealtad se verá en aquellos que están más cerca de usted y en quienes los líderes clave han dejado huella.

—*Desarrolle el líder que está en usted*

INVIERTA TIEMPO EN EMPODERAR ALGUIEN PARA QUE PUEDA ALCANZAR EL SIGUIENTE NIVEL.

INFLUYENDO EN DECENAS DE VIDAS

La mayoría del tiempo reconocemos la influencia que tenemos en los seres más cercanos a nuestras vidas, para bien o para mal. Pero a veces ignoramos el impacto que podemos tener en otras personas a nuestro alrededor. El autor anónimo de este poema tal vez pensaba en eso al escribir:

> Mi vida tocará docenas de vidas antes de que termine este día,
> Dejará innumerables marcas para bien o para mal antes que el sol se ponga,
> Este es el deseo que siempre anhelé, la oración que siempre oré;
> Señor, que mi vida ayude a otras vidas que toque por el camino.

A medida que interactúe hoy con su familia, sus compañeros de trabajo, y el empleado de la tienda, reconozca que su vida toca a muchas otras. Ciertamente, su influencia en los familiares es mayor que en los extraños que conoce. Y de tener una ocupación relevante, influye en personas desconocidas. Pero usted impacta aun en sus interacciones diarias con las personas. Puede hacer que los pocos momentos en los que interactúa con un dependiente de una tienda o un cajero en un banco sean una experiencia miserable, o puede hacer que sonrían y alegrar su día. La elección es suya.

—Seamos personas de influencia

INFLUYA EN LA VIDA DE ALGUIEN PARA SIEMPRE.

LOS OBJETIVOS SEÑALAN EL CAMINO AL ÉXITO

¿Qué es lo que separa a una persona motivada de los demás? La respuesta es que tiene metas. Ha identificado lo que quiere hacer para cumplir su propósito y maximizar su potencial. En el viaje del éxito, las metas que usted establece se convierten en su mapa. Para avanzar necesita algún tipo de mapa, no porque espere llegar a algún destino final, sino porque le muestra *cómo emprender el viaje.* En el viaje al éxito, la primera parte del viaje es tan importante como la última parte. Lo principal es avanzar constantemente hacia su destino. El fijarse metas es la mejor manera de asegurar que esto ocurra.

—El mapa para alcanzar el éxito

REVISE SUS OBJETIVOS Y ASEGÚRESE DE QUE LO MOTIVEN A
ALCANZAR SU PROPÓSITO Y LLEGAR AL MÁXIMO DE SUS
POSIBILIDADES.

SEA UN EJEMPLO DE SACRIFICIO

Una de las cosas difíciles que usted debe hacer si dirige un equipo es convencer a sus compañeros de sacrificarse por el bien del grupo. Mientras más talentosos sean los miembros del equipo, más difícil quizás es convencerlos de poner al equipo en primer lugar.

Empiece por modelar el sacrificio. Muestre al equipo que usted está . . .

+ Dispuesto a hacer sacrificios económicos por el equipo.
+ Dispuesto a mantenerse en crecimiento por el bien del equipo.
+ Dispuesto a conferir poder a otros por el bien del equipo.
+ Dispuesto a tomar decisiones difíciles por el bien del equipo.

Una vez que ha modelado una disposición de pagar su propio precio por el potencial del equipo, usted tiene la credibilidad para pedir a otros que hagan lo mismo. Luego, cuando usted reconozca los sacrificios que sus compañeros deben hacer por el equipo, muéstreles por qué y cómo hacerlos. Después alabe en gran manera los sacrificios de sus compañeros.

—Las 17 leyes incuestionables del trabajo en equipo

¿QUÉ SACRIFICIO ESTÁ DISPUESTO A HACER HOY
POR EL BIEN DE SU EQUIPO?

AÑADIENDO VALOR A OTROS

La interacción entre los líderes y los seguidores es una relación, y todas las relaciones añaden o sustraen algo de la vida de una persona. Lo más importante en el liderazgo no es qué tan lejos avancemos, sino qué tan lejos ayudemos a los demás a avanzar. Esto se logra sirviendo a los demás y añadiéndoles valor a sus vidas. La Ley de la Adición hace una pregunta sencilla: *¿Está usted mejorando las cosas para las personas que lo siguen?* Eso es todo. Añadimos valor a otros cuando:

* Realmente valoramos a los demás
* Nos hacemos más valiosos para ellos
* Conocemos y nos relacionamos con lo que los demás valoran
* Hacemos las cosas que Dios valora

Añadir valor a los demás a través del servicio no sólo beneficia a las personas que reciben ese servicio. Les permite a los líderes experimentar lo siguiente:

* Una realización especial en dirigir a los demás
* Un liderazgo con motivos correctos
* La habilidad de realizar actos significativos como líderes
* El desarrollo de un equipo de liderazgo
* Una actitud de servicio para un equipo

—Las 21 leyes irrefutables del liderazgo

¿ESTÁ USTED HACIENDO QUE LAS COSAS VAYAN
MEJOR PARA LAS PERSONAS QUE LO SIGUEN?

TRANSMITA ENERGÍA A LAS PERSONAS

El psicólogo Henry H. Goddard realizó un estudio en los niveles de energía de los niños usando un instrumento llamado «ergógrafo». Sus resultados son fascinantes. Descubrió que cuando los niños estaban cansados y se les daba palabras de aliento, el ergógrafo mostraba un aumento de energía en ellos. Cuando se les criticaba o se les desanimaba, el ergógrafo mostraba que su energía física decaía.

Puede que usted haya descubierto esto de manera intuitiva. Cuando alguien le alienta, ¿no sube su nivel de energía? Y cuando es criticado ¿no le hace ese comentario decaer? Las palabras tienen un gran poder.

¿Qué clase de ambiente piensa que se podría crear si usted continuamente animara a las personas cuando hace su primer contacto con ellas? No solamente las estimularía, sino que usted se convertiría en un transmisor de energía. ¡Cada vez que entrara a algún lugar la gente se iluminaría! Usted sería partícipe en crear la clase de ambiente que a todos les encanta. Su presencia alegraría el día de las personas.

—*25 maneras de ganarse a la gente*

HAGA ALGO HOY PARA CREAR UN AMBIENTE DE AFIRMACIÓN.

ACEPTE EL COMPROMISO

El mundo nunca ha visto a un gran líder que carezca de compromiso. Si quiere ser un líder efectivo, tiene que comprometerse. El verdadero compromiso inspira y atrae a la gente. Les muestra que tiene convicciones. Ellos creerán en usted solo si usted cree en su causa. La gente acepta primero al líder, después su visión. ¿Cuál es la verdadera naturaleza del compromiso? Eche un vistazo a tres observaciones.

1. *El compromiso empieza en el corazón.* Dicen que en el Derby de Kentucky, el caballo ganador se queda sin oxígeno después de la primera media milla, y el resto de la distancia la corre con el corazón. Si quiere influir en la vida de otras personas como líder, mire dentro de su corazón para ver si está realmente comprometido.

2. *El compromiso se prueba con la acción.* Una cosa es hablar de compromiso y otra muy diferente es hacer algo en cuanto a esto. La única medida real del compromiso es la acción. Arthur Gordon lo dijo así: «Nada es más fácil que hablar palabras. Nada es más difícil que vivirlas día tras día».

3. *El compromiso abre la puerta del logro.* Como líder, enfrentará muchos obstáculos y oposiciones, si es que no los ha enfrentado ya. Habrá momentos en que el compromiso será lo único que lo impulse hacia adelante. David McNally comentó: «El compromiso es el enemigo de la resistencia, porque es la promesa seria que nos presiona, que nos levanta, no importa cuántas veces nos hayan derribado».

—Las 21 cualidades indispensables de un líder

¿CÓMO MIDE USTED SU NIVEL DE COMPROMISO COMO LÍDER?

SOMOS RESPONSABLES DE NUESTRAS ACTITUDES

Nuestro destino en la vida no será determinado jamás por nuestro espíritu quejumbroso o elevadas expectativas. La vida está llena de sorpresas y el ajuste de nuestras actitudes es un proyecto para toda la vida.

El pesimista se queja del viento.
El optimista espera que cambie.
El líder arregla las velas.

Somos nosotros los que escogemos qué actitudes adoptar ahora mismo. Y esta es una elección continua. Me sorprende la gran cantidad de adultos que no asume la responsabilidad de sus actitudes. Si están malhumorados y alguien les pregunta por qué, dicen: «Me levanté por el lado equivocado de la cama». Cuando el fracaso comience a plagar sus vidas dirán: «Nací en el lado equivocado de la vía». Cuando la vida comience a perder el sabor mientras otros miembros de la familia todavía estén esforzándose, dirán: «Bueno, nací en el orden equivocado entre los miembros de la familia». Cuando sus matrimonios fracasan, creen que se casaron con la persona equivocada. Cuando algún otro logra una promoción que ellos querían para sí, es porque estaban en el lugar equivocado, en el tiempo equivocado.

¿Se da cuenta de algo? Siempre culpan a otros por sus problemas.

El día más grande en su vida y en la mía será cuando aceptemos la responsabilidad total por nuestras actitudes. Ese es el día en el que verdaderamente creceremos.

—Desarrolle el líder que está en usted

ASUMA LA RESPONSABILIDAD DE CÓMO CONSIDERA
USTED LAS CIRCUNSTANCIAS EN LAS QUE SE HALLA.

DÉJELOS VOLAR CON USTED

Quiero compartirle un secreto que le garantizará su éxito como mentor. ¿Está listo? Es el siguiente: *Nunca trabaje solo.* Sé que suena demasiado simple, pero es el verdadero secreto para desarrollar a los demás. Siempre que quiera transmitir algo a otros, lleve a alguien con usted.

Para muchos de nosotros esta no es una práctica natural. El modelo de aprendizaje que la mayoría de las personas usa en Estados Unidos para enseñar a otros nos llegó de los griegos. Es el enfoque del aula cognitiva, como el que usó Sócrates para enseñar a Platón, y Platón para enseñar a Aristóteles.

Ese no es el único modelo disponible para desarrollar a los demás. Tenemos también el usado por otra cultura antigua: la hebrea. Su método era más del estilo de entrenamiento en el trabajo. En todos los años que he estado capacitando y desarrollando a los demás, no he hallado un mejor modo de hacerlo que así:

- Yo lo hago. Primero aprendo el trabajo. Tengo que entender el porqué además del cómo y tratar de perfeccionar mi artesanía.
- Yo lo hago, y usted observa. Hago la demostración mientras usted observa, y durante el proceso, explico lo que estoy haciendo y el porqué.
- Usted lo hace, yo observo. Le doy el permiso y la autoridad de hacer el trabajo, pero estoy a su lado para ofrecerle consejo, corrección y estímulo.
- Usted lo hace. Una vez que ha adquirido la habilidad, doy un paso para atrás y lo dejo que trabaje solo. El aprendiz ha entrado en un nivel superior, y el maestro es libre para continuar hacia cosas más elevadas.

—*El mapa para alcanzar el éxito*

PÍDALE A ALGUIEN QUE LO ACOMPAÑE MIENTRAS TRABAJA
PARA QUE PUEDA APRENDER DE USTED.

NADA MÁS QUE LA VICTORIA

¿Alguna vez ha pensado en aquello que diferencia a los triunfadores de los que sufren la derrota? Creo que los líderes victoriosos tienen en común la incapacidad de aceptar la derrota. Para ellos es totalmente inaceptable cualquier otra cosa que no sea ganar; por eso averiguan lo que debe hacerse para lograr la victoria.

Sea que observe un equipo deportivo, un ejército, una empresa, o una organización no lucrativa, la victoria es posible siempre que tenga los siguientes tres componentes.

1. *Unidad de visión*: Los equipos sólo alcanzan éxito cuando los jugadores tienen una visión unificada, independientemente de cuánto talento o potencial haya.

2. *Diversidad de destrezas*: ¿Puede imaginar un equipo de hockey formado únicamente de goleadores? ¿O un negocio donde todos los empleados sean vendedores? No tiene sentido. Para tener éxito, cada organización necesita diversos talentos.

3. *Un líder dedicado a la victoria y a explotar el potencial de los jugadores*: Como dice Lou Holtz, antiguo entrenador de fútbol norteamericano: «Usted debe tener grandes atletas para ganar, no importa quién sea el entrenador. No se puede ganar sin buenos atletas, pero se puede perder con ellos. Es allí donde el entrenador marca la diferencia».

—*Las 21 leyes irrefutables del liderazgo*

COMO LÍDER, NO ACEPTE LA DERROTA Y DIRIJA
A SU EQUIPO HACIA EL ÉXITO.

TRIUNFADORES VERSUS MEDIOCRES

¿Qué es lo que destaca a los vencedores? ¿Por qué algunas personas alcanzan alturas envidiables en tanto que otras caen estrepitosamente? Usted sabe de qué estoy hablando. Llámelo suerte, bendición, «el toque del rey Midas», o como quiera, pero la verdad es que algunas personas parecen alcanzar cosas increíbles a pesar de lo difíciles que parezcan: Su compañía terminó entre el cinco por ciento de las de más ventas nacionalmente pese a haber perdido los mejores clientes. Encontraron formas ingeniosas de aumentar las ganancias de su departamento a pesar de la amenaza de recortes presupuestarios. Ganaron un título universitario mientras criaban dos hijos siendo padres que no tenían a nadie más que les ayudara. Descubrieron extraordinarias oportunidades de negocio mientras sus colegas seguían buscando sin hallar. O ganaron premio tras premio en su organización a pesar de lo que parecía una anémica labor de equipo. No importa la clase de trabajo que hagan. Dondequiera que estén, pareciera que con su sola presencia hacen realidad cualquiera cosa.

Sin duda que a todos nos gusta pensar que estamos por encima del promedio. Pero los triunfadores parecen dejar el «promedio» en el polvo, tan detrás de ellos que parece un recuerdo lejano.

¿Qué hace la diferencia? ¿Por qué a algunas personas les va tan bien? ¿Será por el trasfondo familiar? ¿La riqueza? ¿La oportunidad? ¿Una alta moralidad? ¿La ausencia de dificultades?

No, ninguna de estas cosas es la clave. Para decirlo en forma franca, yo sé sólo de un factor que separa a los que se distinguen en forma consecuente de los que no: *La diferencia entre la gente mediocre y la gente de éxito es su percepción de y su reacción al fracaso.* Ninguna otra cosa tiene la clase de impacto en la capacidad de las personas de alcanzar y llevar a cabo cualquier cosa que se propongan y deseen.

—*El lado positivo del fracaso*

ACEPTE QUE EL FRACASO ES EL COSTO DEL ÉXITO Y SIGA ESFORZÁNDOSE.

RESISTENCIA AL CAMBIO

No hay nada más difícil de hacer, más peligroso de llevar a cabo, o más incierto en cuanto al éxito, que introducir cambios. Muchas personas bien educadas, luego de ser confrontadas con la verdad no han querido cambiar de idea.

James Lind, un cirujano naval británico, publicó un libro en 1753, en el que afirmaba explícitamente que el escorbuto podía ser eliminado simplemente con suministrar a los marinos jugo de limón. Citó las historias de muchos casos que había conocido en su experiencia como cirujano naval en alta mar; demostró que alimentos como la mostaza, el berro, el tamarindo, las naranjas y los limones prevenían el escorbuto.

Usted habría esperado con toda razón que el doctor Lind hubiera sido honrado y reconocido por su gran contribución, pero sucedió lo contrario. Fue ridiculizado. Los lordes del almirantazgo y otros médicos ignoraron el consejo de Lind por cuarenta años. Un capitán sí aceptó el consejo, el ahora famoso capitán James Cook, que llenó las bodegas de sus barcos con un buen abastecimiento de frutas frescas.

La Royal Society honró al Capitán Cook en 1776 por su éxito, pero los oficiales de la armada pasaron por alto su informe. No fue sino hasta 1794, el año en que murió el doctor Lind, que un escuadrón naval británico fue abastecido con jugo de limón antes de viajar. En ese viaje, que duró veinte y tres semanas, no hubo un solo caso de escorbuto, pero todavía pasó otra década antes de que se dictaran regulaciones que estipularan que los marinos debían beber una ración diaria de jugo de limón a fin de prevenir el escorbuto. Con este decreto, el escorbuto desapareció de la Armada Británica.

No permita que su actitud hacia el cambio o su predisposición para evitarlo cree obstáculos que vayan en detrimento de su éxito personal como líder.

—Desarrolle el líder que está en usted

¿QUÉ CAMBIO NECESARIO PARA EL ÉXITO
DE SU EQUIPO HA ESTADO USTED EVITANDO?

PELDAÑOS HACIA EL ÉXITO

La próxima vez que se encuentre envidiando lo que la gente triunfadora ha logrado, piense que es muy probable que esas personas hayan tenido que pasar por muchas experiencias negativas que no alcanza a ver en la superficie. Como dice el viejo refrán: «Nunca preguntes de qué está hecha la salchicha del perro caliente que te estás comiendo». La idea es que si supiera de qué está hecha, quizás nunca volvería a comerse otro. Al éxito se llega a través de muchos fracasos.

Si realmente quiere ver realizados sus sueños; es decir, alcanzarlos *realmente*, no sólo desearlos o hablar de ellos, tiene que salir y fracasar. Fracasar al comienzo, fracasar a menudo, pero siempre yendo hacia adelante. Transforme sus errores en peldaños que lo conduzcan al éxito.

—El lado positivo del fracaso

ARRIÉSGUESE HOY Y ESTÉ DISPUESTO A FRACASAR
PARA SEGUIR ADELANTE.

ENTENDER A LAS PERSONAS RINDE EXCELENTES DIVIDENDOS

La habilidad de entender a la gente es uno de los mejores recursos que cualquiera podría tener. Eso tiene el potencial de impactar positivamente cada área de su vida, no solamente el campo de los negocios. Por ejemplo, observe cómo entender a las personas ayudó a esta madre de un preescolar. Ella afirmó:

> Dejé a mi hijo de cuatro años en la casa, salí a poner algo en el basurero. Cuando intenté abrir la puerta para entrar, estaba cerrada. Sabía que insistirle a mi hijo para que la abriera habría llevado una hora de discusión. Así que con voz triste, le dije: «Oh, qué lástima. Te acabas de encerrar en la casa». La puerta abrió al momento.

Entender a las personas ciertamente impacta su habilidad de comunicarse. David Burns, médico y profesor de psiquiatría en la Universidad de Pensilvania, observó: «El mayor error que uno puede cometer al tratar de hablar convincentemente es destacar las ideas y sentimientos que expresa. Lo que la mayoría de las personas realmente desean es que las escuchen, respeten, y comprendan. Al momento que se sienten comprendidas, se motivan más a entender su punto de vista». Si puede aprender a entender cómo piensan, lo que sienten, qué los inspira, cómo es probable que actúen y reaccionen en una situación dada, entonces podrá motivarlos e influirlos de manera positiva.

—*Seamos personas de influencia*

SU PRIORIDAD NÚMERO UNO ES COMPRENDER A LAS PERSONAS.

INFUNDA MOTIVACIÓN

Vince Lombardi, el famoso entrenador del equipo de fútbol americano de los Green Bay Packers, era temible por la disciplina que aplicaba. Pero además era un gran motivador. Un día se comió vivo a un jugador que había fracasado en hacer varios bloqueos. Después de la práctica, entró en los vestidores y vio al jugador sentado al lado de su casillero. Tenía la cabeza gacha y se veía muy desanimado. Lombardi le despeinó el cabello, le dio una palmada en el hombro y le dijo: «Uno de estos días llegarás a ser el mejor defensa de la NFL».

Ese jugador era Jerry Kramer. Y Kramer dice que mantuvo esa imagen positiva de sí mismo por el resto de su carrera. «El aliento que me dio Lombardi tuvo un tremendo impacto en mi vida». Andando el tiempo, llegó a ser miembro tanto del salón de la fama de los Green Bay Packers como del «Equipo de todos los tiempos» de la NFL.

Todos necesitamos una motivación de vez en cuando. La motivación hace que sea posible lograr lo que se debe lograr. Nunca subestime el poder de la motivación:

+ La motivación ayuda a las personas que saben lo que deberían hacer . . . ¡a hacerlo!
+ La motivación ayuda a las personas que saben cuál compromiso deberían asumir . . . ¡a asumirlo!
+ La motivación ayuda a las personas que saben cuál hábito deberían dejar . . . ¡a dejarlo!
+ La motivación ayuda a las personas que saben qué camino deberían tomar . . . ¡a tomarlo!

—25 maneras de ganarse a la gente

MOTIVE HOY A ALGUIEN DE SU CÍRCULO DE INFLUENCIA.

MARZO

1. Ayude a las personas a ganar
2. Aumente su pasión
3. Volver atrás a causa del fracaso versus el lado positivo del fracaso
4. Todo comienza con las personas
5. Cree un recuerdo y visítelo a menudo
6. Resolución de problemas 101
7. El poder del reconocimiento
8. Sea leal
9. Coloque a las personas en sus áreas fuertes
10. El mito de la libertad
11. Redefiniendo el éxito y el fracaso
12. Cultive una actitud positiva
13. Vaya más allá de la rutina
14. Los líderes no se toman el rechazo como algo personal
15. Elogie a las personas delante de los demás
16. Los que rodean de cerca al líder
17. Busque ideas en lugares insólitos
18. Competencia
19. Los líderes atraen a otros líderes en potencia
20. Que la personalidad no opaque el propósito
21. Resolución de problemas
22. El cambio exige un compromiso adicional
23. Todo depende de cómo ve usted las circunstancias
24. El mito del destino
25. Los resultados de empoderar a otros
26. Transmítales esperanza a las personas
27. Los objetivos proporcionan impulso
28. Los líderes deben ser agentes de cambio del entorno
29. Pregunte por qué, no quién
30. Considere el panorama general
31. Sea abierto para aprender de los demás

AYUDE A LAS PERSONAS A GANAR

Ayudar a otra persona a triunfar es uno de los mejores sentimientos del mundo. No he conocido a nadie hasta ahora que no quiera triunfar. Y todos los que conozco que han hecho un esfuerzo para ayudar a otros me han dicho que ha sido lo más gratificante de sus vidas.

En 1984, Lou Whittaker dirigió el primer grupo totalmente estadounidense a la cima del Monte Everest. Después de varios meses de esfuerzo extenuante, cinco miembros del equipo llegaron al último campamento que se encontraba a veintisiete mil pies de altura. Les faltaban todavía dos mil más cuando se reunieron en la tienda. Whittaker tuvo que tomar una decisión difícil: Él sabía lo motivados que estaban los cinco alpinistas de llegar al punto más alto del planeta. Sin embargo, dos de ellos tendrían que volver al campamento anterior, cargar comida, agua y oxígeno, para luego regresar a donde estaban los demás. El problema era que después de esta labor de apoyo, estos dos escaladores ya no iban a tener la condición necesaria para poder llegar a la cima del monte. Los otros se quedarían en la tienda un día tomando agua, respirando oxígeno y preparándose para subir a la cima el día siguiente.

La primera decisión que Whittaker tomó fue quedarse en el campamento a los veintisiete mil pies para coordinar las actividades del equipo. La siguiente fue enviar a los dos escaladores más fuertes a recoger los suministros; esa fue la decisión más difícil. Los dos alpinistas más débiles descansarían, renovarían sus fuerzas y recibirían la gloria de la cumbre.

Cuando se le preguntó por qué no se asignó a sí mismo para llegar a la cumbre, su respuesta mostró su comprensión por las personas y la fuerza de su liderazgo. Dijo: «Mi trabajo era hacer que otros llegaran a la cima».

Whittaker sabía que cuando las personas toman las decisiones correctas para ayudar a que un equipo alcance su objetivo, todos salen beneficiados.

—25 maneras de ganarse a la gente

OCÚPESE DE LLEVAR A OTROS A LA CIMA.

AUMENTE SU PASIÓN

¿Es la pasión una característica de su vida? ¿Se levanta con entusiasmo por el nuevo día? ¿Es el primer día de la semana su día favorito?, o ¿vive de fin de semana en fin de semana como sonámbulo a través de su rutina de todos los días? ¿Qué tiempo hace desde que no puede dormir porque estaba demasiado emocionado por una idea? Nunca podrá dirigir algo por lo cual no se sienta apasionado. No puede iniciar un fuego en su organización a menos que primero se encienda en usted. Para aumentar su pasión haga lo siguiente:

Tómese la temperatura. ¿Cuán apasionado es respecto de su vida y su trabajo? ¿Se nota? Haga una evaluación interrogando a varios compañeros de trabajo y a su cónyugue sobre su nivel de deseo.

Regrese a su primer amor. Piense en cuando comenzó su carrera, o incluso más atrás, cuando era un niño. ¿Qué lo animó en su camino? ¿Qué era aquello en lo que podía pasar horas y horas? Trate de recuperar su antiguo entusiasmo. Después evalúe su vida y su carrera a la luz de esos antiguos amores.

Relaciónese con gente de pasión. Esto suena chistoso, pero dígame con quién anda y le diré quién es. Si ha perdido su fuego, acérquese a alguien que lo pueda encender. La pasión es contagiosa. Trate de pasar tiempo con alguien que pueda contagiarlo.

—Las 21 cualidades indispensables de un líder

PASE ALGUNOS MOMENTOS CON PERSONAS APASIONADAS.

VOLVER ATRÁS A CAUSA DEL FRACASO VERSUS EL LADO POSITIVO DEL FRACASO

Fíjese en la forma en que los triunfadores enfrentan las experiencias negativas y podrá aprender mucho sobre cómo transformar sus fracasos en victorias. Lea las dos listas siguientes y determine cuál describe su forma de enfrentar los fracasos:

Dejarse derrotar por los fracasos	Transformar los fracasos en victoria
• Culpar a los demás	• Asumir la responsabilidad
• Repetir los mismos errores	• Aprender de cada error
• Esperar que nunca más se va a fracasar	• Reconocer que el fracaso es parte del progreso
• Esperar que se va a seguir fracasando	• Mantener una actitud positiva
• Aceptar ciegamente la tradición	• Desafiar las suposiciones anticuadas
• Sentirse limitado por los errores pasados	• Volver a arriesgarse
• Pensar que soy un fracacasado	• Creer que algo no funcionó
• Ceder	• Perseverar

Piense en un reciente traspié que haya tenido. ¿Cómo reaccionó? No importa cuán difíciles hayan sido sus problemas, la clave para vencerlos no está en cambiar sus circunstancias. Está en que cambie usted. Este es un proceso y comienza con el deseo de que alguien le enseñe. Si está dispuesto a hacer eso, va a ser capaz de enfrentar sus fracasos con éxito. Desde este momento en adelante, comprométase a hacer lo que sea con tal de obtener la victoria.

—*El lado positivo del fracaso*

ESTÉ DISPUESTO A APRENDER DE TODO AQUELLO QUE USTED HACE HOY.

TODO COMIENZA CON LAS PERSONAS

Mucha gente cae en la trampa de dar por sentadas las relaciones. Eso no es bueno porque nuestra habilidad para establecer y mantener relaciones sanas es el factor más importante de nuestro desarrollo en cada área de la vida. Nuestras habilidades de interacción determinan nuestro posible éxito.

Todos los éxitos de la vida son el resultado de iniciar relaciones con la gente correcta y luego fortalecer esas relaciones con buenas destrezas relacionales. De igual modo, los fracasos en la vida casi siempre pueden atribuirse a fallas en las relaciones personales. A veces la conexión es obvia. Enredarse con un cónyuge abusivo, un socio corrupto o un familiar vicioso tarde o temprano ocasionará grandes daños. Otras veces el problema es menos dramático, como mantenerse a distancia de un compañero de trabajo con el que uno tiene que interactuar a diario, no poder establecer una relación positiva con un cliente importante, o perder oportunidades únicas para alentar a un niño inseguro. Lo cierto es que *todos pueden vincular sus éxitos y fracasos a las relaciones que han desarrollado en su vida.*

—*Cómo ganarse a la gente*

¿HACIA DÓNDE LO LLEVAN LAS RELACIONES PERSONALES
QUE USTED TIENE?

CREE UN RECUERDO Y VISÍTELO A MENUDO

No hay muchas cosas que puedan unir a las personas como lo hace un recuerdo compartido. Los soldados que pelean juntos, los equipos que ganan un campeonato y los equipos de trabajo que logran sus metas comparten una conexión que nunca se olvida. Las parejas casadas que experimentan tiempos difíciles con frecuencia miran atrás hacia antiguas experiencias que les ayuden a seguir adelante. Familias que se unen cuando están pasando dificultades a través de campamentos o al compartir aventuras en sus vacaciones, años más tarde disfrutan recordando aquellos momentos pasados juntos.

Aunque muchos recuerdos pueden crearse de una manera activa, algunos son el resultado de las circunstancias. El autor Lewis Carrol, refiriéndose a estos últimos, dijo: «Es la clase de recuerdo que sólo funciona con vista al pasado». ¿Qué es lo que significa esto para nosotros? Que los recuerdos más preciosos son por lo general aquellos que planeamos y creamos intencionalmente.

Por años los padres han debatido el tema del tiempo de calidad comparado con la cantidad de tiempo. Como padre y abuelo, he descubierto que se necesita de una cantidad de tiempo para poder encontrar el tiempo de calidad. Si usted no se esfuerza, no podrá crear un recuerdo.

¿No se ha dado cuenta de que la mayoría de los recuerdos que usted tiene son con personas con las que pasa la mayor parte del tiempo? Es lo que me pasa a mí. Si quiere crear recuerdos con su familia, invierta tiempo con ellos. Si desea crear recuerdos con sus empleados, no lo logrará detrás de la puerta de su oficina. No se puede crear recuerdos en la gente si no se pasa tiempo con ellos.

—25 maneras de ganarse a la gente

SEPARE TIEMPO PARA CREAR HOY UN RECUERDO
CON ALGUIEN IMPORTANTE.

RESOLUCIÓN DE PROBLEMAS 101

Hace muchos años decidí concentrarme en ayudar a las personas a que ellas resolvieran sus problemas en vez de resolverles los problemas yo. Estas sugerencias son algunos métodos que usted encontrará efectivos:

- Nunca deje que otros piensen que usted tiene las mejores respuestas. Esto sólo les hará dependientes de usted.
- Haga preguntas. Ayude a la gente a pensar en todo el proceso del problema.
- Sea un entrenador, no un rey. Un entrenador logra lo mejor de otros, ayudándoles a llegar a lo más profundo y descubrir su potencial. Un rey solamente da órdenes.
- Haga una lista de las soluciones que ellos tienen. Integre sus ideas con las de ellos, hasta que se apropien de ellas.
- Pídales decidir sobre la mejor solución para su problema.
- Desarrolle el plan.
- Pídales apropiarse y aceptar la responsabilidad del plan. Permítales que fijen un límite de tiempo y un proceso para responder a él.

Su meta debe ser que cuando la reunión termine, la otra persona haya procesado el problema, buscado una solución, desarrollado un plan, y se haya apropiado de la idea. La relación de él o de ella con usted no será de dependencia, sino de profundización.

—Desarrolle el líder que está en usted

AYUDE A ALGUIEN A RESOLVER SU PROPIO PROBLEMA.

EL PODER DEL RECONOCIMIENTO

Un error muy común, especialmente entre los líderes en el mercado, es el de no mostrar reconocimiento ni agradecimiento a los demás. Por ejemplo, J. C. Staehle hizo un análisis de los obreros en Estados Unidos. Encontró que la causa principal de insatisfacción entre los empleados era que sus superiores no les daban reconocimiento. Es difícil que las personas sigan a alguien que no los aprecia por quiénes son y lo que hacen. Como dijera el antiguo secretario de defensa y presidente del Banco Mundial Robert McNamara: «Los cerebros son como los corazones, van donde se les aprecia».

El reconocimiento es algo que todos aprecian mucho, no sólo las personas en los negocios y la industria. Un poco de ello puede respaldar mucho la vida de un individuo.

Todo el mundo tiene una increíble hambre de aprecio, afecto y reconocimiento. Mientras se relaciona con las personas, camine lentamente a través de la multitud. Recuerde los nombres de las personas, invierta tiempo mostrándoles que está interesado. Haga que otras personas sean una prioridad en su vida por encima de cualquier otra cosa, incluyendo sus planes y su itinerario. Y déles reconocimiento cada vez que pueda. Los edificará y los motivará. Eso lo hará una persona de significativa influencia en sus vidas.

—*Seamos personas de influencia*

RECONOZCA HOY EL MÉRITO DE OTROS.

SEA LEAL

La lealtad es la última cualidad que debe buscar en la persona que emprenda con usted el viaje del éxito. Aunque esto solo no asegura el éxito para la otra persona, la falta de lealtad con toda seguridad arruinará la relación entre ambos. Piénselo de esta manera: Cuando busque líderes potenciales, si uno a quien está considerando carece de lealtad, queda descalificado. No piense en llevarlo consigo en el viaje, porque le perjudicará en vez de ayudarle. Entonces, ¿qué significa que otros le sean leales?

Le aman incondicionalmente. Lo aceptan con sus debilidades y fortalezas. Se preocupan genuinamente por usted, no solo por lo que puede hacer por ellos.

Lo representan bien ante los demás. La persona leal siempre pinta un cuadro positivo de su persona ante los demás. Puede confrontarlo en privado o hacerlo responsable de algo, pero nunca lo critica delante de otros.

Puede reír y llorar con usted durante el viaje que han emprendido juntos. La persona leal está dispuesta a compartir sus alegrías y pesares. Hace que el viaje se sienta menos solitario.

Su sueño es el de ellos. Es indudable que algunas personas participarán de su viaje solo brevemente. Se ayudan mutuamente por un tiempo y luego siguen por caminos separados. Pero pocos, muy pocos, querrán seguir a su lado y ayudarle por el resto del viaje. Estas personas hacen que su sueño sea el de ellos. Serán fieles hasta la muerte, y cuando a su lealtad suman sus talentos y habilidades, pueden ser su capital más valioso. Si encuentra este tipo de persona, cuídela mucho.

—El mapa para alcanzar el éxito

DEMUESTRE HOY SU GRATITUD A QUIENES ESTÁN
EN SU CÍRCULO ÍNTIMO.

COLOQUE A LAS PERSONAS EN SUS ÁREAS FUERTES

En el libro, *Las 17 leyes incuestionables del trabajo en equipo*, la ley de la especialización dice: «Cada jugador tiene un lugar donde dar lo mejor de sí». Esa especialización determina el mejor papel que esa persona debe asumir en su equipo. Y verdaderamente marca una diferencia. Cuando los líderes realmente entienden esto, los equipos que dirigen se desempeñan en un nivel increíble, y eso se refleja de manera positiva en los líderes. No creo que sea una exageración decir que el éxito de un líder está determinado más por colocar a las personas en sus zonas de fortaleza que por ninguna otra cosa más.

Cuando estaba en el bachillerato, tuve la suerte de tener un entrenador que comprendía esto. Durante las prácticas de baloncesto, nuestro entrenador, Don Neff, decidió que deseaba enseñarnos una lección muy importante acerca del baloncesto. Hizo que el primero y segundo equipo jugaran unos contra otros. Eso era común, siempre lo hacíamos. Nuestro segundo equipo tenía algunos buenos jugadores, pero claramente el primer equipo era mucho mejor. Esta vez nos hizo hacer algo diferente. Generalmente yo jugaba a un costado, pero esta vez me pasó a jugar en el centro. Recuerdo que a nuestro jugador de centro, lo envió a una posición de costado.

Se nos dijo que jugaríamos hasta los veinte, pero el juego no duró mucho. El segundo equipo nos dio una paliza rápidamente. Cuando el partido terminó, el entrenador Neff nos llamó a la banca y nos dijo: «Tener los mejores jugadores en la cancha no es suficiente, uno debe tener a los mejores jugadores en las posiciones correctas».

Nunca olvidé esa lección. Y durante mis más de treinta años dirigiendo personas, he aplicado este concepto en algo más que el baloncesto. No importa qué clase de equipo esté usted dirigiendo. Si usted no pone a las personas en sus zonas de fortaleza, está haciendo que sea casi imposible que ellos y usted triunfen.

—*Líder de 360°*

ASEGÚRESE DE QUE LOS MIEMBROS DE SU EQUIPO
ESTÉN EN SUS ZONAS FUERTES

EL MITO DE LA LIBERTAD

Algunas veces pienso que las personas tienen el concepto equivocado acerca del liderazgo. Muchas personas piensan que es un boleto a la libertad, algo que les proveerá una solución a sus problemas profesionales y de carrera. Pero estar en la cima no es una cura total. ¿Ha pensado que estar a cargo cambiaría su vida? ¿Pensamientos como éstos llegan a su mente de vez en cuando?

- *Cuando llegue a la cima, lo habré logrado.*
- *Cuando termine de escalar la escalera corporativa, podré descansar.*
- *Cuando sea dueño de mi propia compañía, podré hacer lo que quiera.*
- *Cuando esté en control, el cielo será el límite.*

Cualquiera que ha tenido una compañía o ha estado en la cima de una organización sabe que esas ideas están llenas de ilusiones. Ser el líder superior no significa que usted no tiene límites, ni quita el tope de su potencial. No importa cuál trabajo o posición tenga, siempre habrá límites. Así es la vida.

Cuando usted escala en una organización, el peso de su responsabilidad aumenta. En muchas organizaciones, al ir escalando posiciones, se dará cuenta de que la cantidad de responsabilidad que conlleva aumenta más rápido que la cantidad de autoridad que usted recibe. Entre más alto vaya, más se espera de usted, las presiones son más grandes y el impacto de sus decisiones tiene mayor peso. Usted debe tomar en cuenta estas cosas.

—*Líder de 360°*

RECUERDE QUE EL LIDERAZGO ES UN PRIVILEGIO Y UNA
RESPONSABILIDAD MÁS QUE CUALQUIER OTRA COSA.

REDEFINIENDO EL ÉXITO Y EL FRACASO

16 de agosto de 1999, un jugador de las grandes ligas de béisbol, en su turno al bate en el estadio de Montreal, hizo otro out, el número 5,113 de su carrera profesional. ¡Esa cifra significa un montón de viajes al punto de bateo sin un sólo imparable! Si un jugador quedara fuera todas esas veces consecutivamente y promediara cuatro bateos por juego, eso significaría que habría jugado ocho temporadas (1,278 juegos) ¡sin haber llegado jamás a primera base!

¿Se desanimó el jugador aquella noche? No. ¿Le pareció que le había fallado a su equipo? No. Fíjese en esto. Antes, en el mismo juego, en su primera aparición en el parque, ese jugador alcanzó una marca que sólo veintiún otros jugadores en la historia del béisbol habían logrado. Había completado la cifra de tres mil imparables. Ese jugador fue Tony Gwynn de los Padres de San Diego.

Durante aquel juego, Tony consiguió en cinco intentos conectar cuatro imparables. Pero eso no es usual en él. Por lo general, él no logra un imparable en dos de cada tres intentos. Es posible que estos resultados no parezcan muy espectaculares, pero si usted sabe de béisbol, tendrá que reconocer que la habilidad de Tony para triunfar consecuentemente sólo una vez en tres intentos ha hecho de él el más grande creador de imparables en su generación. Y Tony sabe que con sus imparables ha logrado una gran cantidad de out.

Uno de los más grandes problemas que la gente tiene respecto del fracaso es que juzga demasiado apresuradamente situaciones aisladas en su vida y las clasifica como fracasos. En lugar de hacer eso, deberían mantener en mente el cuadro completo de cada situación. Alguien como Tony Gwynn no piensa que un out que haga es un fracaso. Él ve el out en el contexto general del juego. Su perspectiva lo lleva a perseverar, su perseverancia le da longevidad y la longevidad le ofrece oportunidades para tener éxito.

—*El lado positivo del fracaso*

CONSIDERE SUS FRACASOS DENTRO DEL PANORAMA GENERAL.

CULTIVE UNA ACTITUD POSITIVA

El cirujano cardíaco inglés Martyn Lloyd-Jones aseguraba que, «la mayor parte de la infelicidad en la vida se debe a que la gente se escucha a sí misma en vez de hablarse a sí misma». ¿Qué clase de voces oye usted? Cuando enfrenta nuevas experiencias, ¿le dice una voz en su cabeza que va a fracasar? Si está oyendo mensajes negativos, necesita aprender a darse conversación mental de estímulo positivo. La mejor manera de reprimir su actitud es prevenir su mente de caer en cualquier pensamiento negativo.

Para mejorar su actitud, haga lo siguiente:

Aliméntese con la «comida» correcta. Si ha estado careciendo de alimento positivo, necesita comenzar a alimentarse con una dieta regular de material motivador. Lea libros que estimulen una actitud positiva. Escuche grabaciones motivadoras. Mientras más negativo sea usted, más tiempo tomará cambiar su actitud. Pero si consume una dieta constante de «comida» correcta podrá convertirse en una persona que piense positivamente.

Alcance una meta cada día. Algunas personas caen en una rutina de negatividad porque sienten que no están progresando. Si este es su caso, comience a establecer diariamente metas que pueda alcanzar. Un modelo de realización positiva lo ayudará a desarrollar un modelo de pensamiento positivo.

Escríbalo en la pared. Todos necesitamos recordatorios que nos ayuden a pensar correctamente. Alex Haley tenía un dibujo en su oficina de una tortuga sobre una estaca de una cerca para recordarle que todos necesitan la ayuda de otros. Como incentivo, las personas colocan en la pared premios que han obtenido, carteles de inspiración o cartas que han recibido. Busque algo que funcione para usted y póngalo en la pared.

—Las 21 cualidades indispensables de un líder

HAGA HINCAPIÉ SOLO EN LO POSITIVO, NO EN LO NEGATIVO.

VAYA MÁS ALLÁ DE LA RUTINA

Uno de los impedimentos más grandes para conocer nuevas personas es la rutina. Con frecuencia vamos a los mismos lugares todo el tiempo, la misma gasolinera, cafetería, supermercado y restaurante. Empleamos los mismos proveedores de servicio. Utilizamos las mismas compañías para los negocios. Así es fácil; pero algunas veces necesitamos sacudirnos e intentar algo nuevo. Se trata de salirse de su zona de comodidad.

—*Líder de 360°*

SÁLGASE DE SU RUTINA HABITUAL
Y CONOZCA NUEVAS PERSONAS.

LOS LÍDERES NO SE TOMAN EL RECHAZO COMO ALGO PERSONAL

Cuando sus ideas no son bien recibidas por los demás, no lo haga algo personal. Cuando alguien en una reunión hace eso, puede acabar con el proceso creativo, porque en ese punto de la discusión ya no es más un asunto de ideas o de ayudar a la organización; es un asunto de sentimientos heridos. En esos momentos si usted puede dejar de competir y enfocar su energía en crear, usted abrirá el camino para que las personas a su alrededor lleven su creatividad a un nivel más alto.

Si usted no tiene una experiencia personal en el mundo de las editoriales, supongo que usted cree que los autores siempre seleccionan los títulos de sus libros. Aunque eso puede ser cierto para algunos autores, en mi caso no ha sido así. He escrito más de cuarenta libros, pero sólo he podido seleccionar el título de una docena de ellos.

Un libro es algo muy personal para el autor. ¿Por qué habría de permitir que alguien más escogiera el título? Porque sé que mis ideas no siempre son las mejores. Con frecuencia pienso que lo son, pero si alguien en la reunión tiene una opinión diferente, vale la pena escucharlo. Por eso yo he adoptado la actitud de que el dueño de la compañía no necesita ganar, es la idea la que necesita triunfar.

Apasiónese por su trabajo y tenga la integridad de defender sus ideas, pero también reconozca cuando debe transigir. Sin pasión nadie lo tomará en serio. Si usted no defiende sus ideas, nadie más lo hará. Si se trata de un principio, no cambie de opinión. Sin embargo también está la otra cara. Existen muy pocos «absolutos» verdaderos en la vida. La mayoría de los asuntos son cuestión de gusto o de opinión, no de principios. En esas áreas reconozca que usted puede transigir. Si usted se convierte en alguien que nunca puede aceptar las ideas de otras personas, usted perderá buenas oportunidades de aquellos que pueden.

—Líder de 360°

PERMITA QUE LAS MEJORES IDEAS SE IMPONGAN
PARA QUE SU EMPRESA PROGRESE.

ELOGIE A LAS PERSONAS DELANTE DE LOS DEMÁS

La forma más directa y fundamental para ganarse a las personas es elogiarlas con una palabra positiva, sincera y significativa. Si usted quiere hacer que otros se sientan valiosos, perfeccione esta aptitud elemental. Es esencial que aprenda a dar sus cumplidos enfrente de otros al igual que individualmente. ¿Por qué? Porque ese elogio en privado cuando se hace público, aumenta su valor instantánea y dramáticamente.

Como comandante de un barco de guerra valorado en un billón de dólares y una tripulación de 310 personas, Mike Abrashoff utilizó un liderazgo fundamental para aumentar las tasas de retención de un 28% a un 100%, reducir los gastos de operación y mejorar la disposición. ¿Cómo lo hizo? Entre otras cosas, dio gran importancia a los elogios públicos.

«El comandante de un barco tiene la autorización de dar 15 medallas al año», escribió. «Ya que me iban a culpar por exceso, entregué 115». Casi siempre que un marinero dejaba el barco para cumplir otra asignación, el capitán Abrashoff le daba una medalla. «Aun cuando no hubieran sido de los mejores, les daba una medalla en una ceremonia pública siempre y cuando hubieran hecho el máximo esfuerzo cada día. Pronunciaba un pequeño discurso diciendo cuánto apreciábamos su camaradería, amistad y trabajo duro». Abrashoff quería que se sintieran bien al ser elogiados en frente de toda la tripulación.

Cada vez que tenga la oportunidad de elogiar públicamente a otra persona, no dude en hacerlo. Por supuesto, puede crear estas oportunidades, tal como lo hizo el capitán Abrashoff, pero también puede encontrar innumerables oportunidades si solo las busca.

—*25 maneras de ganarse a la gente*

ELOGIE HOY A ALGUIEN EN PRESENCIA DE OTROS.

LOS QUE RODEAN DE CERCA AL LÍDER

El principio fundamental de liderazgo que he aprendido durante más de treinta años guiando personas es que quienes se encuentran cerca del líder determinan el nivel de éxito de ese líder. Una declaración negativa de esta afirmación es también cierta: quienes están cerca del líder determinan su nivel de fracaso. El resultado negativo o positivo en mi liderazgo depende de mi habilidad de reconocer el valor que otros pueden aportar a mi organización y a mí mismo. Mi afán no es buscar una multitud de seguidores, sino desarrollar líderes que se conviertan en un movimiento.

Deténgase a pensar por un momento en cinco o seis personas íntimamente relacionadas con usted en su organización. ¿Las está forjando? ¿Tiene una estrategia para ellas? ¿Están creciendo? ¿Han sido capaces de ayudarle con su carga?

Dentro de mis organizaciones se recalca continuamente el desarrollo del liderazgo. En la primera sesión de entrenamiento imparto este principio a los nuevos líderes: *Como líder potencial usted es un activo o un pasivo para la organización.* Ilustro esta verdad cuando digo: «Si hay un problema, un "incendio" en la organización, usted como líder es a menudo el primero en entrar en escena. Tiene en sus manos dos recipientes: uno contiene agua y el otro, gasolina. La "chispa" se convertirá en un problema mayor si lanza la gasolina, o se extinguirá si utiliza el balde con agua».

Cada persona en su organización también trae consigo dos baldes. La pregunta que un líder debe hacerse es: «¿Las estoy entrenando para usar el agua o la gasolina?»

—Desarrolle los líderes que están alrededor de usted

¿HA ENTRENADO USTED A LAS PERSONAS MÁS CERCANAS
A USTED PARA QUE SEAN QUIENES LLEVAN EL AGUA?

BUSQUE IDEAS EN LUGARES INSÓLITOS

Los buenos líderes están atentos a las ideas, siempre están buscándolas, y cultivan esa atención y esa práctica como una disciplina regular. Mientras leen el periódico, miran una película, escuchan a sus colegas, o disfrutan de una actividad de descanso, siempre están buscando ideas o prácticas que puedan usar para mejorar su trabajo y su liderazgo.

Si usted desea encontrar buenas ideas, tiene que buscarlas. Muy pocas veces una buena idea lo busca a usted.

—Líder de 360°

DONDEQUIERA QUE MIRE HOY, ABRA LOS OJOS A NUEVAS IDEAS.

COMPETENCIA

Todos admiramos a las personas que muestran gran capacidad, ya sean artesanos de precisión, atletas mundiales u hombres de negocios. Si quiere cultivar esa cualidad, aquí está lo que necesita hacer.

1. *Aparezca cada día.* La gente responsable aparece cuando se espera que lo haga. Pero las personas altamente competentes van un paso más allá. Vienen preparados para actuar cada día, sin importar cómo se sientan, las circunstancias por las que están pasando, o lo difícil que pudiera parecer el juego.

2. *Manténgase mejorando.* Todas las personas altamente competentes están buscando siempre maneras de aprender, crecer y mejorar. Lo hacen preguntando por qué. Después de todo, la persona que sabe cómo, siempre tendrá un trabajo, pero la persona que sabe por qué siempre será el jefe.

3. *Busque siempre la excelencia.* Nunca me he encontrado con una persona que se considere competente que no cumpla con sus responsabilidades. Como líderes, esperamos que nuestra gente continúe cuando le pasemos la bola. Ellos esperan eso y mucho más que eso de nosotros como sus líderes.

4. *Logre más de lo esperado.* La gente altamente competente siempre corre una milla extra. Para ellos lo suficientemente bueno nunca es suficientemente bueno. Los líderes no pueden darse el lujo de tener esa clase de actitud. Necesitan hacer el trabajo y un poco más, todos los días.

5. *Inspire a otros.* Los líderes altamente competentes hacen más que actuar al más alto nivel. Inspiran y motivan a su gente a hacer lo mismo. Mientras que algunos dependen solo de habilidades relacionales para sobrevivir, los líderes efectivos combinan esas habilidades con una elevada capacidad para llevar sus organizaciones a nuevos niveles de excelencia e influencia.

—*Las 21 cualidades indispensables de un líder*

¿INSPIRA USTED A SUS COMPAÑEROS DE EQUIPO CON UN ALTO NIVEL DE COMPETENCIA?

LOS LÍDERES ATRAEN A OTROS LÍDERES EN POTENCIA

Las aves de un mismo plumaje vuelan juntas. Creo de veras que hay que ser líder para descubrir a un líder, forjar a un líder y enseñar a un líder. He descubierto también que una de las labores de un líder es atraerlos.

La atracción es el primer paso obligado, sin embargo encuentro a muchos en posiciones de liderazgo incapaces de desempeñar este oficio. Los líderes verdaderos son capaces de atraer líderes potenciales porque:

- Piensan como ellos.
- Expresan emociones que otros líderes sienten.
- Crean una atmósfera que atrae líderes potenciales.
- No se sienten amenazados por personas con gran potencial.

Por ejemplo, alguien en posición de liderazgo que puede recibir un «5» en una escala de uno a diez no atraerá a un líder que puede recibir un «9». ¿Por qué? Porque por naturaleza los líderes evalúan a los demás y emigran hacia otros líderes de su mismo nivel o uno más elevado.

Cualquier líder que sólo tenga seguidores a su alrededor está condenado a hacer constantemente uso de sus propios recursos para conseguir que se hagan las cosas. Se fatigará y quemará si no tiene otros líderes que le ayuden con su carga. ¿Se ha preguntado usted últimamente: «¿Estoy cansado?» Si la respuesta es afirmativa, puede que tenga una buena razón. A menos que usted mismo quiera llevar toda la carga del mundo entero, tiene que desarrollar líderes.

—Desarrolle los líderes que están alrededor de usted

¿A QUIÉN ESTÁ DESARROLLANDO USTED PARA QUE LE AYUDE A LLEVAR LA CARGA?

QUE LA PERSONALIDAD NO OPAQUE
EL PROPÓSITO

Cuando alguien que usted no aprecia o respeta sugiere algo, ¿cuál es su primera reacción? Le aseguro que no se siente interesado por ello. Usted ha escuchado la frase, «dependiendo de quien viene». Eso no es necesariamente malo, pero si usted no tiene cuidado, puede cometer el error de dejar ir una buena idea.

No permita que la personalidad de alguien con quien usted trabaja le haga perder la perspectiva de un propósito más grande, el cual sería añadirle valor al equipo y hacer que la organización avance. Si eso significa escuchar las ideas de las personas con las cuales usted no tiene ninguna química, o peor aún, tuvieron un pasado difícil, que así sea. Haga a un lado el orgullo y escuche. Y en casos en los cuales usted debe rechazar las ideas de los demás, asegúrese que usted esté rechazando la idea y no a la persona.

—*Líder de 360°*

DEJE DE LADO SUS PREFERENCIAS PERSONALES
POR EL BIEN DE SU EQUIPO.

RESOLUCIÓN DE PROBLEMAS

El autor George Matthew Adams afirmó: «Lo que usted piensa significa mucho más que cualquier cosa en su vida; más que lo que gana, más que donde vive, más que su posición social, y más que lo que cualquiera puede pensar sobre usted». Cada problema le presenta a sí mismo. Lo muestra cómo piensa y de qué está hecho.

¿Cómo reacciona cuando enfrenta un problema cara a cara? ¿Lo ignora y espera que se vaya? ¿Se siente impotente para resolverlo? ¿Ha tenido en el pasado la mala experiencia de tratar de resolver problemas para solo darse por vencido? ¿O los aborda de buena gana? La habilidad de resolver problemas con efectividad viene de la experiencia de enfrentar obstáculos y vencerlos. Cada vez que resuelve otro problema, mejora un poco en el proceso. Pero si nunca trata, fracasa y trata de nuevo, nunca será bueno en eso.

—*Las 21 cualidades indispensables de un líder*

ESTÉ DISPUESTO HOY A ENFRENTAR UN PROBLEMA DIFÍCIL,
AÚN SI ELLO SIGNIFICA QUE PUEDA FRACASAR.

EL CAMBIO EXIGE UN COMPROMISO ADICIONAL

El tiempo es lo más preciado para muchas personas. Cuando va a haber un cambio todos estamos atentos para ver cómo afectará nuestro tiempo. Por lo regular, concluimos que el cambio estará bien *si no nos compromete a dar más*. Sidney Howard dijo que la mitad de saber lo que usted quiere es saber a lo que usted debe renunciar para obtenerlo. Cuando el costo del cambio es tiempo, muchos se resistirán.

Cuando se trata del tiempo, el líder debe determinar si la persona no quiere o no puede cambiar. La voluntad tiene que ver con la actitud, y hay poco que usted como líder puede hacer si sus seguidores se resisten al cambio a causa de la actitud. Pero la habilidad para cambiar tiene que ver con la perspectiva. Muchas personas quieren cambiar pero, por la forma en la que perciben las circunstancias y sus responsabilidades actuales, no pueden cambiar. En este punto, el líder puede ayudar asignando prioridad a las tareas, eliminando lo no esencial, y enfatizando el valor consecuente del cambio.

—Desarrolle el líder que está en usted

¿CÓMO PUEDE USTED AYUDAR A QUIENES LO SIGUEN
PARA QUE SE PREPAREN PARA EL CAMBIO?

TODO DEPENDE DE CÓMO VE USTED LAS CIRCUNSTANCIAS

Si usted tiende a fijarse en los extremos del éxito y del fracaso y a fijarse en resultados particulares en su vida, trate de poner las cosas en perspectiva. Cuando lo haga, va a poder compartir la filosofía de alguien tan importante como el apóstol Pablo quien pudo decir: «He aprendido a contentarme, cualquiera que sea mi situación». Y eso es mucho decir, considerando que Pablo había sido un náufrago, lo habían azotado, golpeado, apedreado y apresado. En todo eso, su fe le permitió mantener la perspectiva y se dio cuenta que no tenía importancia alguna lo que otros dijeran de él, si estaba haciendo lo que se esperaba que hiciera.

La vida de cada persona está llena de errores y experiencias negativas. Pero sepa esto:

+ Los errores se transforman en faltas cuando los percibimos y reaccionamos ante ellos incorrectamente.
+ Las faltas se transforman en fracasos cuando continuamente reaccionamos ante ellas incorrectamente.

Las personas que fracasan en su intento de progresar pueden ver sus errores o experiencias negativas como una parte normal de la vida, aprender de ellas y luego intentarlo de nuevo. El que persevera alcanza el propósito de su vida.

En cierta ocasión, Washington Irving dijo: «Las mentes grandes tienen propósitos; las otras tienen deseos. Las mentes pequeñas están dominadas por los infortunios, pero las mentes grandes se sobreponen a ellos».

—El lado positivo del fracaso

OFREZCA A SU EQUIPO LA PERSPECTIVA CORRECTA
Y UNA SENSACIÓN DE SATISFACCIÓN.

EL MITO DEL DESTINO

Si usted quiere triunfar, usted necesita aprender todo lo que pueda acerca de liderazgo antes de que usted tenga una posición de liderazgo. Cuando me reúno con personas en ambientes sociales y me preguntan a qué me dedico, algunos se intrigan cuando les digo que escribo libros y doy conferencias. Con frecuencia me preguntan acerca de lo que escribo. Cuando les digo «liderazgo», la respuesta que más me hace reír es similar a esta: «Oh, bien, cuando sea un líder, leeré algunos de sus libros». Lo que no les respondo (aunque quisiera) es: «Si leyera alguno de mis libros, quizá se convertiría en un líder».

Un buen liderazgo se aprende en las trincheras. Dirigir en cualquier lugar es lo que prepara a los líderes para una mayor responsabilidad. Ser un buen líder es un proceso de aprendizaje de toda la vida. Si usted no prueba sus habilidades de liderazgo y su proceso de toma de decisiones cuando no hay mucha responsabilidad y los riesgos son pequeños, es muy probable que se meta en problemas en niveles más altos cuando el costo de sus errores sea mayor, el impacto más fuerte y la exposición más grande. Los errores que se cometen a una menor escala pueden ser olvidados más fácilmente. Los errores que se cometen cuando uno está en la cima conllevan un costo gigantesco en la organización y dañan la credibilidad del líder.

¿Cómo logra ser la persona que usted desea ser? Comience a adoptar la manera de pensar, a aprender las habilidades y a desarrollar los hábitos de la persona que usted desea ser. Es un error vivir soñando: «Un día, cuando esté en la cima . . . », en vez de responsabilizarse hoy para prepararse para mañana. Tal como lo dijo el entrenador de baloncesto del Salón de la Fama, John Wooden: «Cuando la oportunidad llega, ya es muy tarde para prepararse». Si usted quiere ser un líder exitoso, aprenda a dirigir antes de que usted tenga una posición de liderazgo.

—*Líder de 360°*

PRUEBE HOY UNA NUEVA DESTREZA DE LIDERAZGO.

LOS RESULTADOS DE EMPODERAR A OTROS

Si dirige cualquier tipo de organización, un negocio, club, iglesia, o familia, aprender a facultar a los demás es una de las cosas más importantes que jamás hará como líder. Hacerlo ofrece ganancias increíbles. No sólo ayuda a los individuos logrando que lleguen a ser más confiados, enérgicos, y productivos, sino que también tiene la habilidad de mejorar su vida, darle libertad adicional, y promover el crecimiento y la salud de su organización.

Farzin Madjidi, oficial de un programa de la ciudad de Los Ángeles, expresa sus creencias en cuanto a facultar: «Nos hacen falta líderes que impulsen y faculten a las personas y puedan crear otros líderes. Ya no basta con que un administrador se asegure de que todo el mundo tenga algo que hacer y esté produciendo. Hoy, todos los empleados deben participar y adueñarse de todo lo que hacen. Para promover esto, es importante que todos tomen decisiones que los afecten más directamente. Así se toman las mejores decisiones. Esa es la esencia de facultar». En resumidas cuentas, darle autoridad al liderazgo algunas veces es la única ventaja real que una organización tiene sobre otra en nuestra sociedad competitiva.

A medida que impulse y faculte a los demás, notará que mejorarán en la mayoría de los aspectos de su vida. Hacerlo puede liberarlo personalmente de modo que tenga más tiempo para sus cosas importantes, aumentará la efectividad de su organización, elevará su influencia en ellos y, lo mejor de todo, impactará sus vidas de una manera increíblemente positiva.

—*Seamos personas de influencia*

SI TODAVÍA NO LO HIZO, COMIENCE HOY MISMO A EMPODERAR A ALGUIEN DE SU ORGANIZACIÓN.

TRANSMÍTALES ESPERANZA A LAS PERSONAS

Un reportero le preguntó al primer ministro Winston Churchill, quien dirigiera a Gran Bretaña durante los difíciles momentos de la Segunda Guerra Mundial, cuál era el arma más poderosa que tenía su país en contra del régimen nazi. Sin hacer ninguna pausa, Churchill respondió: «El arma más poderosa que Inglaterra siempre ha tenido es la esperanza».

Esperanza es una de las palabras más poderosas y dinámicas del idioma español. Nos da energía para seguir adelante en los momentos más difíciles y su poder nos llena de emoción y anticipación al mirar el futuro.

Se dice que una persona puede vivir cuarenta días sin comer, cuatro días sin agua, cuatro minutos sin aire, pero solamente cuatro segundos sin esperanza. Si desea ayudar a las personas a triunfar, debe convertirse en un proveedor de esperanza.

—25 maneras de ganarse a la gente

Sea hoy el portador de la esperanza para su equipo.

LOS OBJETIVOS PROPORCIONAN IMPULSO

El millonario industrial Andrew Carnegie dijo: «No puedes empujar a nadie hacia arriba de la escalera a menos que esté dispuesto a subirla por sí mismo». Lo mismo tiene vigencia para una persona en el viaje del éxito. No querrá avanzar si no está motivada. Las metas pueden ayudar a dar la motivación. Paul Myer comentaba: «Nadie logra algo de importancia sin una meta ... El trazar metas es la fuerza humana más poderosa para la motivación propia».

Piense en esto. ¿Cuál es uno de los motivadores más importantes del mundo? El éxito. Cuando toma una gran actividad (como su sueño) y la divide en partes más pequeñas manejables (metas), usted se programa para el éxito porque hace lo que quiere para lograrlo. Cada vez que logra una meta pequeña, experimenta el éxito. ¡Y eso es motivador! Alcance suficientes de sus pequeñas metas y estará dando un paso gigantesco hacia la realización de su propósito y el desarrollo de su potencial.

Las metas no solo le ayudan a desarrollar esa motivación inicial al hacer su sueño alcanzable, sino que también le ayudan a continuar motivado, y eso crea impulso. Una vez que esté avanzando en el viaje del éxito será muy difícil detenerlo. El proceso es similar a lo que ocurre con un tren. Lograr que salga es la parte más difícil del viaje. Mientras está detenido, se puede prevenir que un tren avance con bloques de madera de una pulgada debajo de cada una de las ruedas motrices. Sin embargo, una vez que el tren gana velocidad, ni siquiera una muralla de concreto reforzado con acero de un metro y medio de espesor puede detenerlo.

—*El mapa para alcanzar el éxito*

DESARROLLE OBJETIVOS QUE GENEREN MOTIVACIÓN
Y A LA VEZ ÍMPETU.

LOS LÍDERES DEBEN SER AGENTES DE CAMBIO DEL ENTORNO

Los líderes de cualquier organización deben ser agentes de cambio ambiental. Se deben parecer más a los termostatos que a los termómetros. A primera vista, un individuo podría confundir estos dos instrumentos. Ambos son capaces de medir el calor. Sin embargo, son bastante diferentes. Un termómetro es pasivo; registra la temperatura de su medio, pero no puede hacer nada para cambiarlo. Un termostato es un instrumento activo; determina lo que será el ambiente. Efectúa cambios a fin de ajustar el clima.

La actitud del líder, acoplada con una atmósfera positiva en la organización, puede estimular a las personas a realizar grandes acontecimientos. Y una constante realización genera impulso. Muchas veces el ímpetu es la diferencia entre un ganador (clima de crecimiento positivo) y un perdedor (clima de crecimiento negativo).

La próxima vez que encuentre dificultad en ajustar el ambiente en su compañía, recuerde esta sencilla verdad de las leyes físicas: el agua hierve a cien grados centígrados, pero a noventa y nueve todavía es agua caliente. Un grado extra, un incremento de uno por ciento, puede marcar la diferencia entre una olla de líquido que se consume y un burbujeante caldero de poder. Un grado puede crear una corriente de vapor con poder suficiente para mover un tren que pesa toneladas. Ese grado es generalmente el impulso.

—Desarrolle los líderes que están alrededor de usted

SEA UN TERMOSTATO EN LUGAR DE UN TERMÓMETRO.

PREGUNTE POR QUÉ, NO QUIÉN

La próxima vez que fracase, piense por qué falló en vez de preguntar *de quién* fue la falta. Trate de considerar todo objetivamente y así poder hacerlo mejor la próxima vez. Mi amigo Bobb Biehl sugiere una lista de preguntas para ayudarle a analizar cualquier fracaso:

+ ¿Qué lecciones he aprendido?
+ ¿Estoy agradecido por esta experiencia?
+ ¿Cómo puedo convertir el fracaso en éxito?
+ Hablando prácticamente, ¿hacia dónde debo ir desde aquí?
+ ¿Quién ha fracaso de este mismo modo, y cómo podría esa persona ayudarme?
+ ¿Cómo podría mi experiencia ayudar a otros para que no cometan el mismo error?
+ ¿Fracasé debido a otra persona, debido a mi situación o debido a mí mismo?
+ ¿Fallé realmente o no logré alcanzar una meta que era irreal?
+ ¿Dónde tuve éxito y dónde fracasé?

La persona que culpa a los demás por sus fracasos nunca los vence. Van de problema en problema, y como resultado, nunca logran el éxito. Para alcanzar su potencial, usted debe mejorar continuamente, y no puede hacerlo si no asume la responsabilidad por sus acciones y aprende de sus errores.

—El mapa para alcanzar el éxito

Sea el primero en aceptar la responsabilidad
cuando las cosas no vayan bien en su equipo.

CONSIDERE EL PANORAMA GENERAL

Todo comienza con visión. Usted tiene que tener una meta. Sin ella, no puede tener un equipo verdadero. El receptor del salón de la fama Yogi Berra dijo bromeando: «Si no sabe hacia dónde se dirige va a ir a parar a cualquiera parte». Un individuo sin una meta va a parar a cualquier parte. Un grupo de personas sin una meta no va a ninguna parte. Por otro lado, si la visión por lograr el cuadro completo es sostenida por cada miembro del grupo, entonces estas personas tienen el potencial de llegar a ser un equipo efectivo.

Por lo general los líderes tienen la función de captar y comunicar visión. Ellos deben ser los primeros en verla y luego ayudar a que los demás también la vean. Es lo que Winston Churchill hizo cuando habló a los mineros del carbón durante la guerra. Es lo que el doctor Martín Luther King hijo, hizo cuando habló a la gente sobre su sueño desde las escalinatas del monumento a Lincoln, en Washington, D.C. Es lo que Jack Welch, alto ejecutivo de la GE hizo cuando dejó saber a su gente que un departamento de la GE que no fuera primero o segundo en el mercado no podría seguir siendo parte de la compañía. Las personas de un equipo se sacrificarán y trabajarán juntos solo si pueden ver hacia dónde se dirigen con el trabajo que ejecutan.

Si usted es el líder de un equipo, su función es hacer lo que solo usted puede hacer: pintar el cuadro completo a su gente. Sin la visión no van a encontrar el deseo de alcanzar la meta.

—Las 17 leyes incuestionables del trabajo en equipo

¿Le ha dado a su equipo un panorama general?

SEA ABIERTO PARA APRENDER DE LOS DEMÁS

¿Ha conocido alguna vez a alguien que se siente obligado a fingir ser el experto todo el tiempo? Ese tipo de personas después de un tiempo dejan de ser agradables, porque lo único que les parece bien es lo suyo propio. Y tal como lo dice el dicho, la gente no te acompañará al menos que la compañía sea buena.

Si usted desea que los demás lo consideren como una persona accesible, no sólo admita su debilidad. Tenga la disposición de aprender de ellos. Una de las cosas que yo enseño en el libro *Cómo ganarse a la gente,* es el principio del aprendizaje, que dice: «Cada persona que conocemos tiene el potencial de enseñarnos algo». Realmente lo creo. Si usted acepta esa idea, creo que descubrirá dos cosas. Primero, aprenderá mucho, porque cada vez que usted conoce a alguien, será una oportunidad de aprendizaje. Segundo, las personas se le acercarán. Algunos extraños generalmente me tratan como un viejo amigo, sencillamente porque me abro a ellos.

—*Líder de 360°*

ESTÉ ABIERTO HOY A TODO AQUELLO
QUE PUEDA APRENDER DE LOS DEMÁS.

ABRIL

1. Comprendiendo a las personas
2. Fe en los demás
3. Los genios también pueden fracasar
4. Todo tiene que ver con el equipo
5. Sea ejemplo del estilo de liderazgo que usted desea
6. Mejorándose a uno mismo
7. Consulte el marcador
8. Disminuya la velocidad
9. Desarrollando la competencia
10. Acepte la responsabilidad
11. Autoestima
12. Concéntrese en las necesidades del líder potencial
13. Distinga entre lo que usted puede hacer de quién es usted
14. Fiabilidad
15. El poder de la perspectiva
16. Una lista para el cambio
17. Sea un mejor motivador
18. Vea el fracaso como un incidente aislado
19. Seguridad
20. La persona dominada por el carácter versus la persona dominada por las emociones
21. El crecimiento es una elección
22. Guíe (no dirija) con visión
23. Dé a los demás un nombre que honrar
24. Emociones disciplinadas
25. El elogio afirma a las personas
26. Desarrolle el talento que está en usted, no el talento que usted desea
27. Esté dispuesto a pagar el precio que atrae a los líderes
28. ¿Qué es la actitud?
29. Coraje
30. El mito del potencial

COMPRENDIENDO A LAS PERSONAS

La primera habilidad de un líder es entender cómo piensa y siente la gente. Al trabajar con otros, reconoce que todos, ya sean líderes o seguidores tienen algunas cosas en común:

- Les gusta sentirse especiales; por lo tanto, hágales cumplidos sinceros.
- Quieren un mejor mañana, por lo tanto, muéstreles esperanza.
- Desean que alguien los dirija, por lo tanto, guíelos.
- Son egoístas, por lo tanto, hábleles primero de sus necesidades.
- Son poco emocionales, por lo tanto, estimúlelos.
- Quieren éxito, por lo tanto, ayúdelos a ganar.

Aun cuando reconozca estas verdades, un líder todavía tiene que tratar a las personas como individuos. La habilidad de mirar a cada persona, entenderla y conectarse con ella es un factor fundamental en el éxito de las relaciones. Esto significa tratar a cada uno individualmente y no a todos por igual. Rod Nichols, experto en mercadotecnia dice que en los negocios, esto es particularmente importante: «Si usted trata con cada cliente de la misma forma solo logrará éxito en 25 o 30% de sus contactos debido a que solo se habrá acercado a un tipo de personalidad. Pero si aprende a trabajar efectivamente con todos los tipos de personalidades podrá tener éxito con 100% de sus contactos.

A esta sensibilidad se la puede llamar el «factor blando del liderazgo». Tiene que ser capaz de adaptar su estilo de liderazgo a la persona a la que está dirigiendo.

—Las 21 cualidades indispensables de un líder

ADAPTE SU ESTILO DE LIDERAZGO SEGÚN LA PERSONALIDAD DE LOS MIEMBROS DE SU EQUIPO.

FE EN LOS DEMÁS

Los instintos de las personas son bastante buenos para saber cuando los demás tienen fe en ellas. Pueden percibir si su creencia es genuina o falsa. En su libro *Move Ahead with Possibility Thinking*, Robert Schuller, mi amigo y pastor de la Catedral de Cristal en Garden Grove, California, cuenta un maravilloso relato sobre un incidente que cambió su vida cuando niño. Ocurrió cuando su tío tuvo fe en él, y lo mostró con hechos y palabras:

> Su auto pasó la granja descolorida y se detuvo en medio de una nube de polvo veraniego ante nuestra puerta. Salí corriendo descalzo por el balcón astillado y vi a mi tío Henry bajando del auto. Era alto, muy apuesto, y terriblemente vigoroso. Después de muchos años como misionero en China, visitaba nuestra finca en Iowa. Corrió hasta el viejo portón y puso sus dos enormes manos en mis hombros de cuatro años. Se sonrió ampliamente, sacudió mi pelo despeinado, y dijo: «¡Bueno! ¡Me parece que tú eres Robert! Creo que un día vas a ser un gran predicador». Esa noche oré en secreto: «Querido Dios, ¡conviérteme en un predicador cuando sea grande!» Creo que Dios me convirtió en un PENSADOR DE POSIBILIDADES allí, en ese momento.

Mientras labora por convertirse en alguien influyente, recuerde siempre que su meta no es lograr que las personas piensen mejor respecto a usted. Es hacer que piensen mejor acerca de sí mismas. Tenga fe en ellas, y comenzarán a hacer exactamente eso.

—*Seamos personas de influencia*

AYUDE HOY A ALGUIEN QUE DUDA DE TENER FE EN SÍ MISMO.

LOS GENIOS TAMBIÉN PUEDEN FRACASAR

Cada persona de éxito es alguien que falló, pero nunca se consideró un fracasado. Por ejemplo, a Wolfgang Amadeus Mozart, uno de los más grandes genios musicales, el emperador Ferdinando le dijo que su ópera *Las bodas de Fígaro* era «demasiado ruidosa» y que tenía «demasiadas notas». El pintor Vincent Van Gogh, cuyos cuadros alcanzan actualmente cifras astronómicas cuando se ponen a la venta, durante toda su vida vendió sólo un cuadro. Thomas Edison, el más prolífico inventor en la historia, era considerado cuando joven alguien imposible de aprender nada. Y a Albert Einstein, el más grande pensador de nuestro tiempo, un maestro de Munich le dijo que «nunca llegaría muy arriba».

Creo que no es exagerado decir que a todos los grandes hombres de éxito se les han dado múltiples razones para creer que han sido unos fracasados. Pero, a pesar de eso, han perseverado. Frente a la adversidad, el rechazo y los errores, siguen creyendo en sí mismos y rehúsan considerarse unos fracasados.

Y sin detenerme a pensar en los errores que cometo o cuantas veces me equivoco, no dejo que esto devalúe el aprecio que tengo por mí mismo. Como afirma el dicho popular: «Dios usa a la gente que falla, porque no tiene a quién más echarle mano».

Como muchos, supongo que a usted debe serle duro mantener una actitud positiva y evitar sentirse un fracasado. Pero sepa esto: Es posible cultivar una actitud positiva respecto a usted mismo, no importa en qué circunstancias se encuentre o la historia que tenga.

—El lado positivo del fracaso

QUE SU ACTITUD POSITIVA, Y NO LAS CIRCUNSTANCIAS
O FRACASOS ANTERIORES, DETERMINE CÓMO SE VE A SÍ MISMO.

TODO TIENE QUE VER CON EL EQUIPO

Algunos equipos deportivos parecen dejar que cada jugador desarrolle por sí mismo su propia disposición mental. Otros desarrollan una actitud de subordinación y de equipo en todo lo que hacen. Por ejemplo, los equipos de fútbol como Notre Dame y Penn State no ponen los nombres de los jugadores en sus camisetas. Lou Holtz, ex entrenador de los aguerridos irlandeses, una vez explicó por qué. Dijo: «En Notre Dame creemos que ND era toda la identificación que se necesitaba. Cuando alguien reclamaba, yo les decía que debían sentirse afortunados con tener números impresos en sus uniformes. Por mí, no habría puesto más que las iniciales indicando la posición en que jugaba cada individuo. Si la prioridad es el equipo más que la persona misma, ¿qué más se podría necesitar?»

Los equipos triunfadores tienen jugadores que ponen el bien del equipo por sobre el de ellos. Quieren jugar en la posición que les corresponde, pero están dispuestos a hacer lo que sea necesario para el bien del equipo. Incluso están dispuestos a sacrificar su actuación por alcanzar la meta mayor.

—*Las 17 leyes incuestionables del trabajo en equipo*

¿ESTÁ USTED HOY DISPUESTO A HACER LO NECESARIO
PARA EL BIEN DEL EQUIPO?

SEA EJEMPLO DEL ESTILO DE LIDERAZGO QUE USTED DESEA

De acuerdo con el célebre misionero médico Albert Schweitzer, «el ejemplo no es la principal influencia sobre los demás . . . es la única». Parte de la creación de un clima atractivo es ejemplarizar el liderazgo. Las personas emulan lo que ven ejemplificado. A ejemplo positivo, respuesta positiva. A ejemplo negativo, respuesta negativa. Lo que hacen los líderes también lo hacen los líderes potenciales a su alrededor. Lo que ellos valoran, su equipo también lo valora. Las metas de los líderes se convierten en sus metas. Los líderes marcan la pauta. Así como sugiere Lee Iacocca: «La velocidad del jefe es la velocidad del equipo». Un líder no puede exigir a los demás lo que no se exige a sí mismo.

Así como usted y yo crecemos y mejoramos como líderes, también lo hacen aquellos a quienes dirigimos. Debemos recordar que cuando los demás nos siguen, pueden ir tan lejos como vayamos nosotros. Si nuestro crecimiento se detiene, nuestra capacidad de guiar también se detiene. Ninguna personalidad o metodología puede ser el substituto del crecimiento personal. No podemos ser ejemplos de lo que no poseemos. Empiece su aprendizaje y crecimiento hoy, y observe el crecimiento de los que están a su alrededor. Como líder soy principalmente seguidor de los grandes principios y de otros grandes líderes.

—Desarrolle los líderes que están alrededor de usted

No exija a los demás lo que usted no se exige a sí mismo.

MEJORÁNDOSE A UNO MISMO

El peligro de dictar conferencias o escribir libros como este es que la gente empieza a suponer que uno es un experto que domina todo lo que enseña. No lo crea. Al igual que usted, yo todavía estoy trabajando en mis destrezas relacionales y de liderazgo. Hay principios en este libro que no aplico bien, por eso me esfuerzo en superarme en ellos. Y esto siempre será cierto en mi vida. Si en algún momento llego a creer que he terminado de crecer y mejorar, estaré en graves problemas.

La gente que experimenta dificultades en sus relaciones muchas veces es tentada a mirar a todos menos a sí misma para explicar el problema. No obstante, siempre debemos empezar haciendo un examen objetivo de nosotros mismos y debemos estar dispuestos a cambiar todas las deficiencias que tengamos. El crítico Samuel Johnson aconsejó que «aquel que tiene tan poco conocimiento de la naturaleza humana como para buscar la felicidad por medio de cambiar cualquier cosa que no sea su propia disposición, desperdiciará su vida en esfuerzos infructuosos y multiplicará las aflicciones que tanto desea evitar».

—Cómo ganarse a la gente

¿EN QUÉ DEBE USTED CAMBIAR PARA SER UN MEJOR LÍDER?

CONSULTE EL MARCADOR

Todo «juego» tiene sus propias reglas y su propia definición de lo que significa ganar. Algunos equipos miden su éxito en puntos anotados, otros en utilidades. Aun otros podrían ver la cantidad de personas a las que sirven. Pero no importa de qué se trate el juego, siempre hay un marcador. Y si un equipo ha de lograr sus metas, debe saber dónde está parado. Se debe evaluar a la luz del marcador. ¿Por qué? Porque el partido está cambiando constantemente. Como puede ver, el plan de juego le dice lo que usted quiere que suceda. Pero el marcador le dice lo que está sucediendo.

Si usted dirige el equipo tiene la responsabilidad primordial de revisar el marcador y de comunicar la situación del equipo a sus miembros. Esto no necesariamente significa que usted lo obtenga todo por sí mismo, sino que deberá asegurarse de que los miembros del equipo continuamente evalúen, hagan ajustes y tomen decisiones tan rápido como sea posible. Esa es la clave para vencer.

¿Tiene usted un sistema que le asegure que eso sucede? ¿O confía por lo general en su intuición? No está mal usar la intuición mientras tenga algunos refuerzos a prueba de fallas que le aseguren que no defraudará al equipo.

Evalúe cuán continua y eficazmente consulta usted su «marcador». Si no lo está haciendo tan bien como debería, entonces cree un sistema que le ayude a hacerlo o que fortalezca a los líderes de su equipo para compartir la responsabilidad.

—*Las 17 leyes incuestionables del trabajo en equipo*

QUE EL FOCO EN EL MOMENTO ACTUAL NO LE HAGA PERDER
DE VISTA EL MARCADOR.

DISMINUYA LA VELOCIDAD

La mayoría de las personas que desean dirigir son rápidas por naturaleza, pero si usted desea convertirse en mejor líder, necesita bajar la velocidad. Usted puede moverse más rápido cuando ésta sólo, y puede recoger más honores individuales a solas, pero para dirigir a los demás, usted necesita bajar la velocidad lo suficiente como para mantener una conexión con ellos, unirse a ellos y llevarlos con usted.

Si usted tiene niños, comprende esto de manera instintiva. La próxima vez que usted necesite que algo se realice en la casa, trate de hacerlo de dos maneras. Primero, haga que sus hijos le ayuden. Eso significa que usted necesita reclutarlos. Necesita entrenarlos. Necesita dirigirlos. Necesita supervisarlos. Necesita volverlos a dirigir. Necesita volverlos a reclutar cuando se alejen de sus tareas. Dependiendo de la edad de sus hijos, esto puede ser exhaustivo, y aun cuando el trabajo haya terminado, es probable que no sea de la forma en que usted lo deseaba.

Luego trate de hacer la tarea sólo. ¿Qué tan rápido lo puede hacer? ¿Está conforme con la calidad de su trabajo? ¿Tuvo alguna clase de agravante en el proceso?

Trabajar sólo es más rápido (al menos al principio), pero no tiene la misma recompensa. Si desea que sus hijos aprendan, crezcan y logren su potencial, usted necesita pagar el precio y ocupar el tiempo con todo y sus problemas para dirigirlos en el proceso, aun si esto significa ir más lentamente o ceder un poco de su agenda. Lo mismo pasa con los empleados. Los líderes no son necesariamente los primeros en cruzar la línea de meta, las personas que corren solos son los más rápidos. Los líderes son los primeros en traer a todas las personas a la línea de meta. Su recompensa en el liderazgo, en el trabajo o en la casa, viene al final.

—Líder de 360°

DISMINUYA LA VELOCIDAD Y CONÉCTESE HOY CON LOS DEMÁS.

DESARROLLANDO LA COMPETENCIA

Una persona competente hace lo que hace bien, perseverando y destilando lo mejor de sí, y deja de hacer lo que no hace bien. ¿Lo describe esto a usted? ¿Concentra su energía en lo que puede hacer bien hasta el punto de llegar a ser altamente competente en eso? ¿Pueden sus compañeros de equipo depender de usted al punto de dar todo lo que puedan y que contribuya al éxito del equipo en su conjunto? Si no, quizás necesite concentrarse mejor y desarrollar las habilidades que necesita para hacer su trabajo y hacerlo bien.

Para ser más competente . . .

Enfóquese profesionalmente. Le será difícil ser competente si está tratando de hacerlo todo. Escoja un área en la que pueda especializarse. ¿Qué es lo que une sus habilidades, sus intereses y sus oportunidades? Lo que sea, ¡tómelo!

Atienda los detalles. Demasiadas personas no se esfuerzan todo lo que pueden en sus trabajos. Para hacer esto necesita desarrollar la habilidad de atender los detalles. Esto no quiere decir que tiene que obsesionarse por los detalles. Lo que significa es hacer el último diez por ciento del trabajo que está haciendo, cualquiera que sea. Intente hacerlo en el próximo proyecto o trabajo importante que tenga que realizar.

Preste más atención a la implementación. Ya que la implementación es a menudo la parte más difícil de cualquier trabajo, dele toda su atención. ¿Cómo puede reducir la brecha entre crear las ideas y ponerlas en práctica? Reúna a su equipo y discutan cómo pueden mejorar el proceso.

—*Las 17 cualidades esenciales de un jugador de equipo*

ENFÓQUESE HOY ESPECIALMENTE EN SU TRABAJO.

ACEPTE LA RESPONSABILIDAD

Los buenos líderes nunca adoptan la mentalidad de la víctima. Reconocen que quiénes son y dónde están sigue siendo su responsabilidad, no de sus padres, sus cónyuges, sus hijos, el gobierno, sus jefes, o sus compañeros de trabajo. Enfrentan lo que la vida les depara y dan lo mejor de sí, sabiendo que tendrán una oportunidad de guiar el equipo solo si han probado que pueden llevar el balón.

Gilbert Arland ofrece este consejo: «Cuando un arquero falla al blanco, se vuelve hacia él y busca en él el problema. Cuando no se da en el blanco nunca es la falla del blanco. Para mejorar su puntería, mejora usted».

¿Está en el objetivo cuando viene la responsabilidad? ¿Lo ven los demás como alguien que termina lo que comienza? ¿Lo busca la gente para que lleve el balón en situaciones difíciles? ¿Lo reconocen por su excelencia? Si no ha estado actuando a un elevado nivel de excelencia, necesita cultivar un sentido de responsabilidad más fuerte.

—Las 21 cualidades indispensables de un líder

RECUERDE QUE UN LÍDER PUEDE DELEGAR CUALQUIER COSA, MENOS LA RESPONSABILIDAD.

AUTOESTIMA

El escritor Sydney J. Harris observó: «Si usted no se siente cómodo consigo mismo, no puede sentirse bien en relación con los demás». Quisiera llevarlo un paso más adelante, si usted no cree en usted mismo, siempre saboteará sus relaciones.

Durante años he enseñado un concepto que llamo la Ley del Tope, que se encuentra en *Las 21 leyes irrefutables del liderazgo*. Dice así: «La capacidad de liderazgo determina el nivel de eficacia de una persona». Esto es lo que quiero decir: No importa cuán duro trabaje, usted no podrá llegar muy lejos en su profesión si es un líder deficiente. Cualquier empresa, departamento o equipo siempre será rezagado por un líder débil.

En el asunto de las relaciones, la imagen personal funciona de manera similar. Es el tope de las relaciones. La imagen que usted tenga de sí mismo restringe su capacidad para desarrollar relaciones saludables. Una imagen propia negativa impedirá que una persona talentosa alcance el éxito, y aunque una persona con una imagen deficiente de sí misma logre algún éxito, este no durará pues tarde o temprano la persona se bajará al nivel de sus propias expectativas.

El popular psicólogo y autor con éxito de ventas en el *New York Times* Phil McGraw, afirma: «Siempre digo que la relación más importante que usted jamás tendrá es con usted mismo. Tiene que ser primero su propio mejor amigo». ¿Cómo puede uno ser el «mejor amigo» de alguien a quien no conoce o que no le gusta? Es imposible. Por eso es tan importante descubrir quién es usted y esforzarse en llegar a ser alguien a quien usted respeta y encuentra agradable.

—*Cómo ganarse a la gente*

INVIERTA EN FORMARSE UNA SANA AUTOESTIMA
APRENDIENDO A QUERERSE Y RESPETARSE.

CONCÉNTRESE EN LAS NECESIDADES DEL LÍDER POTENCIAL

A menudo las personas asocian los grandes logros con varias cosas: suerte, circunstancias o talento natural. El secreto del éxito de una persona parece ser una cualidad elusiva. Hace poco, la Universidad de Chicago realizó un estudio de notables artistas, atletas y eruditos durante cinco años para determinar qué los hacía triunfadores. La investigación dirigida por el doctor Benjamín Bloom se basaba en entrevistas anónimas con las veinte personas más prósperas en varios campos. Se incluyó una variedad de profesionales tales como concertistas, nadadores olímpicos, jugadores de tenis, escultores, matemáticos y neurólogos. Bloom y su equipo investigador buscaban la clave del desarrollo de estos grandes ganadores. Para tener una idea más clara, también entrevistaron a sus familiares y maestros. El informe estableció de modo concluyente que el empeño, la determinación y el deseo, no los grandes talentos naturales, llevaron a esos individuos a su extraordinario éxito.

Los grandes líderes conocen los deseos de quienes dirigen. Aun cuando los líderes potenciales respeten el conocimiento y la capacidad de sus líderes, estos asuntos son secundarios. No les importa cuánto *saben* sus líderes sino cuánto les *importan* sus necesidades, sueños y deseos. Una vez que un líder se interesa sinceramente en el bienestar de su gente, se activan en ellos de manera trascendental la determinación y el empeño. El punto de partida de todo logro es el empeño, la determinación y el deseo.

—*Desarrolle los líderes que están alrededor de usted*

MUESTRE UN GENUINO INTERÉS EN LAS NECESIDADES, SUEÑOS Y DESEOS DE LOS LÍDERES POTENCIALES QUE LO RODEAN.

DISTINGA ENTRE LO QUE USTED PUEDE HACER DE QUIÉN ES USTED

¿No ha conocido personas que debieran estar en la cima pero no lo están? Tenían todo el talento que necesitaban, pero aún así no pudieron triunfar. El filósofo Ralph Waldo Emerson debió haber conocido personas así porque dijo: «El talento en sí mismo es sólo un adorno y un espectáculo. El talento trabajando junto con el gozo en la causa de una verdad universal eleva al que lo posee a un nuevo nivel como benefactor».

Entonces ¿alguna vez el talento es suficiente? Si, pero sólo al principio. El novelista Charles Wilson dice: «Sin importar el tamaño de la botella, la espuma siempre sube hacia arriba». El talento sobresale. Hace que la gente lo note. Al principio, el talento lo separa de los demás del grupo. Le da una ventaja sobre los demás. Por esa razón, el talento natural es uno de los dones más grandes de la vida, pero esa ventaja sólo dura un tiempo corto. El escritor musical Irving Berlin comprendió este principio cuando dijo: «Lo más difícil acerca del éxito es que tiene que mantenerse siendo exitoso. El talento es sólo el punto inicial en el negocio. Uno tiene que mantener ese talento funcionando».

Muchas personas talentosas que comienzan con una ventaja con respecto a los demás, pierden esa ventaja porque se apoyan en ese talento en lugar de elevarlo. Asumen que el talento por sí mismo los mantendrá en ventaja. Ellos no se dan cuenta del principio que dice: si sólo navegan sin remar, otros pronto les pasarán. El talento es más común de lo que ellos piensan. El autor de grandes éxitos de librería Stephen King afirma: «El talento es más barato que la sal. Lo que separa a los individuos talentosos de los exitosos es el esfuerzo completo». Notamos que se necesita más que talento para lograr el éxito.

—*El talento nunca es suficiente*

ESTÉ PREPARADO PARA PAGAR EL PRECIO EN OTRAS ÁREAS PARA DESARROLLAR SU TALENTO AL MÁXIMO DE SUS POSIBILIDADES.

FIABILIDAD

¿**P**ueden sus compañeros de equipo confiar en usted? ¿Pueden confiar en sus motivos? ¿Toma decisiones tan sabias que los demás se sientan tranquilos? ¿Actúa en forma consistente aun cuando no tiene muchos deseos de hacerlo? ¿Es usted un jugador siempre dispuesto a ir adelante? ¿Sus compañeros de equipo trabajan con usted cuando llegan los tiempos difíciles?

Para mejorar su confiabilidad . . .

Examine sus motivos. Si no ha escrito sus metas, deténgase y hágalo antes de seguir leyendo. Ahora, reflexione en sus metas. ¿Cuántas de ellas benefician al equipo del que usted forma parte, a su familia, a la organización para la que trabaja, a su equipo de voluntarios, a los otros miembros de su equipo? ¿Cuántas le benefician sólo a usted? Dedique algún tiempo a alinear sus prioridades personales con las de su equipo.

Descubra el valor de su palabra. Haga la siguiente pregunta a cinco de sus compañeros de equipo: «¿Qué tan confiable soy cuando les digo que tengo la intención de hacer algo? Evalúenme usando la escala del uno al diez». Incluya a un subordinado tanto como a un supervisor en la encuesta si le es posible. Si las respuestas no son tan buenas como usted esperaba, no se defienda. Simplemente pida ejemplos en una forma no agresiva. Si el promedio de las respuestas es inferior a nueve o a diez entonces empiece a escribir sus compromisos de ese día en adelante y déles seguimiento durante un mes.

Busque a alguien que le ayude a ser responsable. Será más fácil para usted si tiene a un compañero que le dé apoyo. Busque a alguien a quien usted respete para que le ayude a cumplir sus compromisos.

—*Las 17 cualidades esenciales de un jugador de equipo*

TOME HOY MEDIDAS PARA MEJORAR SU FIABILIDAD;
ENCUENTRE A ALGUIEN QUE LO AYUDE A ASUMIR
RESPONSABILIDADES.

EL PODER DE LA PERSPECTIVA

El éxito puede traer muchas cosas: poder, privilegio, fama, riqueza, etc. Sin importar cuántas cosas más traiga, el éxito siempre viene acompañado de opciones, y la forma cómo usemos esas opciones revelará nuestro carácter. La gente acaudalada puede utilizar sus recursos para beneficiar a los demás o solo a ellos mismos. La gente famosa puede usar su notoriedad para ser modelos de integridad y carácter, o servirse a sí mismos de manera egoísta. Los líderes pueden tomar decisiones que afectan a otros de manera positiva o negativa. Todo depende de ellos.

En el meollo del asunto está la cuestión de si la gente desea usar su poder para poner a otros en su lugar o para ponerse ellos mismos en el lugar del otro. El educador y químico agrónomo George Washington Carver hizo una observación increíble: «Qué tan lejos llegarás en la vida depende de que seas tierno con los pequeños y los jóvenes, compasivo con los ancianos, solidario con los que luchan y tolerante hacia los débiles y los fuertes, porque en algún momento de la vida tú habrás sido todas estas cosas». Nuestra manera de tratar a los demás se deriva de la perspectiva que tengamos de ellos.

—Cómo ganarse a la gente

Antes de liderar a otro, póngase en su lugar.

UNA LISTA PARA EL CAMBIO

Estas son las preguntas que se deben contestar antes de intentar hacer cambios dentro de una organización.

SÍ	NO	
_____	_____	¿Beneficiará este cambio a los seguidores?
_____	_____	¿Es este cambio compatible con el propósito de la organización?
_____	_____	¿Es este cambio específico y claro?
_____	_____	¿Están a favor de este cambio los mejores que constituyen el 20% de la organización?
_____	_____	¿Es posible probar este cambio antes de comprometernos totalmente con él?
_____	_____	¿Están disponibles los recursos humanos, físicos y financieros para hacer este cambio?
_____	_____	¿Es reversible este cambio?
_____	_____	¿Es este cambio el próximo paso obvio?
_____	_____	¿Rendirá este cambio beneficios a corto y a largo plazo?
_____	_____	¿Es el liderazgo propicio para llevar a cabo este cambio?
_____	_____	¿Es el tiempo apropiado?

La última pregunta es la consideración final para implementar el cambio. El éxito de un líder para producir un cambio en otros tendrá lugar solamente si el tiempo es el apropiado.

—Desarrolle el líder que está en usted

PARA ALCANZAR EL ÉXITO, TOME LAS MEDIDAS NECESARIAS ANTES DE IMPLEMENTAR CAMBIOS.

SEA UN MEJOR MOTIVADOR

Todo se levanta o se viene abajo a causa del liderazgo. Hay dos maneras de lograr que otros hagan lo que usted quiere: puede obligarlos o persuadirlos. La obligación es el método de la esclavitud; la persuasión es el método de los hombres libres.

Persuadir requiere una comprensión de lo que hace a la gente funcionar y le motiva; es decir, un conocimiento de la naturaleza humana. Los grandes líderes poseen ese conocimiento.

En una encuesta reciente, se les preguntó a setenta psicólogos: «¿Qué es lo más esencial que un supervisor debe conocer sobre la naturaleza humana?» Dos tercios dijeron que la motivación, comprender lo que hace a la gente pensar, sentir y actuar como lo hace; eso es lo fundamental.

Si usted comprende lo que motiva a la gente, usted tiene a su disposición la más poderosa herramienta para tratar a aquella.

—*Desarrolle el líder que está en usted*

INTENTE COMPRENDER QUÉ ES LO QUE MOTIVA
A SUS EMPLEADOS.

VEA EL FRACASO COMO UN INCIDENTE AISLADO

El escritor Leo Buscaglia hizo referencia a su admiración por la experta en cocina Julia Child: «Me gusta su actitud. Dice: "Esta noche vamos a hacer un soufflé". Y con un golpe por aquí, un batido por allá y una serie de aparatos que deja caer al piso hace todas esas cosas maravillosamente humanas. Luego toma el soufflé y lo mete en el horno y conversa con usted por unos momentos. Finalmente, dice: "¡En un minuto estará listo!" Pero cuando abre el horno, el soufflé está delgado como un panqué. ¿Pero se desespera por eso y rompe en llanto? ¡No! Sonríe, y dice: "Bueno, no se puede ganar siempre, así es que ¡buen provecho!"»

Cuando los triunfadores fallan, ven el fracaso como algo temporal, no como un mal para toda la vida. No es una cosa personal. Si usted quiere triunfar, no permita que un incidente aislado afecte la opinión que usted tiene de sí mismo.

—El lado positivo del fracaso

A MEDIDA QUE AVANCE, VEA SUS ERRORES
Y FRACASOS EN PERSPECTIVA.

SEGURIDAD

Durante el período del presidente Ronald Reagan, los líderes de siete naciones industrializadas se reunieron en la Casa Blanca para discutir políticas económicas. Reagan contó que durante la reunión presenció al primer ministro canadiense Pierre Trudeau recriminando fuertemente a la primera ministra británica Margaret Thatcher. Le dijo que estaba totalmente equivocada y que sus políticas no funcionarían. Ella se puso de pie frente a él y con su cabeza levantada, lo escuchó hasta que hubo terminado. Entonces ella se marchó.

Reagan fue hasta donde estaba ella y le dijo: «Maggie, él nunca le había hablado así. Estaba fuera de control, completamente fuera de control. ¿Por qué lo dejó que se saliera con la suya?»

Thatcher miró a Reagan y respondió: «Una mujer debe saber cuándo un hombre está actuando como un chiquillo».

Sin duda que la anécdota tipifica a Margaret Thatcher. Margaret Thatcher parece no haber tenido dudas sobre ella misma o sobre sus creencias; y como resultado estaba absolutamente segura de su liderazgo. Esto es cierto para todos los grandes líderes.

Los líderes seguros son capaces de creer en otros porque creen en ellos mismos. No son arrogantes; conocen sus propias fuerzas y debilidades y se respetan a sí mismos. Cuando la gente actúa bien, ellos no se sienten amenazados. Se salen de su ruta para reunir a las mejores personas y prepararlas para que puedan actuar a un nivel más alto. Cuando un equipo de un líder seguro tiene éxito, esto le produce grande alegría. Él lo ve como el mejor cumplido que puede recibir por su capacidad de liderazgo.

—Las 21 cualidades indispensables de un líder

¿CREE USTED LO SUFICIENTE EN SÍ MISMO COMO PARA ASUMIR CON ELEGANCIA LAS RESPONSABILIDADES COMO LÍDER?

LA PERSONA DOMINADA POR EL CARÁCTER VERSUS LA PERSONA DOMINADA POR LAS EMOCIONES

La gente exitosa quiere hacer las cosas que la gente sin éxito no quiere hacer. He observado que una de esas cosas que marca la diferencia es este asunto de ser movido por el carácter en vez de serlo por la emoción. Esta es la diferencia:

Gente movida por el carácter	Gente movida por la emoción
• hace lo correcto, después se siente bien	• se siente bien, después hace lo correcto
• le mueve el compromiso	• le mueve la conveniencia
• hace decisiones basadas en principios	• hace decisiones basadas en lo popular
• la acción controla la actitud	• la actitud controla la acción
• lo cree, luego lo ve	• lo ve, luego lo cree
• crea el momento	• espera por el momento
• pregunta: «¿Cuáles son mis responsabilidades?»	• pregunta: «¿Cuáles son mis derechos?»
• continúa cuando surgen los problemas	• se detiene cuando surgen los problemas
• es constante	• es voluble
• es líder	• es seguidora

El finado Louis L'Amour es uno de los autores más leídos de todos los tiempos. Se han impreso cerca de 230 millones de ejemplares de sus libros en todo el mundo, y cada uno de sus más de cien libros está todavía imprimiéndose. Cuando le preguntaron cuál era la clave de su estilo literario, respondió: «Comience a escribir, no importa qué. El agua no fluye sino hasta que se abre la llave».

—*Desarrolle el líder que está en usted*

CONFÍE EN SU CARÁCTER EN VEZ DE SUS EMOCIONES PARA ENFRENTAR LAS DIFÍCILES TAREAS DEL LIDERAZGO.

EL CRECIMIENTO ES UNA ELECCIÓN

La mayoría de la gente lucha contra el cambio, especialmente cuando los afecta personalmente. Como lo dijo el novelista Leon Tolstoi: «Todos quieren cambiar el mundo, pero nadie piensa en cambiarse a sí mismo». Lo irónico es que el cambio es inevitable. Todos tenemos que tratar con él. Por otra parte, el cambio es optativo. Usted decide crecer o luchar en contra, mas entienda esto: La gente que no está dispuesta a crecer nunca alcanzará su potencial.

En uno de sus libros, mi amigo Howard Hendricks pregunta: «¿En qué ha cambiado . . . recientemente? Digamos, ¿en la última semana, en el último mes, o en el último año? ¿Puede ser *bien específico?*» Él sabe que la gente tiende a cambiar de carril cuando se trata de crecimiento y cambio. Crecer es una decisión; una decisión que puede hacer realmente la diferencia en la vida de una persona.

La mayoría de las personas no se da cuenta que las personas exitosas y las que no tienen éxito no se diferencian sustancialmente en sus capacidades. Solo varían en el deseo de alcanzar su potencial. Nada es más eficaz cuando se trata de alcanzar el potencial que el compromiso con el crecimiento personal.

—*El mapa para alcanzar el éxito*

¿QUÉ CAMBIOS CONCRETOS HA EXPERIMENTADO
EN ESTOS ÚLTIMOS TIEMPOS PARA ALCANZAR EL MÁXIMO
DE SUS POSIBILIDADES?

GUÍE (NO DIRIJA) CON VISIÓN

Una parte importante del liderazgo es proyectar la visión. Algunos líderes lo olvidan porque están encasillados en la administración. Los verdaderos líderes reconocen la diferencia entre líderes y administradores. Estos últimos son preservadores que tienden a confiar en sistemas y controles. Los líderes son innovadores y creadores que confían en las personas. Las ideas creativas se vuelven realidad cuando los que están en posición de actuar captan la visión de su líder innovador.

Una visión efectiva muestra una guía; da dirección a una organización, dirección que no puede resultar eficaz en base a reglas y regulaciones, manuales de políticas o cuadros esquemáticos. La dirección verdadera para una organización nace con una visión. Empieza cuando el líder la acepta. Se acepta cuando el líder la guía. Se vuelve realidad cuando las personas responden.

—*Desarrolle los líderes que están alrededor de usted*

¿ESTÁ USTED GUIANDO A SU EQUIPO,
O SOLO LOS ESTÁ DIRIGIENDO?

DÉ A LOS DEMÁS UN NOMBRE QUE HONRAR

Una de las mejores maneras de inspirar a otros y de hacerlos sentir bien es mostrándoles lo que podrían llegar a ser. Hace varios años, un administrador de los Yankees de Nueva York quería que los nuevos jugadores se dieran cuenta del gran privilegio que era jugar en ese equipo. Solía decirles: «Muchachos, es un honor ponerse la camiseta rayada de Nueva York. Así que cuando la vistan, jueguen como los campeones del mundo. Jueguen como los Yankees. Jueguen con orgullo».

Cuando usted le da a alguien una reputación que debe mantener, le está dando a esa persona una meta que tiene que alcanzar; algo que está más allá de lo que es ahora. Cuando les habla a su potencial, les está ayudando a que «jueguen con orgullo», tal como lo hacen los Yankees. ¿Por qué es tan importante eso? Porque la gente irá más lejos de lo que pensaban si alguien a quien ellos respetan les dice que lo pueden lograr.

—25 maneras de ganarse a la gente

DÉ HOY A ALGUIEN UN NOMBRE QUE HONRAR.

EMOCIONES DISCIPLINADAS

Las personas tienen sólo dos alternativas cuando se trata de sus emociones: las controlan o estas les controlan. Esto no significa que para ser un buen jugador de equipo tiene que ignorar sus sentimientos. Pero sí quiere decir que no va a permitir que sus sentimientos le impidan hacer lo que debe hacer o le lleven a hacer cosas que no debería hacer.

Un ejemplo clásico de lo que puede ocurrir cuando una persona no disciplina sus emociones puede verse en la vida de la leyenda del golf, Bobby Jones. Como hoy día Tiger Woods, Jones fue un prodigio jugando golf. Empezó a jugar en 1907 a los cinco años de edad. Cuando tenía doce, marcó bajo par, algo que la mayoría de los golfistas no logran durante toda una vida jugando. A los catorce, calificó para el equipo amateur de los Estados Unidos. Pero Jones no ganó esa competencia. Su problema se puede describir mejor con el sobrenombre que le pusieron: el «tira palos». A menudo, Jones perdía la compostura y con ella, su habilidad de jugar bien.

Un golfista más viejo a quien Jones llamaba abuelo Bart le dijo un día: «No podrás ganar mientras no controles tu temperamento». Jones escuchó el consejo y empezó a trabajar para controlar sus emociones. A los veintiún años, Jones floreció y se convirtió en uno de los más grandes golfistas de la historia, retirándose a los veintiocho años después de haber ganado el *grand slam* del golf. Este comentario del abuelo Bart resume la situación: «Bobby tenía catorce cuando logró controlar el deporte del golf, pero tenía veintiún años cuando logró controlarse a sí mismo».

—*Las 17 cualidades esenciales de un jugador de equipo*

¿HA LOGRADO DOMINAR SUS EMOCIONES,
O ELLAS LO DOMINAN A USTED?

EL ELOGIO AFIRMA A LAS PERSONAS

Ratificar significa afirmar. Una ratificación es una declaración de la verdad que usted afirma en el corazón de la persona cuando la expresa. Como resultado, eso genera una convicción. Por ejemplo, cuando usted elogia la actitud de una persona, la está reforzando y haciéndola más consistente. Ya que la ha notado de una manera positiva, esa persona probablemente mostrará la misma actitud nuevamente.

De igual manera, cuando ratifica los sueños de las personas, está ayudando para que los sueños se vuelvan más reales que sus dudas. Al igual que la repetición de un régimen de levantamiento de pesas, la rutina de elogios construye las cualidades de las personas y fortalece sus personalidades.

«Hay momentos especiales en las vidas de todos», escribió George Matthew Adams, «y la mayoría de ellos vienen por los elogios que otra persona nos ha hecho. No importa cuán grande, famosa o triunfadora sea la persona, todos deseamos el aplauso. El aliento es el oxígeno del alma. No se puede esperar una buena faena de un trabajador sin aliento. Nadie puede vivir sin esto».

—25 maneras de ganarse a la gente

BRINDE A SUS SEGUIDORES AFIRMACIÓN Y ALIENTO.

DESARROLLE EL TALENTO QUE ESTÁ EN USTED, NO EL TALENTO QUE USTED DESEA

Una de las cosas que enseño a las personas en mis conferencias es que dejen de pensar en sus debilidades y empiecen a trabajar en sus puntos fuertes (lo que quiero decir con esto es que se enfoquen en sus habilidades, no en los asuntos de actitud y de carácter, los cuales *deberían* ser analizados). Mi observación es que las personas no pueden aumentar su habilidad en un área más de 2 puntos en una escala del 1 al 10. Por ejemplo, si su talento natural en un área es de un 4, con mucho esfuerzo puede elevarlo a un 6. En otras palabras, uno puede pasar de estar siendo un poco menos del promedio a un poco más del promedio. Supongamos ahora que en un área usted es un 7; tiene el potencial para convertirse en un 9, quizás hasta un 10 si ese es su punto más fuerte y usted se esfuerza de manera excepcional. Eso le ayuda a avanzar de un talento de 1 en 10,000 a un talento de 1 en 100,000, pero solamente si hace las otras cosas que son necesarias para incrementar su talento.

—El talento nunca es suficiente

HALLE SUS FORTALEZAS Y COMIENCE A TRABAJAR EN ELLAS.

ESTÉ DISPUESTO A PAGAR EL PRECIO QUE ATRAE A LOS LÍDERES

Con el éxito siempre viene un precio. Aprendí esta lección hace mucho tiempo. Mi padre me enseñó que alguien puede pagar ahora y jugar después, o puede jugar ahora y pagar después. En cualquier caso, va a terminar pagando.

Crear un clima para líderes potenciales exige también de un líder que pague un precio. Este principia con su crecimiento personal. El líder debe examinarse, hacerse preguntas difíciles y luego decidirse a hacer lo que crea correcto, cualquiera que sea la atmósfera o estado de ánimo. No son muchos los ambientes ideales o placenteros para las disciplinas de crecimiento. La mayoría de los logros importantes en el mundo los alcanzaron personas que estaban demasiado ocupadas o enfermas para hacerlo. Las compañías basadas en la emoción permiten el clima que determina la acción. Las empresas basadas en el carácter permiten la acción para determinar la atmósfera.

Los líderes prósperos reconocen que el crecimiento personal y el desarrollo de las habilidades de liderazgo son objetivos para toda la vida. Warren Bennis y Burt Nanus, en *Leaders: The Strategies for Taking Charge*, hicieron un estudio de noventa directivos líderes en todos los campos. Descubrieron que «es la capacidad para desarrollar y mejorar sus habilidades lo que distingue a los líderes de los seguidores». Llegaron a la conclusión de que «los líderes son estudiantes perpetuos».

—*Desarrolle los líderes que están alrededor de usted*

ESTÉ DISPUESTO A PAGAR EL PRECIO
DE SER UN APRENDIZ ETERNO.

¿QUÉ ES LA ACTITUD?

Cuando escucha la palabra *actitud* ¿qué es lo que viene a tu mente? Creo que la actitud es un sentimiento interno que se expresa a través de la conducta externa. La gente siempre proyecta hacia afuera lo que siente por dentro. Algunas personas tratan de ocultar su actitud, y pueden engañar a otros por un tiempo, pero ese encubrimiento no dura mucho. La actitud siempre encuentra la manera de salir.

Su actitud matiza todos los aspectos de su vida. Es como la brocha de la mente, o pinta todo de colores fuertes y brillantes creando una obra maestra, o puede convertir todo en algo oscuro y tenebroso. La actitud es algo tan penetrante e importante que me la imagino de la siguiente manera:

> Es la vanguardia de su verdadero ser.
> Su raíz es interna pero su fruto es externo.
> Es su mejor amiga o su peor enemiga.
> Es más honesta y coherente acerca de usted que sus palabras.
> Es su mirada externa basada en sus experiencias pasadas.
> Es lo que atrae a la gente hacia usted o la rechaza.
> Nunca está contenta hasta que se expresa.
> Es la bibliotecaria de su pasado.
> Es la oradora de su presente.
> Es la profeta de su futuro.

No hay una sola parte de su vida que no esté afectada por su actitud. Y su futuro estará definitivamente influenciado por la actitud que lleve consigo desde hoy en adelante.

—Lo que marca la diferencia

DECÍDASE A MOSTRAR UNA ACTITUD POSITIVA.

CORAJE

Larry Osborne hace la siguiente observación: «Lo más notable entre los líderes altamente efectivos es cuán poco tienen en común. Por lo que uno jura, el otro duda. Pero todos están dispuestos a arriesgarse».

El temor limita a un líder. El historiador romano Tácito escribió: «El deseo de seguridad se levanta contra cualquier empresa grande y noble». Pero la valentía tiene el efecto contrario. Abre puertas y este es uno de sus beneficios más maravillosos. Quizás es por esto que el teólogo británico John Henry Newman dijo: «No le tema a que su vida tenga un final, sino a que nunca tenga un principio». La valentía no solo le da un buen comienzo, sino que también le provee un mejor futuro.

Lo que es irónico es que aquellos que no tienen la valentía de arriesgarse y los que sí la tienen, experimentan la misma cantidad de temor en la vida. La única diferencia es que los que no se arriesgan se preocupan por cosas sin importancia. Si de todas formas va a tener que vencer su miedo y dudas, podría hacer que valga la pena.

Eleanor Roosevelt reconoció: «Usted gana fuerza, valentía y confianza en cada experiencia que deje de ver con temor. Es capaz de decirse: "Viví a través de este horror; por lo tanto, puedo enfrentar lo próximo que venga". Tiene que hacer las cosas que piensa que no puede hacer».

—*Las 21 cualidades indispensables de un líder*

PARA BENEFICIO DE SU EQUIPO, HAGA HOY ALGO
QUE LE PRODUZCA TEMOR.

EL MITO DEL POTENCIAL

Cuántos niños dicen: «Cuando sea grande seré el vicepresidente de mi nación»? Probablemente ninguno. Si un niño tiene aspiraciones políticas, el querrá ser el presidente, y si piensa en los negocios, seguro querrá ser el dueño de la compañía. Muy pocas personas aspiran poco.

No obstante, la realidad es que la mayor parte de las personas nunca serán los líderes de la cima en una organización. La mayoría ocuparán sus días en algún lugar intermedio. ¿Es eso correcto, o debería competir por ser «el rey de la colina» y tratar de alcanzar la cima?

Creo que las personas deberían esforzarse por ser las mejores en su área, no en su organización. Algunas veces usted puede causar más impacto desde otro lugar que no sea el primero. Una excelente ilustración es el vicepresidente Dick Cheney. Él ha tenido una carrera notable en la política: Jefe de Estado Mayor de la Casa Blanca para el presidente Gerald Ford, miembro del Congreso del estado de Wyoming en seis ocasiones, secretario de defensa del presidente George H. W. Bush, y vicepresidente del presidente Bush, hijo. Él tiene todas las credenciales que se necesitan para ser presidente de los Estados Unidos. Sin embargo, él sabe que esa posición no es la que él desea.

Mary Kay Hill, una asistente por mucho tiempo del ex-senador de Wyoming, Alan Simpson, quien trabajó con Cheney en Capitol Hill, dijo: «Usted lo coloca en cualquier lugar y él hace un trabajo excelente. Él tiene una manera genial de integrarse y adaptarse a su ambiente». Cheney parece ser un excelente ejemplo de un líder de 360°, alguien que sabe influir en otros en cualquier posición en la que se encuentre.

—*Líder de 360°*

APRENDA A INFLUENCIAR A OTROS DESDE EL LUGAR EN DONDE SE ENCUENTRE DENTRO DE SU ORGANIZACIÓN.

MAYO

PONIÉNDOSE EN ACCIÓN

El poeta y novelista alemán Johann Wolfang von Goethe dijo una vez: «Pensar es fácil, actuar es difícil y poner los pensamientos en acción es lo más difícil en el mundo». Quizás por esto muy pocas personas se mantienen y trabajan con sus metas. Según Gregg Harris, dos tercios de las personas entrevistadas (sesenta y siete de cada cien) establecen metas. Sin embargo, de las sesenta y siete, solo diez tienen planes realistas para alcanzarlas. Y de esos diez, solo dos las siguen y las llevan a cabo.

La clave para actuar en sus metas es comenzar. El presidente Franklin Delano Roosevelt dijo: «Es sentido común tomar un método y probarlo. Si falla, reconózcalo con franqueza y pruebe otro. Pero, por sobre todo, pruebe algo». Es un buen consejo. No necesita ser perfecto; solo necesita progresar. O como dice el proverbio chino: «No temas ir despacio; solo ten miedo de quedarte quieto».

—*El mapa para alcanzar el éxito*

DÉ HOY UN PASO CONCRETO HACIA UN OBJETIVO IMPORTANTE.

IDENTIFICANDO POSIBLES LÍDERES

Existe algo más importante y escaso que la habilidad: la capacidad de reconocer la habilidad. Una de las responsabilidades primordiales de un líder próspero es reconocer a los líderes potenciales. No siempre es una tarea sencilla, pero es indispensable.

Dale Carnegie era un maestro en identificar líderes en potencia. En una ocasión un reportero le preguntó cómo había hecho para contratar cuarenta y tres millonarios; Carnegie respondió que no eran millonarios cuando empezaron a trabajar con él, se habían vuelto millonarios como consecuencia. Entonces el reportero quiso saber cómo había desarrollado a esos hombres hasta el punto de que se convirtieran en líderes millonarios. «Los hombres se desarrollan de la misma manera que el oro en la mina», replicó Carnegie. «Se deben remover varias toneladas de tierra para obtener una onza de oro. Mas usted no va a la mina en busca de la tierra. Va en busca del oro». Ese es exactamente el modo de desarrollar personas triunfantes y positivas: Busque el oro, no la tierra; busque el bien, no el mal. Mientras más cualidades positivas busque, más de ellas va a encontrar.

—Desarrolle los líderes que están alrededor de usted

¿ESTÁ ENTRE SUS PRIORIDADES EL HALLAR
POSIBLES LÍDERES Y DESARROLLARLOS?

LIDERE A CADA PERSONA DE MANERA DIFERENTE

Uno de los errores que los líderes novatos cometen es tratar de dirigir a todas las personas de la misma manera. Seamos realistas, no todos responden a la misma clase de liderazgo. Intente ser constante con todos, trátelos con respeto y amabilidad, pero no espere usar las mismas estrategias y los métodos con todos por igual.

Usted tiene que averiguar cuáles son los botones de liderazgo que debe presionar para cada individuo de su equipo. Una persona le responderá bien si es desafiada; otra necesitará de cuidado. Otra necesitará un plan de juego bien marcado; otra será más apasionada si puede crear su plan de juego por sí misma. Una persona requerirá un seguimiento constante; otra necesitará espacio. Si usted desea ser un líder de 360°, necesita responsabilizarse para conformar su estilo de liderazgo a las necesidades de las personas, sin esperar que ellos se adapten a usted.

—Líder de 360°

¿HASTA QUÉ PUNTO HA ESTADO LIDERANDO
DE MANERA INEFICAZ? ¿PUEDE CAMBIAR
PARA OBTENER LO MEJOR DE SU EQUIPO?

SIÉNTASE CÓMODO ESTANDO EN EL MEDIO

Pensamos con frecuencia que el liderazgo es más fácil en la cima. La verdad es que es más fácil dirigir en la zona intermedia, si tiene un líder verdaderamente bueno por encima de usted. Los buenos líderes en la cima preparan el camino para su gente. Ellos desarrollan impulso para toda la organización. ¿No se ha fijado que líderes promedio, o aún por debajo del promedio, triunfan porque fueron parte de una organización que fue bien dirigida en su totalidad?

Cuando se tiene líderes excepcionales, usted no necesita tanta habilidad o energía para que las cosas sucedan. Usted se beneficia de todo lo que ellos hacen. Entonces ¿por qué no disfrutarlo y aprender de ellos también? Tengo mucha admiración por el siguiente poema escrito por Helen Laurie:

> Con qué frecuencia me han puesto a prueba,
> para ser el mejor segundo lugar.
> Todo para que un día, despierte y vea
> que lo mejor para mí, es ese segundo lugar.

Estar en una parte intermedia puede ser un gran lugar, siempre y cuando usted esté comprometido con la visión y los principios del líder.

Entonces ¿cómo puede sentirse cómodo en el nivel intermedio? La comodidad en realidad es una función de expectativas. Entre más amplia sea la brecha entre lo que usted desea hacer y de la realidad, mayor será la decepción. Converse con su jefe; entre más conozca acerca de lo que él espera de usted, de lo que es normal en la organización y de cuanta autoridad usted tiene, más cómodo se sentirá.

—Líder de 360°

CONFÓRMESE CON EL LUGAR EN DONDE ESTÁ
Y DÉ LO MEJOR DE SÍ EN SU TRABAJO.

AUTODISCIPLINA

Para el autor H. Jackson Brown, hijo, «el talento sin disciplina es como un pulpo en patines. Mucho movimiento pero nunca se sabe si se mueve hacia adelante, hacia atrás o hacia los lados». Si sabe que tiene talento, y ha visto mucho movimiento pero pocos resultados concretos, puede que carezca de autodisciplina.

Seleccione sus prioridades. Piense en dos o tres áreas de su vida que son las más importantes para usted. Anótelas junto con las disciplinas que tiene que desarrollar para crecer y mejorar en esas áreas. Desarrolle un plan para hacer de las disciplinas una parte diaria o semanal de su vida.

Haga una lista de las razones. Tómese su tiempo para anotar los beneficios de practicar las disciplinas que acaba de escribir. Después coloque la lista de los beneficios en algún lugar donde la pueda ver diariamente. En los días que no quiera continuar, vuelva a leer su lista.

Deseche las excusas. Escriba cada razón por la que no sería capaz de continuar con sus disciplinas. Léalas todas. Necesita descartarlas como excusas que son. Aun si una razón pareciera legítima, busque una solución para vencerla. No deje que ninguna razón lo haga desistir. Recuerde, solo en el tiempo de la disciplina tendrá el poder para lograr sus sueños.

Un vivero de plantas en Canadá muestra este cartel en la pared: «El mejor tiempo para plantar un árbol es veinticinco años atrás . . . el segundo mejor tiempo es hoy». Siembre el árbol de la autodisciplina en su vida hoy.

—*Las 21 cualidades indispensables de un líder*

COMIENCE UNA RUTINA DE ACTIVIDADES PROGRAMADAS
QUE FOMENTE LA AUTODISCIPLINA.

ELIMINE EL «USTED» DEL FRACASO

Si usted ha venido creyendo que es un fracasado, es posible salir de ese patrón de pensamiento negativo. Observe un aspecto de su vida donde ha fracasado repetidamente, y haga lo siguiente:

Examine sus expectativas para ese aspecto. Escríbalas. ¿Son realistas? ¿Espera hacer todo en forma perfecta? ¿Espera tener éxito en el primer intento? ¿Cuántas veces espera fallar antes de tener éxito? Haga un ajuste en sus expectativas.

Busque nuevas formas de hacer su trabajo. Piense en por lo menos veinte nuevas formas y luego intente con por lo menos la mitad de ellas.

Observe sus posibilidades. ¿Cómo puede usar sus mejores habilidades y recursos personales para sacarle el máximo provecho a su esfuerzo?

Prométase no darse por vencido. No importa cuántas veces caiga, levántese y siga adelante.

No espere hasta sentirse positivo para seguir avanzando. Genere dentro de sí mismo el sentirse bien. Es la única manera de empezar a pensar más positivamente de uno mismo.

—*El lado positivo del fracaso*

RECUERDE QUE, AÚN CUANDO ALGUIEN FRACASE, ESE ALGUIEN NO ES UN FRACASO.

ENTUSIASMO

No hay sustituto para el entusiasmo. Cuando los miembros de un equipo son entusiastas, todo el equipo se convierte en una increíble fuente de energía. Y esa energía produce poder. El empresario Charles Schwab lo dijo de la siguiente manera: «La gente puede tener éxito en cualquier cosa en la que tenga entusiasmo».

Nadie puede pretender ganar si no empieza. Esta es una de las razones por la que necesita actuar más allá de sus sentimientos. No puede romper un ciclo de apatía esperando sentirse listo para hacerlo. Hago referencia a un asunto similar en *El lado positivo del fracaso*:

> Las personas que quieren salir del ciclo del miedo a menudo . . . creen que tienen que eliminar [su miedo] para romper el ciclo. Pero . . . no puede esperar la motivación para comenzar. Para conquistar el miedo, tiene que sentir el miedo y de todos modos entrar en acción . . . Tiene que empezar a moverse. La única manera de romper el ciclo es enfrentando su miedo y entrando en acción, aun cuando la acción parezca pequeña e insignificante. Para vencer el miedo, tiene que comenzar.

De igual manera, si quiere ser entusiasta, necesita actuar de esa manera. Si espera sentirlo antes de actuar, quizás nunca se convierta en un entusiasta.

—*Las 17 cualidades esenciales de un jugador de equipo*

SEA ENTUSIASTA DE LA VIDA, INDEPENDIENTEMENTE
DE CÓMO SE SIENTA HOY.

COMBATIENDO LA MEDIOCRIDAD

En la revista *Inc.* el experto en mercadotecnia I. Martin Jacknis identifica una tendencia que ha visto al contratar. La califica como la ley de competencia decreciente, y entran en ella los líderes que contratan personas cuya habilidad y competencia sean menores que la suya. En consecuencia, cuando las organizaciones crecen y contratan más personal, el número de personas de baja competencia sobrepasa a los grandes líderes competentes.

Afortunadamente hay maneras de combatir la tendencia hacia ella:

1. Dé la responsabilidad de contratación a un líder altamente desarrollado.
2. Contrate a los líderes más capacitados que pueda conseguir.
3. Comprométase a ser un ejemplo de liderazgo.
4. Comprométase a desarrollar a quienes le rodean.

Yo diría que David Ogilvy, fundador de la inmensa agencia de publicidad Ogilvy y Madre, entendió la ley de la competencia decreciente, de acuerdo con la información que Dennis Waitley da acerca de él en *The New Dinamics of Winning.* Afirma que Ogilvy regaló una muñeca rusa a cada nuevo gerente de su organización. La muñeca contenía cinco muñecas progresivamente más chicas. Un mensaje dentro de la más pequeña decía: «Si cada uno de nosotros contrata personas más pequeñas, nos convertiremos en una empresa de enanos. Pero si cada uno contrata personas más grandes, Ogilvy y Madre se volverá una compañía de gigantes». Que su compromiso sea encontrar, contratar y desarrollar gigantes.

—Desarrolle los líderes que están alrededor de usted

RECUERDE QUE EL MEJOR LÍDER DEBE TENER LA RESPONSABILIDAD DE CONTRATAR A OTROS LÍDERES.

EL MITO DEL TODO O NADA

¿Cuáles son las probabilidades de que usted llegue a la cima de su organización o que algún día se convierta en el líder principal? La realidad para la mayoría de las personas es que nunca llegarán a ser los directores ejecutivos. ¿Significa eso que deben tirar la toalla con respecto al liderazgo?

Eso es lo que algunas personas hacen. Miran una organización, se dan cuenta que no llegarán a la cima y se rinden. Su actitud es: «Si no puedo ser el capitán del equipo, me llevaré la pelota y me iré a casa».

Otras entran al proceso de liderazgo y luego se frustran por su posición en una organización. ¿Por qué? Porque ellos definen el éxito como «estar en la cima». Por consiguiente, ellos creen que si ellos no está arriba, ellos no han logrado el éxito. Si aquella frustración dura lo suficiente, ellos simplemente dejan de tratar de dirigir. Y por consiguiente, ellos, a menudo se desilusionan, se vuelven amargados, y hasta cínicos. Si llegan a ese punto, en vez de ser una ayuda a su organización, ellos se convierten en un obstáculo.

Pero ¿de qué sirve que las personas se mantengan al margen?

Usted no necesita ser el más importante para poder marcar un diferencia.

El liderazgo no es una propuesta de «todo o nada». Si el estar en algún otro lugar que no sea la cima lo ha frustrado, por favor no tire la toalla. ¿Por qué? Porque usted puede marcar la diferencia en cualquier lugar de una organización.

Pienso que las personas pueden ser mejores líderes donde están ahora. Si usted mejora su liderazgo, usted puede impactar a su organización. Usted puede cambiar las vidas de la gente. Usted puede ser alguien que les da valor. Usted puede aprender a influir en la gente, en cada nivel de la organización, aun si usted nunca llega a la cima. Ayudando a otros, usted puede ayudarse a sí mismo.

—Líder de 360°

RECONOZCA EL VALOR DEL LUGAR EN DONDE USTED
SE ENCUENTRA DENTRO DE LA ORGANIZACIÓN.

PAGUE AHORA, JUEGUE DESPUÉS

Hay dos senderos que la gente puede tomar. Puede jugar ahora y pagar después, o pagar ahora y jugar después. Independientemente de la decisión, una cosa es cierta. La vida demanda un pago.

Mi padre me enseñó esta importante disciplina. Cada semana, nos señalaba las tareas domésticas para los siguientes siete días. Muchas de ellas podían hacerse en cualquier momento durante la semana. Nuestra obligación era haberlas terminado para el sábado a medio día. Si las habíamos terminado podíamos divertirnos con la familia. Si no, como castigo, había que olvidar la diversión y quedarse en casa para realizar la tarea. Con no cumplir el plazo solamente un par de veces, pude darme cuenta de que necesitaba «pagar primero» y terminar mi trabajo a tiempo.

Esta lección ha sido valiosa para mí y la estoy enseñando a mis hijos, Elizabeth y Joel Porter. Quiero que se den cuenta de que no hay tal cosa como un «almuerzo gratis», que la vida no es un regalo, es una inversión. Mientras más pronto puedan controlar sus deseos y someterlos a las demandas de la vida, más exitosos llegarán a ser. John Foster dijo: «Un hombre sin carácter decisivo nunca puede pertenecerse a sí mismo. Pertenece a aquello que lo cautiva». Mi amigo Bill Klassen, a menudo me recuerda que «cuando pagamos después, ¡el precio es mayor!»

«Nunca he conocido a un hombre que desquite su salario, quien a largo plazo, en lo más profundo de su corazón, no haya apreciado el trabajo arduo, la disciplina», dijo Vince Lombardi. «Creo firmemente que el mejor momento de un hombre, su más grande realización de todo lo que le es querido, es el momento cuando ha puesto su corazón en una buena causa y yace exhausto en el campo de batalla, victorioso».

—*Desarrolle el líder que está en usted*

¿INVIERTE USTED EN SU VIDA PAGANDO EL PRECIO NECESARIO PARA ALCANZAR EL ÉXITO?

CONTROLANDO LA PUERTA GIRATORIA

Si usted dirige su equipo, es responsable de asegurarse de que la puerta giratoria se mueva de tal manera que al equipo se estén uniendo mejores jugadores que los que están saliendo. Una de las maneras en que puede facilitar eso es poniendo altos valores en las personas buenas que usted ya tiene en el equipo.

Todo equipo tiene tres grupos de jugadores. En este capítulo ya describí los iniciadores, quienes añaden directamente valor a la organización o influyen directamente en su curso, y los jugadores del banco, quienes añaden valor indirectamente a la organización o apoyan a los iniciadores en lo que hacen. El tercer grupo es un núcleo central dentro de los iniciadores, a los que llamo miembros del círculo íntimo. Estas son personas sin las cuales el equipo se vendría abajo. Su trabajo es asegurarse de que cada grupo se esté desarrollando continuamente para que los jugadores del banco puedan llegar a convertirse en iniciadores, y los iniciadores puedan convertirse en miembros del círculo íntimo.

Si usted no está seguro de quiénes son los miembros del círculo íntimo en su equipo, entonces haga este ejercicio: escriba los nombres de los iniciadores en su equipo. Ahora, determine de quién podría prescindir mayormente. Revise uno por uno los nombres de las personas cuya pérdida, en caso de que salieran, perjudicaría menos al equipo. En algún punto se quedará con el pequeño grupo de personas sin las cuales el equipo se desmoronaría. Ese es su círculo íntimo. (Incluso usted puede calificar aquellas personas remanentes en orden de importancia.)

Este es un buen ejercicio para que recuerde el valor de las personas de su equipo. Y a propósito, si el trato que usted les da no corresponde a sus valores, está corriendo el riesgo de perderlas y hacer que su puerta giratoria se vuelva contra usted.

—Las 17 leyes incuestionables del trabajo en equipo

¿HAY RELACIÓN ENTRE EL VALOR DE LOS MIEMBROS DE SU CÍRCULO ÍNTIMO CON LA MANERA EN QUE USTED LOS TRATA?

SEA EL PRIMERO EN AYUDAR

Mi amigo Zig Ziglar dijo: «Usted podrá llegar a tener todo lo que desea en la vida si ayuda a otros lo suficiente para que ellos lleguen a tener todo lo que desean». Zig es un ejemplo vivo de ello. Ha ayudado a mucha gente y como resultado ha tenido gran éxito.

Me encanta ayudar a las personas. Pienso que es una de las razones por las cuales Dios nos puso en esta tierra, pero ayudar a otros es algo más que beneficiarlos. También le ayuda a usted a ganárselos. Le digo esto porque cada vez que esté presto a ayudar, estará haciendo una declaración. Es como dejar una tarjeta de presentación que nunca olvidarán.

—25 maneras de ganarse a la gente

ESTÉ ALERTA Y TRATE DE SER EL PRIMERO EN AYUDAR A LOS MIEMBROS DE SU EQUIPO.

¿HA HALLADO USTED SU NICHO?

¿**H**a encontrado usted su lugar? Al cumplir usted con sus responsabilidades, ¿ha pensado en algo así como: *En ninguna otra parte podré encontrar un lugar como este, de modo que este tiene que ser el lugar?* Si ha sido así, entonces mantenga el curso y siga creciendo y aprendiendo en el área de su competencia. Si no, necesita ponerse en camino.

Si usted sabe cuál es su lugar pero no está trabajando en él, empiece a planificar una transición. Puede que sea tan sencillo como un cambio de tareas o tan complicado como un cambio de carrera. No importa si le tomará seis semanas o seis años, necesita un plan de transición y un programa para completarlo. Una vez que esté seguro del rumbo, ármese de valor para dar el primer paso.

Si no sabe cómo empezar, necesita hacer alguna investigación. Háblele a su esposo o esposa y a sus amigos más cercanos sobre sus fortalezas y sus debilidades. Pídale una evaluación a su líder. Hágase algunos exámenes de personalidad y carácter. Ponga atención a los temas recurrentes en su vida. Trate de articular los propósitos de su vida. Haga lo que haya que hacer para encontrar pistas sobre dónde debería estar. Luego intente cosas nuevas relacionadas con sus descubrimientos. La única manera de encontrar su lugar es ganando experiencia.

—Las 17 leyes incuestionables del trabajo en equipo

SI NO LO HA HECHO HASTA AHORA, ENCUENTRE SU NICHO Y COMIENCE A CRECER EN ÉL.

EL DESAFÍO DE LA FRUSTRACIÓN

Hay pocas cosas que pueden ser más molestas para un buen líder en un nivel intermedio de una organización que trabajar para un líder ineficiente. Una reacción normal al desafío de la frustración es arreglar o reemplazar al líder para el que se trabaja, pero esa no es usualmente la opción para los líderes intermedios. Además, aún si lo fuera, no sería apropiado. Sin importar cuáles sean nuestras circunstancias, nuestra mayor limitación no es el líder encima de nosotros, sino el espíritu dentro de nosotros.

¿Qué debe hacer usted cuando se encuentra siguiendo a un líder que no es eficiente? Puede que no sea fácil, pero es posible sobrevivir, y hasta florecer, en una situación como ésta. Le recomiendo lo siguiente:

1. Desarrolle una relación firme con su líder
2. Identifique y aprecie las fortalezas de su líder
3. Comprométase a añadir valor a las fortalezas de su líder
4. Desarrolle un plan de juego que complemente las debilidades de su líder
5. Exponga a su líder a buenos recursos de liderazgo
6. Afirme públicamente a su líder

Es difícil encontrar una desventaja al añadirle valor a su líder y a su organización, especialmente si usted mantiene una amplia perspectiva. Con el tiempo, la gente reconocerá su talento, los demás valorarán su contribución. Admirarán su habilidad para triunfar y para ayudar a otros, aun menos talentosos que usted, a triunfar.

—*Líder de 360°*

DECÍDASE A CONSERVAR UN ESPÍRITU DE COOPERACIÓN Y TRABAJO EN EQUIPO PESE A LAS CIRCUNSTANCIAS ADVERSAS.

CUANDO EL FRACASO LO DESANIMA

Digámoslo de una vez. El fracaso puede ser muy doloroso, a veces física, y con más frecuencia, emocionalmente. Ver irse al suelo parte de su visión realmente duele. Y si por sobre eso la gente lo ridiculiza, usted se sentirá aun peor. *El primer paso realmente importante en controlar el fracaso es aprender a no personalizarlo sobre la base de saber que su fracaso no lo hace a usted un fracasado.* Pero hay aun más que eso. Para muchas personas el dolor del fracaso las lleva a temer el fracaso. Llegan a ser como aquella persona que dice: «Soy demasiado viejo para llorar, pero el dolor es muy grande como para reír». Así es como muchas personas se quedan atrapadas en el ciclo del miedo. Si el miedo lo vence a usted, es casi imposible transformar los fracasos en triunfos.

El dramaturgo George Bernard Shaw afirmó: «Una vida usada cometiendo errores no solamente es más honorable, sino que es más útil que una vida usada no haciendo nada». Para derrotar el miedo y romper el ciclo, hay que estar dispuesto a reconocer que va a ser necesario pasar gran parte de la vida cometiendo errores. Lo malo es que si la persona ha estado inactiva por demasiado tiempo, echar a andar le será difícil. Lo bueno es que tan pronto como empiece a caminar, le será cada vez más fácil seguir.

Si usted puede entrar en acción y se mantiene cometiendo errores, estará ganando experiencia. (Esta es la razón por la que el presidente Theodoro Roosevelt dijo: «No progresa quien no comete errores».) Esta experiencia producirá competencia, y la persona cometerá menos errores. Como resultado, su miedo será menos paralizante. Pero todo el proceso de romper el ciclo comienza con la acción. Uno debe empezar a actuar hasta sentir, y no esperar a sentir emociones positivas para entonces ponerse en acción.

—El lado positivo del fracaso

Pague el precio de equivocarse para poder desarrollar confianza y experiencia.

ESTÉ DISPUESTO A APRENDER

Los líderes enfrentan el peligro de sentirse satisfechos con el statu quo. Después de todo, si un líder ya posee influencia y ha logrado un nivel de respeto, ¿para qué querer seguir creciendo? La respuesta es sencilla:

• Su crecimiento determina quién es.
• Quien es determina a quién atrae.
• A quién atrae determina el éxito de su organización.

Si quiere que su organización crezca tiene que mantenerse aprendiendo. Cuando era un muchacho y crecía en la zona rural de Ohio, vi este letrero en una tienda de alimentos: «Si no le gusta la cosecha que recoge, revise la semilla que siembra». Aunque el letrero era un anuncio para las semillas, contenía un principio maravilloso.

¿Qué clase de cosecha está recogiendo? ¿Parecen su vida y liderazgo mejorar día tras día, mes tras mes, año tras año? ¿O lucha constantemente solo para mantener su terreno? Si para este tiempo en su vida no se encuentra en el lugar que esperaba estar, su problema puede ser falta de disposición para aprender. ¿Cuándo fue la última vez que hizo algo por primera vez? ¿Cuándo fue la última vez que se hizo vulnerable al meterse en algo para lo cual no era un experto?

—Las 21 cualidades indispensables de un líder

**SI NO LOGRA ATRAER A LOS LÍDERES QUE USTED DESEA,
INVIERTA MÁS TIEMPO DESARROLLÁNDOSE A SÍ MISMO.**

DISCONFORMIDAD CON EL STATU QUO

Le digo a mi personal que *statu quo* es el latín para «el desastre en el que estamos». Los líderes pueden ver lo que es, pero más importante, tienen una visión de lo que podría ser. Nunca están contentos por como está la situación. Por definición, ser líder es permanecer en el frente descubriendo nuevo terreno, conquistando nuevos mundos, retirándose del *statu quo*. Donna Harrison declara: «Los grandes líderes nunca están satisfechos con los niveles comunes de desempeño. Luchan constantemente por niveles más y más elevados de logros». Se mueven más allá de su propia situación y piden lo mismo a quienes están a su alrededor.

La insatisfacción con la situación existente no significa una actitud negativa o ser gruñón. Tiene que ver con el deseo de ser diferente y tomar riesgos. Una persona que elude el riesgo de cambiar fracasa en crecer. Un líder que adora el *statu quo* pronto se convierte en un seguidor. Raymond Smith, de la corporación Bell Atlantic dijo en una ocasión: «Tomar el camino seguro, hacer su trabajo y no hacer cambios puede que no lo lleven a ser despedido de su empleo (al menos por ahora), pero seguro que a la larga no le ayudará mucho en su carrera o a su empresa. No somos tontos. Sabemos que los administradores son fáciles de conseguir y baratos de mantener. Los líderes, los que toman riesgos, son muy escasos. Además, los que tienen visión son oro puro».

Los riesgos parecen peligrosos a los individuos que están más cómodos con los viejos problemas que con las nuevas soluciones. Es sorprendentemente pequeña la diferencia entre la energía y tiempo que se lleva el soportar viejos problemas y la energía y tiempo que se lleva el presentar nuevas soluciones. La diferencia es la actitud.

—Desarrolle los líderes que están alrededor de usted

¿ESTÁ USTED CONFORME CON EL STATU QUO, O ESTÁ DISPUESTO A ARRIESGARSE PARA OBTENER UN MAYOR NIVEL DE LOGROS?

¿MEJORA USTED A OTROS?

¿Cómo lo ven sus compañeros de equipo? ¿Reconoce los méritos de los demás? ¿Los hace mejor de lo que pueden ser sólo con su inspiración y contribución? ¿Conoce realmente el valor de los miembros de su equipo? ¿Aprovecha esas características añadiéndoles valor en esas áreas?

Convertirse en una persona que añade valor a los demás no es siempre fácil. Se necesita seguridad personal para reconocer los valores de los demás. Si en lo profundo de su ser cree que ayudar a otros de alguna manera le va a afectar negativamente a usted o menoscabará sus posibilidades de éxito, entonces hacerlo le va a resultar hasta doloroso. Pero, como dijo Henry Ward Beecher: «Nadie está más equivocado que el egoísta». Cuando un miembro de un equipo reconoce con generosidad los méritos de sus compañeros, añade valor a los suyos.

—Las 17 cualidades esenciales de un jugador de equipo

PRIORICE HOY EN SU AGENDA SU INTERVENCIÓN PARA EL CRECIMIENTO DE LOS DEMÁS.

CONTRATE HABILIDAD Y EXPERIENCIA

Cuando creía que la actitud lo era todo, traté de contratar a gente que tenía la mejor actitud y pensé que luego los podía capacitar. Ahora que tengo más años y mayor experiencia, me doy cuenta que lo estaba haciendo al revés. Ahora contrato principalmente por la habilidad y experiencia. Esta es la razón: Cuando se trata de talento y habilidad, una persona puede crecer solamente un poco. En la escala del uno al diez, la mayoría de la gente puede mejorar una habilidad sólo unos dos puntos. De manera que, por ejemplo, si tú eres un «6» natural como líder, podrías crecer hasta ser un «8» si te lo propones. Sin embargo, si eres un «2», puedes esforzarte todo lo que puedas y nunca alcanzarás ni siquiera un nivel promedio. El viejo refrán de los entrenadores es cierto: no puedes sacar lo que Dios no puso.

La actitud, no obstante, es un asunto diferente. No hay límites de crecimiento. Incluso una persona que tiene «2» de actitud puede llegar a ser un «10». De manera que hasta alguien cuya actitud no sea la mejor, puede revertirla.

El día que como líder decidí contratar sólo a gente de trayectoria exitosa para cargos claves en mi organización, mi vida profesional cambió. El equipo entero se volvió más productivo, y mi organización comenzó a subir de nivel. Eso no quiere decir que comencé a contratar gente con malas actitudes; no hice eso. No fue una decisión entre lo uno o lo otro. Fue una decisión que incluía diversos factores. Aptitud, experiencia y actitud positiva son una combinación ganadora.

—*Lo que marca la diferencia*

PREPARE A ALGUIEN DE SU EQUIPO QUE ESTIME LO NECESITE PARA PODER MOSTRAR UNA MEJOR ACTITUD; LAS POSIBILIDADES DE CRECIMIENTO EN ESA ÁREA SON ILIMITADAS.

MÍRESE AL ESPEJO

Hace unos años cuando viajé a Nueva Zelanda para ofrecer una conferencia, me quedé en un hotel en la capital, Christchurch. Cierta noche sentí sed y empecé a buscar la máquina dispensadora de refrescos. Como no encontré ninguna, me fijé en una puerta que decía «Personal» y supuse que podía entrar para ver si alguien podía ayudarme. No encontré allí a ningún trabajador del hotel ni una máquina de bebidas, pero sí observé algo interesante. Al acercarme a la puerta para salir otra vez al corredor, vi que la puerta tenía un espejo de pies a cabeza con las siguientes palabras: «Examínese con cuidado, esto es lo que ven los clientes y huéspedes del hotel». La gerencia del hotel quería recordar a los empleados que para cumplir bien sus funciones, tenían que darse un buen vistazo a sí mismos.

Esto también es cierto en nuestra vida. El psicoterapeuta Sheldon Kopp cree que «todas las batallas importantes se libran y se ganan dentro de nosotros mismos». Al examinarnos a nosotros mismos, descubrimos cuáles son esas batallas, y en ese momento nos enfrentamos a dos alternativas. La primera es ser como el hombre que visitó a su doctor y se enteró de que tenía graves problemas de salud. Cuando el doctor le mostró sus rayos X y sugirió una cirugía costosa y dolorosa, el hombre preguntó: «Muy bien, pero ¿cuánto me cobraría solo por retocar los rayos X?» La segunda alternativa es dejar de culpar a los demás, fijarnos en nosotros mismos y trabajar duro para resolver los asuntos que nos causan problemas. Si quiere tener mejores relaciones con los demás, entonces deténgase, mírese en el espejo, y empiece a trabajar para mejorar lo que ve.

—Cómo ganarse a la gente

Mírese cuidadosamente al espejo.

TENGA A LAS PERSONAS EN ALTA ESTIMA

La opinión que usted tenga de las personas las impactará profundamente. El doctor J. Sterling Livingston, ex miembro de la escuela de negocios de Harvard y fundador del Instituto Sterling, una firma asesora en administración, observó: «La gente actúa, en consecuencia, de la forma en que perciben que usted espera que actúe».

La reputación es algo que mucha gente pasa toda la vida tratando de validar; entonces, ¿por qué no ayudarlos en lugar de denigrarlos? Todas las personas poseen valor y potencial. Esas son cosas que se pueden encontrar en todo el mundo si uno hace un esfuerzo por hallarlas.

—*25 maneras de ganarse a la gente*

BUSQUE HOY EL VALOR Y POTENCIAL EN QUIENES LO RODEAN.

EMPIECE DE A POCO

Lo que usted va a llegar a ser mañana, ya lo está llegando a ser ahora. Es esencial comenzar a desarrollar autodisciplina en una pequeña medida ahora, para ser disciplinado en gran medida mañana.

1. Enumere cinco áreas de su vida carentes de disciplina.
2. Colóquelas en el orden de su prioridad para conquistarlas.
3. Trabaje con una sola cosa a la vez.
4. Busque recursos tales como libros y cintas que le instruirán y motivarán para conquistar cada aérea.
5. Pida a una persona que sea un modelo de la característica que usted desea desarrollar que le permita rendirle cuentas de sus avances.
6. Emplee quince minutos cada mañana en enfocar su atención a mantener el control de esta área débil de su vida.
7. Hágase un examen de cinco minutos al medio día.
8. Tome cinco minutos en la noche para evaluar su progreso.
9. Trabaje sesenta días en un área antes de pasar a la siguiente.
10. Celebre con la persona a quien le rinde cuentas de su continuo éxito.

Recuerde, tenerlo todo no significa tenerlo todo al mismo tiempo. Se requiere tiempo. Comience con poco y concéntrese en eso ahora. La lenta acumulación de disciplinas llegará un día a ser algo muy grande.

—Desarrolle el líder que está en usted

ELIJA UN ASPECTO DE SU LISTA Y TOME HOY MEDIDAS
PARA LOGRAR UNA DISCIPLINA.

ESPERE LO MEJOR

S u actitud hacia la vida determina la actitud de la vida hacia usted. Su modo de pensar afecta poderosamente su enfoque en el viaje del éxito.

> Lo que creo sobre la vida determina
> mi percepción de la vida, lo que a su vez determina
> lo que recibo de la vida.

Si espera lo peor, eso recibirá. Si espera lo mejor, aun cuando tropiece con circunstancias negativas, y así será, pues una actitud positiva no las detiene, puede sacar lo mejor de ello y seguir adelante.

Si conversa con personas de las principales organizaciones del país, mientras más arriba vaya, mejores actitudes encontrará. Un estudio de Fortune 500 encontró que el noventa y cuatro por ciento de los ejecutivos entrevistados atribuían su éxito más a la actitud que a otro factor. Eso le muestra que si quiere ir más lejos debe tener una buena actitud.

Una buena actitud hace posible que usted sea exitoso. Le da la energía para que pueda seguir su propósito, haga crecer su potencial, y siembre semillas que beneficien a otros. Pero también hace que el viaje sea más agradable en el camino sin importar a donde le lleve. John Wooden, ex entrenador de baloncesto de la Universidad de California, Los Ángeles [UCLA], dijo: «Las cosas resultan mejor para la gente que saca lo mejor de la forma como resultan las cosas».

—El mapa para alcanzar el éxito

COMIENCE EL DÍA ESPERANDO SOLO LO MEJOR.

LIBRÁNDOSE DEL FRACASO

Los profesores de comercio Gary Hamel y C. K. Prahalad han escrito sobre un experimento llevado a cabo con un grupo de monos. Es una historia real de fracaso.

Cuatro monos fueron puestos en un cuarto que tenía un gran palo en el centro. Suspendido de lo más alto del palo había un racimo de bananas. Hambriento, uno de los monos empezó a subir por el palo para conseguir algo para comer, pero cuando estaba por alcanzar las bananas, se le lanzó un chorro de agua fría. Chillando, se bajó del palo y renunció a su intento de conseguir comida. Los demás monos hicieron esfuerzos similares y cada uno fue bañado con agua fría. Después de varios intentos, finalmente se dieron por vencidos.

Entonces los investigadores sacaron del cuarto a uno de los monos y lo reemplazaron por otro. En el momento en que el recién llegado empezó a subir por el palo, los otros tres lo agarraron y lo bajaron. Después de haber intentado subir por el palo varias veces y de ser bajado por los otros, él finalmente se dio por vencido y no volvió a intentar subir al palo otra vez.

Los investigadores reemplazaron a los tres monos originales, uno por uno, y cada vez ponían un mono nuevo, el que sería bajado del palo por los otros antes que pudiera llegar a las bananas. Llegó el momento en que el cuarto estaba lleno de monos que nunca habían recibido una ducha de agua fría. Ninguno trató de subir por el palo, pero ninguno sabía por qué.

Desdichadamente, la gente que acostumbra fracasar es muy parecida a estos monos. Cometen el mismo error una vez tras otra, aunque nunca están seguros por qué.

—El lado positivo del fracaso

SI ESTÁ EN LA SENDA DEL FRACASO,
SÁLGASE INTENTANDO ALGO NUEVO.

ELIJA UN MODELO DE LÍDERAZGO

Piense detenidamente en qué ejemplos seguir, ya que ellos determinarán su curso. He desarrollado seis preguntas para mí antes de elegir un ejemplo que yo vaya a seguir:

¿Merece un discípulo la vida de mi líder ejemplo? Esta pregunta se relaciona con el carácter. Yo seré igual que aquellos a quienes sigo, y no quiero ejemplos con fallas en el carácter.

¿Tiene un discípulo la vida de mi líder ejemplo? Esta pregunta es de credibilidad. Si el individuo no tiene un discípulo, quizás no valga la pena seguirlo.

¿Cuál es la virtud principal que incita a otros a seguir al líder ejemplo que estoy por escoger? ¿Qué tiene el ejemplo para ofrecerme? ¿Cuál es su mejor virtud? Observe también que los líderes sólidos tienen debilidades y virtudes. Sin darme cuenta, no quiero emular la debilidad.

¿Produce mi líder ejemplo otros líderes? La respuesta a esta pregunta me indicará si las prioridades de liderazgo de mi ejemplo concuerdan con las mías en lo que respecta al desarrollo de nuevos líderes.

¿Se puede reproducir en mi vida la fortaleza de mi líder ejemplo? Si no puedo reproducir su fortaleza en mi vida, su ejemplo no me beneficiará. No juzgue demasiado rápidamente que una virtud no se pueda reproducir. La mayoría se puede.

Si puedo reproducir en mi vida la virtud de mi líder ejemplo, ¿qué pasos debo seguir para desarrollarla y demostrarla? Si se limita sólo a responder las preguntas y no implementa un plan para desarrollar esas virtudes en usted, lo que está haciendo es un simple ejercicio intelectual.

—Desarrolle los líderes que están alrededor de usted

ASEGÚRESE DE TENER UN MENTOR DIGNO DE SEGUIR.

CONTROLE SU ACTITUD

Yo me crié en un pueblo pequeño de la zona rural de Ohio, y tenía muchas haciendas a mi alrededor. Una vez escuché a un agricultor decir que lo más difícil de las vacas es que nunca se quedan ordeñadas. Algo similar se puede decir de una buena actitud. Lo más difícil de tener una buena actitud es que no se queda así por sí sola.

Si usted es como la mayoría de la gente, el solo hecho de llegar a trabajar en la mañana es una prueba de su actitud. Yo vivo en el área de Atlanta, la cual es famosa por su tráfico congestionado. El último informe que leí decía que ocupábamos el cuarto puesto en tener el peor tráfico del país, detrás de Los Ángeles, San Francisco y Washington, D.C. Así que siempre que entro a mi carro, me digo a mí mismo: *¡Hoy voy a tener una actitud buenísima!*

Eso no quiere decir que siempre lo logro. Tengo que permanecer sensible a los indicadores de mi actitud personal. Si noto que me estoy impacientando, lo cual es definitivamente el desafío más grande que tiene mi actitud, trato de recordarme tener una buena actitud. Si me oigo hacer comentarios cínicos, reviso mi actitud. Si me encuentro queriendo tirar la toalla y dejar de desarrollar a la gente porque no están aprendiendo lo suficientemente rápido, corrijo mi actitud. Y el indicador infalible de mi actitud es Margaret, mi esposa. Si me estoy pasando de la raya, ¡ella me lo dice!

En mi libro *Today Matters*, uno de los conceptos de los cuales escribo es que la mayoría de la gente sobrevalora el proceso de tomar decisiones, y subestima el proceso de controlar las decisiones. Es bastante fácil decirse a uno mismo: *De ahora en adelante, voy a tener una actitud buenísima.* Es mucho más difícil hacerlo de verdad. Por eso creo que una de las mejores cosas que usted puede hacer por sí mismo es lograr que *el control diario* de su actitud sea uno de sus objetivos.

—*Lo que marca la diferencia*

CONTROLE SU ACTITUD.

HAGA ELECCIONES QUE AÑADAN VALOR AL TALENTO

¿Qué es lo que crea la efectividad necesaria para convertir el talento en resultados? Surge de las decisiones que haces. El orador, abogado y líder político William Jennings Bryan dijo: «El destino no es cuestión de suerte, es cuestión de decisión; no es algo que se espera, es algo que se logra». He descubierto trece decisiones claves que se pueden hacer para ampliar el talento de cualquier persona:

1. Creer eleva su talento.
2. La pasión estimula su talento.
3. La iniciativa activa su talento.
4. El enfoque dirige su talento.
5. La preparación posiciona su talento.
6. La práctica afina su talento.
7. La perseverancia sostiene su talento.
8. El valor prueba su talento.
9. La disposición de aprender amplía su talento.
10. El carácter protege su talento.
11. Las relaciones influyen en su talento.
12. La responsabilidad fortalece su talento.
13. El trabajo en equipo multiplica su talento.

Tome estas decisiones y puede ser una persona extra talentosa. Si tiene talento, estará sólo. Si tiene *más* que talento, sobresaldrá.

—El talento nunca es suficiente

ADEMÁS DE SU TALENTO, ESFUÉRCESE EN AÑADIR
ALGUNA DE LAS CUALIDADES MENCIONADAS MÁS ARRIBA.

SEA MÁS DISCIPLINADO

¿Cómo actúa usted cuando se trata de disciplina? ¿Acepta retos mentales o físicos sólo por la práctica? ¿O está constantemente buscando la forma de permanecer en su zona de comodidad? ¿Se lamenta a veces por no haber sido capaz de hacer lo que sabía que era correcto? ¿O la mayor parte del tiempo cree que ha hecho lo mejor que ha podido? ¿Cómo reacciona cuando está bajo presión? ¿Esperan las personas de su equipo esfuerzos adicionales o una explosión repentina de usted cuando las cosas no salen bien? Sus respuestas a estas preguntas le indicarán si está ganando o no la batalla por la disciplina.

Para llegar a ser un jugador de equipo más disciplinado . . .

Refuerce sus hábitos de trabajo. Disciplina significa hacer las cosas correctas en el momento correcto y por la razón correcta. Revise sus prioridades y analícelas para ver si está en la senda correcta. Y para mantener la disciplina, haga todos los días algo necesario aunque no le agrade.

Acepte un desafío. Para fortalecer su mente y voluntad, asuma una tarea o adopte un proyecto que le resulte atractivo. Llevarlo a cabo exigirá que piense con agudeza y actúe con disciplina. Manténgase haciendo esto y verá que es capaz de hacer mucho más de lo que se imaginaba.

Controle su lengua. Si algunas veces reacciona emocionalmente, el primer paso para mejorar es dejar de decir cosas que sabe que no debe decir. La próxima vez que esté a punto de irritarse, controle su lengua por cinco minutos, tome un rato para tranquilizarse y mire las cosas más racionalmente. Use esta estrategia repetidamente y verá cómo puede controlar mejor sus emociones.

—Las 17 cualidades esenciales de un jugador de equipo

¿CUÁL ES EL EJEMPLO QUE LES DA A LOS MIEMBROS
DE SU EQUIPO?

MEJORE SU ENTUSIASMO

Bill Gates, presidente de Microsoft comentó: «Lo mejor que hago es compartir entusiasmo». Obviamente esa habilidad ha traído a las personas en su organización un éxito inmenso. Si se les preguntara, ¿dirían sus compañeros de equipo que usted tiene un efecto similar sobre ellos? El entusiasmo aumenta los logros de una persona mientras que la apatía aumenta sus excusas. ¿Qué es lo que con más probabilidad descubrirá la gente en usted?

Para aumentar su entusiasmo . . .

Muestre un sentido de urgencia. Una buena manera de encender su fuego es hacer las cosas con mayor urgencia. Identifique un proyecto por el que siente menos entusiasmo del que debería. Póngase plazos para terminar las tareas que sean un poco más ambiciosos de lo que le resulta cómodo. Esto le ayudará a enfocarse más y a tener más energía.

Esté dispuesto a hacer más. Una forma de demostrar entusiasmo con sus compañeros de equipo es ir la segunda milla con los demás. Esta semana cuando alguien le pida hacer algo, haga eso y algo más. Luego observe en silencio el impacto que su acción tiene en la atmósfera del equipo.

Luche por la excelencia. Elbert Hubbard dijo: «La mejor preparación para un buen trabajo mañana es hacer un buen trabajo hoy». Nada produce más entusiasmo que un trabajo bien hecho. Si hasta ahora no le han preocupado mucho sus niveles de eficiencia, redoble sus esfuerzos para hacer cosas de acuerdo con sus más altos niveles de excelencia.

—*Las 17 cualidades esenciales de un jugador de equipo*

QUE SU ENTUSIASMO CONTAGIE HOY
A SUS COMPAÑEROS DE EQUIPO.

VEA SUS ERRORES EN PERSPECTIVA

Para salir del camino de fracasos continuos es necesario primero que todo pronunciar las tres palabras más difíciles de decir: «Yo estaba equivocado». La persona tiene que abrir los ojos, admitir sus errores y aceptar la total responsabilidad por sus acciones y actitudes equivocadas. Cada fracaso que haya experimentado es una bifurcación en el camino. Es una oportunidad para tomar la acción correcta, aprender de las faltas cometidas y empezar de nuevo.

Peter Drucker, experto en liderazgo, dice: «Mientras mejor es el hombre, más faltas cometerá, porque tratará de hacer más cosas nuevas. Yo nunca promovería a la posición más alta del trabajo a un hombre que no esté cometiendo errores . . . porque sin duda se trata de un mediocre». Los errores, en realidad, pavimentan el camino para alcanzar el éxito.

He aquí una serie de reflexiones que me ayudan a mantener los errores en perspectiva. Los errores son . . .

Mensajes que nos retroalimentan acerca de la vida.
Interrupciones que nos hacen reflexionar y pensar.
Señales en el camino que nos indican la dirección correcta.
Pruebas que aumentan nuestro proceso de maduración.
Despertares que nos mantienen mentalmente en el juego.
Llaves que podemos usar para abrir la siguiente puerta
de la oportunidad.
Exploraciones que nos hacen andar por donde nunca antes
habíamos pasado.
Afirmaciones sobre nuestro desarrollo y progreso.

—*El lado positivo del fracaso*

BUSQUE MANERAS DE ELOGIAR LOS ERRORES DE LOS MIEMBROS DE
SU EQUIPO, Y AYÚDELOS A APRENDER DE ELLOS.

EL VALOR DE ESCUCHAR

Edgar Watson Howe bromeó en una ocasión: «Ningún hombre le escucharía hablar de no saber que luego tendrá su turno». Por desgracia, eso describe precisamente la manera en la cual demasiadas personas utilizan la comunicación, están demasiado ocupados esperando su turno para escuchar verdaderamente a otros. Pero las personas influyentes entienden el increíble valor de convertirse en un buen oyente. Por ejemplo, cuando Lyndon B. Johnson era un joven senador de Texas, mantenía un cartel en su oficina que decía: «No aprendes nada cuando eres el único que habla». Y Woodrow Wilson, el vigésimo octavo presidente estadounidense, dijo en una ocasión: «El oído del líder debe zumbar con las voces del pueblo».

La habilidad de escuchar de manera diestra es una clave para lograr influir a otros. Hallamos que escuchar ofrece los siguientes beneficios, considérelos:

- Escuchar muestra respeto
- Escuchar construye relaciones
- Escuchar aumenta el conocimiento
- Escuchar genera ideas
- Escuchar edifica la lealtad

Roger G. Imhoff exhortó: «Permita que otros confíen en usted. Es posible que eso no lo ayude, pero ciertamente los ayudará a ellos». A primera vista, escuchar a los demás parecerá que sólo los beneficia a ellos, pero cuando se convierte en un buen oyente, se ubica donde usted mismo puede ayudarse porque adquiere la habilidad de desarrollar relaciones fuertes, reunir información valiosa, y aumentar su entendimiento de otros y de sí mismo.

—*Seamos personas de influencia*

CONCÉNTRESE HOY EN ESCUCHAR A LOS DEMÁS.

JUNIO

1. Construya confianza
2. Diga las palabras apropiadas en el momento adecuado
3. Todo comienza con un sueño
4. Pésquelos haciendo algo bueno
5. Obre de manera deliberada
6. El modo en que usted ve las cosas determina lo que usted obtiene
7. Un poco de tiempo extra
8. Una excelente actitud es su mejor recurso
9. Lleve a los demás a niveles más altos
10. Mire en su interior
11. Generosidad
12. Lo que todos deben entender sobre las personas
13. Aliente los sueños de los demás
14. Añada trascendencia
15. Tratando con el punto débil
16. El fracaso es un trabajo interno
17. La vida nos da lo que esperamos
18. El poder de las elecciones apropiadas
19. Aliente a otros
20. Haga significativo el momento de la enseñanza
21. Controle sus emociones
22. No pierda sus canicas
23. Desarrolle una relación personal con quienes capacita
24. Aproveche lo mejor de sus dones y oportunidades
25. Defina el equipo
26. Aliente el sueño de otro
27. Es un estado de ánimo
28. Declaración de visión
29. Déles el tratamiento «10»
30. Controle sus energías

CONSTRUYA CONFIANZA

He aprendido que la confianza es el factor más importante en la edificación de relaciones personales y profesionales. Warren Bennis y Burt Nanus la definen como «el pegamento que une discípulos y líderes». La confianza conlleva responsabilidad, previsibilidad y fiabilidad. Antes que nada, los discípulos quieren creer y confiar en sus líderes. Quieren ser capaces de decir: «Algún día espero ser como él o como ella». Las personas creerán primero en usted antes de seguir su liderazgo.

La confianza se debe ganar día a día, requiere constancia. Algunas de las maneras en que un líder puede traicionar la confianza incluyen: romper promesas, chismear, retener información y ser hipócrita. Estos factores destruyen el ambiente de confianza necesario para el crecimiento de los líderes potenciales. Cuando se pierde la confianza en un líder, este debe trabajar muy duro para recuperarla.

La gente no sigue a un líder que no inspira confianza. La responsabilidad del líder es desarrollar confianza en quienes lo rodean. La confianza se obtiene de varios elementos:

Tiempo: Tómese el tiempo para escuchar y dar una respuesta.
Respeto: Brinde respeto al líder potencial y él se lo devolverá en confianza.
Interés positivo e incondicional: Muestre aceptación por los demás.
Sensibilidad: Anticipe los sentimientos y necesidades del líder potencial.
Contacto: Brinde ánimo con una palmadita en la espalda o un apretón de manos.

Una vez que las personas confían en su líder como individuo, podrán llegar a confiar en su liderazgo.

—Desarrolle los líderes que están alrededor de usted

ASUMA LA RESPONSABILIDAD DE OBTENER LA CONFIANZA
DE SUS SEGUIDORES.

DIGA LAS PALABRAS APROPIADAS EN EL MOMENTO ADECUADO

La mayoría de las personas reconocen que las palabras tienen un poder increíble. El teólogo y editor Tyron Edwards dijo: «Las palabras pueden ser mejores o peores que los pensamientos; ellas los expresan y hasta les añaden cosas; les dan poder para el bien o para el mal; los llevan en un vuelo eterno de instrucción, aliento y bendición o de heridas, pena y ruina». Pero decir las palabras adecuadas no es suficiente. El momento de decirlas también es crucial.

Algunas veces, lo mejor que podemos hacer por alguien es quedarnos callados. Cuando se sienta tentado a dar un consejo que no se le ha pedido, a lucirse, a decir «yo te lo dije», o a señalar un error en otra persona, lo mejor es no decir nada. Tal como el periodista británico del siglo diecinueve, George Sala aconsejaba, debemos esforzarnos «no solamente a decir lo adecuado en el momento correcto, sino algo más difícil: A no decir lo inadecuado en un momento tentador».

—*25 maneras de ganarse a la gente*

Utilice su capacidad de discernimiento a la hora de elegir sus palabras y en qué ocasión decirlas.

TODO COMIENZA CON UN SUEÑO

Si usted vive su sueño y lo comparte exitosamente, otros lo apoyarán. La gente tiene deseos de seguir a un líder con un gran sueño. Ahora más que nunca, la gente busca héroes. Desafortunadamente, muchos los están buscando en sitios que seguramente los dejarán desilusionados: en los deportes, la música, el cine y la televisión. Los verdaderos héroes son líderes que pueden ayudar a los demás a alcanzar el éxito, personas que llevan a otros consigo, y todo comienza con un sueño. Como dijo Winifred Newman: «Una visión es lo que el mundo necesita con más desesperación. No hay situaciones sin esperanza; solo hay personas que piensan sin esperanzas».

—El mapa para alcanzar el éxito

COMPARTA HOY SU VISIÓN CON ALGUIEN.

PÉSQUELOS HACIENDO ALGO BUENO

Si usted desea ver un «10» en todos y ayudarles a que crean en sí mismos, necesita animarlos, fijándose cuando hacen algo bueno. Y eso en realidad va en contra de la cultura. Hemos sido entrenados toda la vida para fijarnos cuando las personas están haciendo algo malo. Si nuestros padres o nuestros maestros nos encontraban haciendo algo, por lo general era algo malo. Así que tendemos a pensar en esos mismos términos.

Cuando usted se enfoca en lo negativo y se fija en las personas cuando hacen algo malo, no le ayuda para hacerlos que mejoren. Cuando nos fijamos en las personas cuando hacen algo malo, las personas se ponen a la defensiva. Se excusan, evaden. Por otro lado, si notamos a las personas cuando están haciendo lo correcto, eso les da un refuerzo positivo. Les ayuda a explotar su potencial, los hace querer hacer lo mejor.

Haga que en su agenda diaria haya espacio para buscar cosas que están saliendo bien. No tienen que ser grandes cosas, aunque por supuesto usted desea elogiar esas cosas también. Puede ser cualquier cosa, siempre y cuando sea sincero en su elogio.

—*Líder de 360°*

PESQUE HOY A ALGUIEN HACIENDO ALGO BUENO Y ELÓGIELO.

OBRE DE MANERA DELIBERADA

¿Qué significa ser intencionado? Significa trabajar con un propósito, hacer que cada acción cuente. Es enfocarse en hacer las cosas correctas, momento a momento, día a día y luego seguir trabajando en ellas de forma coherente.

Las personas que triunfan son intencionadas. Saben lo que están haciendo y por qué lo están haciendo. Para que un equipo tenga éxito necesita a personas intencionadas, que sean capaces de mantenerse enfocadas y productivas; gente que haga que cada acción cuente.

¿Qué tan intencional es usted? Cuando va a iniciar su día de trabajo, ¿tiene un plan y un propósito para cada cosa que planifica hacer? ¿Sabe hacia dónde se dirige y por qué está haciendo lo que hace? ¿O está sencillamente dejándose llevar por la corriente de la vida? Si sus compañeros de equipo no detectan en usted un sentido de intencionalidad no sabrán qué esperar de usted y difícilmente contarán con usted cuando de veras se necesite.

—Las 17 cualidades esenciales de un jugador de equipo

OBRE DE MANERA DELIBERADA; QUE CADA ACCIÓN
QUE REALICE SEA SIGNIFICATIVA.

EL MODO EN QUE USTED VE LAS COSAS DETERMINA LO QUE USTED OBTIENE

Quizá esté familiarizado con la Ley de Murphy, que dice: «Si algo malo tiene que ocurrir, ocurrirá, y ocurrirá en el peor momento». Y también el Principio de Pedro, que dice: «La gente siempre se eleva hasta el nivel de su incompetencia». Un adagio similar es la ley de la conducta humana: «Tarde o temprano tenemos lo que esperamos tener».

¿Es la ley del comportamiento humano optimista o pesimista? Deténgase y piense antes de responder. Le digo esto porque su respuesta revelará su actitud. Si usted espera lo peor de la vida, entonces es probable que diga que la ley fue escrita por un pesimista. Pero si tiene una visión positiva, entonces probablemente responderá «optimista» porque la perspectiva de llegar a tener lo que espera lo alienta. Su actitud determinará su perspectiva.

Veamos. No todas las personas son optimistas por naturaleza. Algunas personas nacen viendo el vaso medio vacío en lugar de medio lleno, pero no importa cuál sea su tendencia, usted puede llegar a ser una persona optimista. ¿Cómo cultivar el optimismo? Aprendiendo el secreto del contentamiento. Si puede aprender eso, entonces no importa lo que le ocurra, podrá capear la tormenta y hacer lo mejor que pueda en cada situación.

Contentamiento. En estos días este no es un concepto muy popular. Una razón es que nuestra cultura realmente desalienta la idea de estar contento. La gente está recibiendo un bombardeo continuo de mensajes que le dicen: «Lo que tienes no es suficiente. Necesitas más: Una casa más grande, un carro más moderno, un mejor salario, los dientes más blancos, un aliento más dulce, ropa más fina . . . » La lista es interminable. Pero la verdad es que tener un contentamiento saludable es esencial para poder confrontar el fracaso.

—El lado positivo del fracaso

Convénzase hoy de que lo que tiene es suficiente.

UN POCO DE TIEMPO EXTRA

Las personas exitosas practican más y practican por más tiempo que las personas que no tienen éxito. El experto en éxito Peter Lowe, quien ha extraído secretos del éxito de cientos de personas que están en la cima de su profesión, dice: «La característica más común que he encontrado en todas las personas exitosas es que han vencido la tentación de rendirse».

Usar un poco de tiempo extra requiere más que sólo perseverancia. Requiere paciencia. La ley del proceso de mi libro *Las 21 leyes irrefutables de liderazgo* dice: «El liderazgo se desarrolla diariamente, no en un día». Lo mismo se puede decir con cualquier talento que uno intenta cultivar y mejorar.

Conforme usted trabaja para darle un poco de tiempo extra a sus esfuerzos, es sabio mantener una perspectiva más amplia del proceso de mejoría. Tal perspectiva realmente ayuda. Le preguntaron a Gutzon Borglum, el escultor que creó el monumento a los presidentes estadounidenses en el monte Rushmore, si consideraba su trabajo perfecto. Respondió: «Bueno, la nariz de Washington es una pulgada más grande. Sin embargo es mejor así porque en diez mil años se erosionará y tendrá la proporción exacta». A eso le llamó paciencia.

—El talento nunca es suficiente

DEDIQUE HOY UN POCO MÁS DE TIEMPO, ESFUERZO
Y PACIENCIA A RESOLVER UNA TAREA O PROBLEMA DIFÍCILES.

UNA EXCELENTE ACTITUD ES SU MEJOR RECURSO

¿Qué es lo que generalmente separa a los mejores del resto de la gente? ¿Alguna vez ha pensado en eso? ¿Qué es lo que separa al ganador de una medalla de oro del ganador de una de plata en las Olimpiadas? ¿Qué es lo que separa a un empresario de éxito de aquel que no llega a serlo? ¿Qué es lo que hace posible que una persona mejore después de haber tenido un accidente debilitante mientras que otra se rinde y muere? Es la actitud.

Como dijo Denis Waitley en *The Winner's Edge* [La ventaja del ganador]: «La ventaja del ganador no está en haber nacido con dotes, tener un coeficiente intelectual alto, o en el talento. La ventaja del ganador consiste en la actitud, no la aptitud. La actitud es la norma para obtener el éxito. Pero no se puede comprar la actitud por un millón de dólares. Las actitudes no se venden».

Durante años he tratado de vivir según la siguiente declaración: No siempre puedo escoger lo que me sucede, pero siempre puedo escoger lo que sucede dentro de mí. Algunas cosas en la vida están fuera de mi control. Algunas están dentro. Mi actitud en las áreas que están fuera de mi control puede marcar la diferencia. Mi actitud en las áreas que sí puedo controlar marcará la diferencia. En otras palabras, la diferencia más grande que puede lograr mi diferenciador se encuentra dentro de mí, no de otros. Esa es la razón por la cual su actitud es su posesión más valiosa o su desventaja más grande: Le forma o le destruye, le levanta o le derriba. Una actitud mental positiva no va a dejarle hacer todo, pero puede ayudarle a hacer cualquier cosa mejor que si su actitud fuera negativa.

—*Lo que marca la diferencia*

QUE SU ACTITUD SEA HOY SU MEJOR RECURSO.

LLEVE A LOS DEMÁS A NIVELES MÁS ALTOS

Creo que en lo más profundo de su ser todas las personas, hasta las más negativas, quieren ser como ascensores que elevan a otros a su alrededor. Todos queremos ser una influencia positiva en la vida de otros, y la verdad es que sí podemos serlo. Si usted quiere elevar a la gente y añadir valor a su vida, tenga esto muy presente:

Los elevadores se comprometen todos los días a ser alentadores. El filósofo romano Lucio Anneo Séneca dijo: «Donde haya un ser humano, habrá una oportunidad para la bondad». Anime a los demás y hágalo todos los días.

Los elevadores conocen la pequeña diferencia entre herir y ayudar. Los pequeños detalles que usted tiene cada día para con los demás tienen un efecto mayor del que usted cree. Usted tiene el poder para hacer la vida de otra persona mejor o peor con las cosas que haga hoy mismo.

Los elevadores inician lo positivo en un ambiente negativo. Una cosa es ser positivos en un ambiente positivo o neutral, y otra muy diferente es ser un instrumento de cambio en un ambiente negativo. A veces esto requiere una palabra bondadosa, otras veces un acto de servicio, y en algunos casos exige creatividad.

Los elevadores entienden que la vida no es un ensayo. La gente que eleva a los demás no espera hasta mañana o que llegue algún día «mejor» para ayudar a la gente, sino que ¡actúa ahora mismo!

Cada persona en el mundo tiene la capacidad de convertirse en alguien que eleva a los demás. Usted no tiene que ser rico ni necesita ser un genio, no necesita tener una vida perfecta, pero sí tiene que interesarse en la gente e iniciar las actividades que elevarán a los demás. Esto hará posible un cambio positivo en las relaciones que ya tiene y abrirá paso a muchas más.

—*Cómo ganarse a la gente*

TENGA HOY LA MENTALIDAD DE LLEVAR A OTROS
A NIVELES MÁS ALTOS.

MIRE EN SU INTERIOR

Theodore Hesburgh dijo: «La verdadera esencia del liderazgo es que usted tenga una visión. Tiene que ser una visión de la que usted pueda hablar clara y vigorosamente en toda ocasión. No puede tocar una trompeta incierta». Una «trompeta incierta» es la que toca un individuo que carece de una visión o trata de dirigir con el sueño de otro. Los sonidos de una trompeta cierta vienen de un líder que ha dado a luz una visión desde adentro. Hay una gran diferencia entre una persona con visión y una persona visionaria.

+ Una persona con visión habla poco pero hace mucho.
+ Una persona visionaria hace poco pero habla mucho.
+ Una persona con visión saca fuerzas de sus convicciones internas.
+ Una persona visionaria saca fuerza de las condiciones externas.
+ Una persona con visión continúa aun cuando surjan problemas.
+ Una persona visionaria se detiene cuando el camino se torna difícil.

Demóstenes, el más grande orador del mundo antiguo, ¡tartamudeaba! Julio César era epiléptico. Napoleón era de padres humildes y estaba muy lejos de haber nacido genio. Beethoven fue sordo, como lo fue Thomas Edison. Charles Dickens era cojo; también lo fue Handel. Homero era ciego; Platón era jorobado; Sir Walter Scott estaba paralizado.

¿Qué es lo que dio a estos grandes hombres la fuerza para sobreponerse a sus graves problemas y tener éxito? Cada uno tenía un sueño interior que encendía un fuego que no podía ser extinguido. Las grandes visiones comienzan siendo un «trabajo interno». Napoleón Hill dijo: «Acaricie sus visiones y sus sueños como si fueran los hijos de su alma, los proyectos de sus máximos logros».

—*Desarrolle el líder que está en usted*

ASEGÚRESE DE «TOCAR LA TROMPETA CORRECTA» CON SU EQUIPO.

GENEROSIDAD

Nada habla más alto o sirve más a los demás que la generosidad de un líder. La verdadera generosidad no es algo ocasional. Viene del corazón y permea cada aspecto de la vida del líder: su tiempo, su dinero, sus talentos y sus posesiones. Los líderes efectivos, el tipo de líder que a la gente le gusta seguir, no recogen cosas solo para sí; las recogen para darlas a los demás. Cultive la cualidad de la generosidad en su vida. Aquí dice cómo:

Reparta algo. Determine qué clase de influencia tienen las posesiones sobre usted. Tome algo que realmente valore, piense en alguien que podría beneficiarse con eso y déselo. Si lo puede hacer anónimamente es mejor.

Ponga su dinero a trabajar. Si conoce a alguien con la visión de hacer algo realmente grande (algo que impacte positivamente la vida de otros), provea recursos para que lo pueda lograr. Ponga su dinero a trabajar por algo que lo sobreviva.

Encuentre a alguien a quien aconsejar. Una vez que haya alcanzado un cierto nivel en su liderazgo, lo más valioso que tiene que dar es a sí mismo. Encuentre a alguien en quien derramar su vida, dele tiempo y recursos para llegar a ser un mejor líder.

El poeta indio Rabindranath Tagore escribió: «Todo lo que no se da, se pierde».

—Las 21 cualidades indispensables de un líder

¿SABE LO QUE ESTÁ PERDIENDO AL AFERRARSE A ALGO?

LO QUE TODOS DEBEN ENTENDER SOBRE LAS PERSONAS

Conocer qué necesitan y les hace falta a las personas es la clave para entenderlas. Y si uno puede entenderlas, puede influir en ellas e impactar sus vidas de manera positiva. Si redujéramos todas las cosas que conocemos respecto a entender a los demás, y las resumiéramos a una lista breve, identificaríamos estas cinco cosas:

1. *Todo el mundo quiere ser alguien.* No hay una persona en el mundo que no desee ser alguien, y tener trascendencia.

2. *A nadie le interesa cuánto sabe usted hasta que saben cuánto le importan.* Para ser alguien influyente, tiene que amar a las personas antes que tratar de dirigirlas.

3. *Todos necesitan a alguien.* Contrario a la creencia popular, no hay tal cosa como hombres y mujeres que han llegado a donde están por sus propios esfuerzos. Todo el mundo necesita amistad, ánimo, y ayuda.

4. *Toda la gente puede ser alguien cuando alguien la entiende y cree en ella.* Una vez que entienda a las personas y crea en ellas, realmente pueden llegar a ser alguien.

5. *Cualquiera que ayude a alguien influye en muchos más.* Lo que usted le da a alguien fluye en la vida de toda la gente que esa persona impacta. La naturaleza de la influencia es multiplicar.

—Seamos personas de influencia

HAGA QUE QUIENES HOY SE ENCUENTREN CON USTED SEPAN QUE CREE QUE SON ALGUIEN.

ALIENTE LOS SUEÑOS DE LOS DEMÁS

Lo considero un gran privilegio cuando la gente me comparte sus sueños. Eso me demuestra su aprecio y confianza. Cuando tal cosa sucede, estoy consciente que tengo un gran poder en sus vidas. Eso no es algo insignificante porque una palabra inadecuada puede destrozar el sueño de una persona; en cambio, una palabra adecuada puede inspirar a esa persona a que siga tratando de hacer de su sueño una realidad.

Si alguien lo considera a usted tan importante como para compartirle sus sueños, tome cuidado. La actriz Candice Bergen comentó: «Los sueños están, por definición, condenados a lapsos de vida breve». Sospecho que ella dijo eso porque hay personas que no quieren ver a otros persiguiendo sus sueños. Eso les recuerda lo lejos que están ellos de sus propios sueños. Por eso, tratan de derribar a cualquiera que está disparándole a las estrellas. Al desanimar a otros, las personas que critican se excusan a sí mismas por quedarse en sus zonas de comodidad.

No sea un asesino de sueños, más bien conviértase en un generador de sueños. Aunque piense que el sueño de otra persona es muy difícil de alcanzar, eso no es ninguna excusa para que la desanime.

—25 maneras de ganarse a la gente

PÍDALE HOY A ALGUIEN QUE COMPARTA SU SUEÑO CON USTED.

AÑADA TRASCENDENCIA

Moishe Rosen enseña un ejercicio mental de una frase que se ha vuelto un instrumento eficaz para ayudar a una persona a identificar su sueño. Él le pide que llene los espacios en blanco:

Si yo tuviera _____,
haría _____.

La idea es que si usted desea cualquier cosa: suficiente tiempo, suficiente dinero, suficiente información, suficiente personal (todos los recursos que pueda pedir), etc. ¿Qué haría? Su respuesta a esta pregunta es su sueño.

Trabajar en su sueño añade importancia a su vida. La historia nos da un clásico ejemplo. Todo el mundo ha escuchado la anécdota de Isaac Newton al descubrir la ley de la gravedad después de observar la caída de una manzana. Lo que pocos saben es que Edmund Halley, el astrónomo que descubrió el cometa Halley es, casi sin la ayuda de nadie, el responsable de que se conocieran las teorías de Newton. Halley desafió a Newton a pensar por medio de sus originales nociones. Corrigió los errores matemáticos de Newton y preparó figuras geométricas para apoyar su trabajo. No sólo animó a Newton a escribir su gran obra: *Principios matemáticos de la filosofía natural*, sino que la editó, supervisó su publicación y financió la impresión, aunque pensaba que Newton era rico y fácilmente podría costear la impresión.

Halley animó a Newton a actuar en su sueño y agregó incalculable importancia a su vida. Newton empezó a recoger casi de inmediato las recompensas de la prominencia. Halley recibió poco crédito, pero debió haber ganado una gran satisfacción en saber que había inspirado ideas revolucionarias en el avance del pensamiento científico.

—Desarrolle los líderes que están alrededor de usted

¿QUÉ HARÍA USTED SI NO HUBIESE LÍMITES EN SU VIDA?

TRATANDO CON EL PUNTO DÉBIL

Si usted es un líder de un equipo, no puede ignorar las situaciones creadas por un eslabón débil. Hay soluciones apropiadas según sea la clase de equipo. Si el equipo es una familia, entonces no se trata, simplemente, de prescindir de la persona que constituye un eslabón débil. Tiene que trabajar con ella con amor, ayudarla a crecer, a la vez que debe tratar de minimizar los daños que pudiera causar a otros miembros de la familia. Si el equipo es un negocio, entonces usted es responsable ante el propietario o los administradores. Si ha ofrecido entrenamiento sin éxito, quizás lo mejor sea deshacerse del eslabón débil. Si el equipo es un ministerio y el entrenamiento no ha dado los resultados esperados, quizás lo apropiado sea pedir a las personas débiles que se abstengan de participar en el equipo por un tiempo. Es posible que necesiten alejarse del equipo por un tiempo para trabajar en áreas emocionales y espirituales.

No importa cuál sea la situación que enfrente usted, recuerde que sus responsabilidades ante los demás siguen el siguiente orden: a la organización, al equipo y finalmente al individuo. Al final vienen sus propios intereses y tranquilidad.

—*Las 17 leyes incuestionables del trabajo en equipo*

SI USTED ES EL LÍDER, SU RESPONSABILIDAD ES OCUPARSE
DEL PROBLEMA DE UN PUNTO DÉBIL EN SU EQUIPO.

EL FRACASO ES UN TRABAJO INTERNO

En nuestra cultura, demasiadas personas creen que el contentamiento viene por lograr posesiones materiales o posiciones de poder, pero tales cosas no son la clave para el contentamiento. Si usted está tentado a creer que lo son, recuerde las palabras de John D. Rockefeller. Cuando un periodista le preguntó cuánta riqueza era suficiente, el millonario, que en ese tiempo era uno de los hombres más ricos de la tierra, le contestó. «Sólo un poco más».

El contentamiento viene de tener una actitud positiva. Esto quiere decir:

- esperar lo mejor en todo, no lo peor.
- mantener una actitud de triunfo, aun cuando se sienta abatido.
- buscar soluciones ante cada problema, no problemas en cada solución.
- creer en usted, aun cuando otros crean que ha fracasado.
- no perder la esperanza, aun cuando otros digan que es una situación perdida.

No importa lo que le ocurra, una actitud positiva procede de adentro de usted. Sus circunstancias y su contentamiento no están relacionados.

—El lado positivo del fracaso

CONFÍE EN SU ACTITUD POSITIVA PARA SOBRELLEVAR LAS CIRCUNSTANCIAS ADVERSAS.

LA VIDA NOS DA LO QUE ESPERAMOS

Las personas más felices en la vida no son necesariamente las que *tienen* lo mejor de todo; son las que simplemente tratan de *sacar* el mejor provecho de todo. Son como la persona de la aldea remota que va al pozo todos los días para sacar agua, y que dice: «¡Cada vez que vengo a este pozo, salgo con mi balde lleno!» en lugar de decir: «¡No puedo creer que tenga que seguir viniendo a este pozo para llenar mi balde!»

La actitud de una persona tiene una profunda influencia en su manera de ver la vida. Pregúntele a un entrenador antes de comenzar un partido importante si su actitud y la de sus jugadores van a marcar la diferencia en el resultado del juego. Pregúntele a un cirujano si es que importa la actitud del paciente cuando le está tratando de salvar la vida en la sala de emergencia. Pregúntele a un maestro si las actitudes de sus alumnos tienen impacto antes de presentar un examen.

Una de las cosas que he aprendido es que la vida a menudo le da lo que usted espera de ella. Si espera cosas malas, eso recibirá. Si espera cosas buenas, a menudo las recibirá. No sé por qué funciona de esa manera, pero así es. Si no me cree, inténtelo. Dése un plazo de treinta días en los que espera lo mejor de todo: el mejor lugar en el estacionamiento, la mejor mesa en el restaurante, la mejor interacción con los clientes, el mejor trato de parte de la gente que ofrece servicios. Se va a sorprender de lo que va a encontrar, especialmente si también da a otros lo mejor de usted en cada situación.

—*Lo que marca la diferencia*

COMIENCE LA PRUEBA DE TREINTA DÍAS QUE CONSISTE EN ESPERAR LO MEJOR DE TODO.

EL PODER DE LAS ELECCIONES APROPIADAS

La vida es un asunto de decisiones y cada decisión que usted hace, a usted le hace. ¿Qué hará por su carrera? ¿Con quién se casará? ¿Dónde vivirá? ¿Cuánta educación obtendrá? ¿Qué hará con el día de hoy? No obstante, una de las decisiones más importantes qué hará es ¡*en quién se convertirá*! La vida no es solamente tener una buena mano en un juego de naipes; uno no puede controlar eso porque el *talento* es dado por Dios. La vida es saber jugar bien esa mano y eso se determina mediante sus decisiones.

Las personas extra talentosas son aquellas que aprovechan al máximo su talento, logran su potencial y cumplen su destino.

Estaba leyendo un libro del Dr. Seuss a mis nietos llamados: ¡*Oh, cuán lejos llegarás!* Encontré en él una maravillosa verdad que decía:

> Tienes un cerebro en tu cabeza.
> Tienes pies en tus zapatos.
> Puedes moverte
> En la dirección que te plazca.

Lo creo con todo mi corazón. Mi oración es que usted se encamine bien y que tome buenas decisiones que lo capaciten para convertirse en una persona extra talentosa, basada en el fundamento de sus habilidades y que viva su vida a todo su potencial.

—*El talento nunca es suficiente*

OPTIMICE SU TALENTO DIRIGIENDO SU VIDA
EN LA DIRECCIÓN CORRECTA.

ALIENTE A OTROS

Muchos líderes esperan que sus subalternos se animen a sí mismos. Sin embargo, la mayoría de las personas necesitan ánimo del exterior para que los impulse hacia adelante. Es vital para su crecimiento. El doctor George Adams descubrió que el ánimo es tan vital para la existencia de una persona, que lo llamó «el oxígeno del alma».

Se debe animar a los nuevos líderes. Cuando llegan a una nueva situación encuentran muchos cambios y sufren en sí mismos muchos más. Animarlos les ayuda a alcanzar su potencial y les brinda poder al darles la energía para continuar cuando cometen errores.

Emplee mucha reafirmación positiva con su personal. No dé por sentado que el trabajo va a ser aceptable. Agradézcalo. Elogie a alguien cuando vea que mejora. Personalice su ánimo cada vez que pueda. Recuerde: lo que motiva a una persona puede dejar pasmada o hasta irritada a otra. Averigüe lo que funciona con cada uno de sus individuos y úselo.

John Wooden, entrenador del equipo de básquetbol de Los Ángeles, dijo a sus jugadores que sonrieran cuando anotaran, y que hicieran un guiño o una ligera inclinación al jugador que les hubiera hecho el pase. «¿Qué pasa si no está mirando?», preguntó un miembro del equipo. «Te garantizo que mirará», respondió Wooden. Todo el mundo valora y busca que lo animen, especialmente cuando su líder es un constante animador.

—*Desarrolle los líderes que están alrededor de usted*

BUSQUE HOY OPORTUNIDADES DE BRINDAR
ALIENTO A SU EQUIPO.

HAGA SIGNIFICATIVO EL MOMENTO DE LA ENSEÑANZA

Una caricatura de Charlie Brown hecha por Charles Schulz lo mostraba en la playa haciendo un castillo de arena magnificente. Cuando terminó, se puso de pie para admirar su trabajo, y en ese momento una ola pasó por encima del castillo y lo echó a perder. Charlie al ver lo que pasó dijo para sí mismo: «Debe haber una lección aquí, pero no sé cuál es».

Desafortunadamente muchas personas se sienten así después de una experiencia potencialmente valiosa. Hasta las personas que son estratégicas en buscar momentos de aprendizaje pueden pasar por alto el punto de la experiencia. Lo digo porque por treinta años he sido un orador en conferencias y en talleres, eventos que están diseñados para ayudar a las personas a aprender, pero he descubierto que muchas personas se van de un evento y no hacen mucho con lo que han aprendido después de cerrar sus cuadernos.

Tendemos a enfocarnos en el evento del aprendizaje en lugar del proceso mismo. Debido a esto, intento ayudar a las personas a que actúen para que implementen lo que han aprendido. Les sugiero que en sus notas, utilicen un código para marcar cosas que sobresalgan:

R significa que necesita dedicar un tiempo para reflexionar sobre eso.
C significa que hay algo que necesita cambiar.
☺ una carita sonriente significa que está haciendo eso bien.
A significa que hay algo que necesita aplicar.
C significa que necesita compartir esa información con alguien más.

Después de la conferencia, les recomiendo que hagan una lista basada en lo que han marcado, y que luego hagan un horario para llevarlo a consecución.

—*El talento nunca es suficiente*

BUSQUE MANERAS DE GENERAR MEDIDAS DE ACCIÓN
Y EJECUTE ALGO QUE HAYA APRENDIDO HOY.

CONTROLE SUS EMOCIONES

Una vez oí que la gente con problemas emocionales tienen el ciento cuarenta y cuatro por ciento más de probabilidades de sufrir un accidente que aquellos que no los tienen. El mismo estudio claramente encontró que una de cada cinco víctimas en accidentes fatales había estado en una pelea con otra persona en un período no mayor de seis horas antes del accidente.

Es importante saber controlar nuestras emociones. A nadie le gusta pasar el tiempo junto a una bomba de tiempo emocional que puede «explotar» en cualquier momento. Pero es especialmente vital que los líderes controlen sus emociones porque sus acciones afectan a muchas otras personas.

Los buenos líderes saben cuando mostrar sus emociones y cuando guardarlas. A veces ellos las muestran de modo que su gente pueda sentir lo que ellos sienten. Esto los impacta. ¿Es eso algo manipulador? Creo que no, mientras los líderes lo hagan para el bien del equipo y no para su propia ganancia. Como los líderes ven más que otros y más allá que otros, ellos a menudo experimentan las emociones primero. Decirle al equipo lo que usted siente, es una magnífica manera de ayudarles a ver lo que usted ve.

En otros momentos, los líderes tienen que guardar sus sentimientos. Cuando digo que los líderes deberían detener sus emociones, no sugiero que ellos las nieguen o las sepulten. El punto fundamental en la dirección de sus emociones es que usted debería darle prioridad a otros, antes que a usted. El hecho de que usted detenga o demuestre sus emociones no debería ser para su propia gratificación.

—Líder de 360°

CUANDO TENGA QUE TOMAR UNA DECISIÓN QUE TENGA
QUE VER CON LAS EMOCIONES, PREGÚNTESE *QUÉ ES
LO QUE EL EQUIPO NECESITA, NO QUÉ ES LO QUE LE HARÁ
SENTIRSE MEJOR A USTED.*

NO PIERDA SUS CANICAS

Mi amigo Dwight Bain me envió una historia de un operador de radio que un día oyó por casualidad a un señor de edad aconsejando a uno más joven a través de la radio.

«Es una pena que tengas que pasar tanto tiempo lejos de tu casa y de tu familia», le dijo. «Permíteme decirte algo que a mí me ha ayudado mucho a mantener una buena perspectiva en mis prioridades. Verás, un día me senté e hice un poco de aritmética. Una persona promedio vive setenta y cinco años. Multipliqué 75 por 52 lo que me dio 3,900. Esta es la cantidad de sábados que una persona promedio tiene durante su vida.

»No fue hasta que cumplí cincuenta y cinco años que me puse a pensar en esto en detalle», continuó. «Y para ese entonces, ya había vivido 2,800 sábados. Pensé que si vivía hasta los setenta y cinco, sólo me quedarían por disfrutar unos mil».

Siguió explicando que compró 1,000 canicas y las puso en un frasco de plástico en su área favorita de trabajo en la casa. «Cada sábado desde entonces», dijo, «saco una canica y la boto. Descubrí que al ver que la cantidad de canicas disminuye, me enfoco más en las cosas verdaderamente importantes de la vida. No hay nada mejor que ver que tu tiempo aquí en la tierra se está acabando para ayudarte a mantener en foco tus prioridades».

Y el anciano terminó, diciendo: «Ahora déjame decirte algo más antes que me desconecte para llevar a mi amada esposa a desayunar. Esta mañana, saqué la última canica del frasco. Pienso que si todavía estoy vivo el próximo sábado es porque me están dando un poco de tiempo adicional».

No podemos escoger si vamos a recibir o no un poco más de tiempo, pero sí podemos decidir lo que vamos a hacer con el que tenemos.

—Las 17 cualidades esenciales de un jugador de equipo

Utilice su tiempo de manera consciente.

DESARROLLE UNA RELACIÓN PERSONAL CON QUIENES CAPACITA

Toda buena relación con un mentor empieza con una relación personal. A medida que su personal lo conoce y les gusta, se incrementa su deseo de seguir su dirección y de aprender de usted. Si no les gusta, no querrán aprender de usted, y el proceso de preparación se vuelve lento o incluso se detiene.

Para construir relaciones empiece por escuchar la historia de la vida de su gente, su viaje hasta aquí. El sincero interés significa mucho para ellos, además le ayudará también a conocer sus fortalezas y debilidades personales. Pregúnteles acerca de sus metas y de lo que las motiva. Averigüe qué clase de temperamento tienen. Con seguridad usted no quiere preparar y desarrollar a alguien cuya más grande pasión es establecer una posición económica en la que estuviera invirtiendo 80% de su tiempo tratando con clientes disgustados.

Una de las mejores maneras de conocer a las personas es verlas fuera del mundo comercial. En el trabajo generalmente están en guardia; tratan de parecerse a otros. Al lograr conocerlos en otros ambientes, usted puede verlos tal como son. Trate de aprender todo lo que pueda sobre ellos e intente llegar a sus corazones. Si lo hace, estarán felices de darle la mano.

—Desarrolle los líderes que están alrededor de usted

CONCERTE HOY UNA CITA CON ALGUIEN DE SU EQUIPO
PARA CONOCERLO MEJOR.

APROVECHE LO MEJOR DE SUS DONES
Y OPORTUNIDADES

Hace más de treinta años memoricé una cita que ha determinado la manera en que vivo: «Mi potencial es un regalo de Dios para mí. Lo que yo haga con mi potencial es regalo para Él». Soy responsable ante Dios, ante los demás, y ante mí por cada don, talento, recurso y oportunidad que tenga en la vida. Si doy menos de lo que puedo, estoy eludiendo responsabilidad. Creo que el entrenador de UCLA, John Wooden hablaba de eso cuando decía: «Has que cada día sea una obra de arte». Si damos lo mejor de nosotros todo el tiempo, podemos hacer de nuestra vida algo especial. Y eso se reflejará en las vidas de los demás.

Hay una historia que me encanta acerca del presidente Dwight Eisenhower. Una vez se dirigió a los miembros del Club Nacional de la Prensa y les dijo que le dolía no haber tenido una mejor formación política que le ayudara a ser un mejor orador. Que su falta de capacidad en esa área le recordaba su niñez en Kansas, cuando un viejo granjero estaba tratando de vender una vaca. El comprador le preguntó por el pedigrí de la vaca, la producción de crema y la producción mensual de leche. El granjero le respondió: «Yo no sé cuál es su pedigrí y no tengo idea de la producción de crema pero es una buena vaca y te dará toda la leche que tiene». Eso es todo lo que podemos hacer, dar todo lo que tenemos. Eso siempre es suficiente.

—*25 maneras de ganarse a la gente*

ESFUÉRCESE HOY POR OBTENER LO MEJOR
DE SUS POSIBILIDADES.

DEFINA EL EQUIPO

Hemos visto equipos que tienen una meta común pero que les faltan valores comunes. Cada uno en el equipo tiene diferentes ideas acerca de lo que es importante. El resultado es el caos. Finalmente el equipo se viene abajo si todos intentan hacer las cosas a su manera. Por eso los equipos deben estar en la misma página. Los valores organizacionales influyen y guían el comportamiento del equipo del mismo modo en que los valores personales influyen y guían el comportamiento de un individuo.

Si usted desea agregar valor a su equipo y ayudarlo a alcanzar su potencial, debe entonces compartir sus valores. Asegúrese primero de saber cuáles son. Luego examine sus propios valores y metas en comparación con estos. Si usted puede participar incondicionalmente de los valores del equipo, comprométase a alinearse con esos valores. Si no puede, entonces su falta de alineamiento será una fuente constante de frustración para usted y sus compañeros de equipo. Hasta podría buscar y encontrar un equipo diferente.

—Las 17 leyes incuestionables del trabajo en equipo

¿COMPARTE USTED LA MISMA VISIÓN DE SU EQUIPO
EN LO QUE RESPECTA A VALORES?

ALIENTE EL SUEÑO DE OTRO

Ya que los sueños son el centro del alma, debemos hacer todo lo posible para lograr que esos sueños se realicen. Ese es uno de los mejores regalos que podemos dar. ¿Cómo? Siga estos seis pasos:

1. *Pídales que le compartan su sueño.* Todos tenemos un sueño, pero a pocos se les pide que lo cuenten.

2. *Ratifique a la persona tanto como a su sueño.* Hágale saber que usted no solo valora su sueño sino que también ve rasgos en ella que le ayudarán a alcanzarlo.

3. *Pregúnteles cuáles desafíos tienen que vencer para que su sueño se cumpla.* Pocos preguntan a otros sobre sus sueños; y mucho menos se pregunta sobre los obstáculos que tienen que vencer para alcanzarlos.

4. *Ofrezca su ayuda.* Nadie puede cumplir un sueño que valga la pena por sí solo. Le asombrará ver cómo las personas se llenan de vitalidad cuando les ofrece su ayuda.

5. *Mantenga su interés en los sueños de otros.* Si desea ayudar a otros a que cumplan sus sueños, no convierta su participación en algo de un solo día. Pregúnteles cómo les va y apóyelos en lo que se pueda.

6. *Tome una determinación diaria de ser un generador de sueños, no un disipador de ellos.* Todos tenemos sueños y todos necesitamos ánimo. Sincronice su radar mental para estar al tanto de los sueños de los demás y ayudarles en el proceso de alcanzarlos.

—*25 maneras de ganarse a la gente*

DÉ EL PUNTAPIÉ INICIAL EN AYUDAR A OTROS
A QUE TORNEN SU SUEÑO EN REALIDAD.

ES UN ESTADO DE ÁNIMO

El fracaso es algo interno. Igual ocurre con el éxito. Si quiere triunfar, primero tiene que ganar la guerra en su mente. No puede dejar que el fracaso externo se meta dentro de usted. Es cierto que no se puede controlar la longitud de la vida, pero sí se puede controlar su amplitud y profundidad. No puede controlar el contorno de su rostro, pero puede controlar su expresión. No puede controlar el tiempo, pero puede controlar la atmósfera de su mente. ¿Por qué preocuparse de cosas que no puede cambiar cuando puede mantenerse ocupado controlando las cosas que dependen de usted?

Leí un artículo que resalta la fuerza, el valor y la capacidad de los noruegos de ajustarse a las circunstancias. Algunos de los más duros exploradores en la historia han salido de Noruega. No importa lo inclemente del tiempo o lo difícil de las circunstancias; ellos siempre parecen perseverar.

Esa habilidad ha llegado a ser parte de su cultura. Son una nación de extrovertidos entusiastas que viven en el borde del círculo ártico. Los noruegos tienen un dicho que creo que capta muy bien su actitud. Ellos dicen: «No hay tal cosa como mal tiempo; lo que hay es mal vestuario».

—El lado positivo del fracaso

¿CÓMO PUEDE «MUDAR DE ROPA» PARA SUPERAR CUALQUIER CLIMA DESFAVORABLE QUE SU ORGANIZACIÓN ESTÉ ATRAVESANDO?

DECLARACIÓN DE VISIÓN

Lo que ve es lo que usted puede ser. Esto tiene que ver con su potencial. Me he preguntado a menudo: ¿la visión hace al líder? ¿O el líder hace la visión?

Yo creo que la visión viene primero. He conocido muchos líderes que han perdido la visión y, por eso, han perdido su poder para dirigir. La gente hace lo que la gente ve. Ese es el más grande principio motivador en el mundo. Stanford Research dice que el 89% de lo que aprendemos es por medio de la vista, el 10% por la audición, y el 1% a través de otros sentidos.

En otras palabras, la gente depende del estímulo visual para crecer. Empareje una visión con un líder que quiere implementar ese sueño y comenzará el movimiento. La gente no sigue al sueño en sí mismo. Sigue al líder que tiene ese sueño y tiene la capacidad para comunicarlo en forma efectiva. Por eso, la visión al comienzo dará un líder, pero para que esa visión crezca y demande un seguimiento, el líder debe tomar la responsabilidad por ella.

Hubert H. Humphrey es un ejemplo de que «lo que usted ve es lo que usted puede ser». Durante un viaje a Washington. D.C. en 1935, escribió una carta a su esposa: «Querida, puedo ver cómo, algún día, si tú y yo nos decidimos a trabajar por cosas más grandes y mejores, podremos algún día vivir aquí, en Washington y probablemente estar en el gobierno, la política o el servicio . . . ¡Ojalá que mis sueños se hagan realidad! Voy a intentarlo».

—Desarrolle el líder que está en usted

¿ESTÁ USTED TRANSMITIENDO VISIÓN
Y PERSIGUIÉNDOLA CON PASIÓN?

DÉLES EL TRATAMIENTO «10»

He observado que las personas generalmente se esfuerzan para lograr las expectativas del líder, si ellos aprecian al líder. Si usted ha desarrollado una relación sólida con sus empleados y ellos lo aprecian y lo respetan genuinamente, se esforzarán para dar lo mejor de sí.

He aprendido muchas cosas acerca del liderazgo durante todos estos años, pero el líder que admiro más es mi padre, Melvin Maxwell. En diciembre del año 2004, visité a mis padres en el área de Orlando y mientras estaba allí, iba a participar en una conferencia telefónica. Ya que necesitaba un lugar tranquilo para hacerlo, mi padre me ofreció muy amablemente su oficina. Al sentarme en su escritorio, noté una tarjeta que estaba junto al teléfono escrita por mi padre con las siguientes palabras:

#1 Desarrollar a las personas por medio del estímulo.
#2 Dar mérito a las personas por medio del reconocimiento.
#3 Dar reconocimiento a las personas por medio de la gratitud.

En un instante supe porque estaba eso allí. Mi padre lo había escrito para recordarse cómo debía tratar a las personas cuando hablaba por teléfono con ellas. Y recordé instantáneamente, que mi padre, más que nadie, me había enseñado a ver a los demás como si fueran un «10». Comience hoy a ver y a dirigir a las personas pensando en lo que pueden ser en el futuro, no en cómo son ahora, y se asombrará de la forma en que ellos le responderán.

—*Líder de 360°*

TRATE A ALGUIEN COMO UN «10» Y VEA
CÓMO COLMA SUS EXPECTATIVAS.

CONTROLE SUS ENERGÍAS

Algunas personas tienen que racionar su energía de modo que no se les acabe. Hasta hace unos años, yo no era así. Cuando la gente me preguntaba como lograba realizar tantas cosas, mi respuesta era siempre: «Mucha energía, poco coeficiente intelectual». Desde que era un niño, siempre me estaba moviendo. Yo tenía seis años cuando me di cuenta que mi nombre no era «Calma».

Ahora que tengo cincuenta y ocho años, tengo que cuidar mi nivel de energía. En *Piense para obtener un cambio*, compartí una de mis estrategias para administrar mi energía. Cuando veo mi agenda cada mañana, me pregunto, *¿Cuál es el acontecimiento principal?* Ese es el asunto al que le tengo que dar lo mejor de mí. Puede ser mi familia, mis empleados, un amigo, mi editor, el patrocinador de un compromiso, o mi tiempo para escribir. Siempre me aseguro de tener la energía de hacerlo con excelencia.

Incluso la gente con mucha energía puede perderla durante circunstancias difíciles. He observado que los líderes en zonas intermedias de una organización a menudo tienen que tratar con lo que llamo «El ABC del drenaje de energía».

Actividad sin dirección: hacer cosas que no parecen importantes.
Bastante carga sin acción: no poder hacer las cosas que realmente importan.
Conflicto sin resolución: no poder lidiar con lo que sucede.

Si usted se encuentra en una organización donde a menudo debe tratar con estos abeces, entonces usted tendrá que esforzarse aun más para manejar su energía correctamente. Puede hacer esto o si no, buscar un nuevo lugar para trabajar.

—Líder de 360°

EXAMINE ESTA LISTA. ¿DÓNDE NECESITA CONTROLAR
SUS ENERGÍAS?

JULIO

SEA CONSCIENTE DE SU MISIÓN

¿Mantienen en mente usted y sus compañeros de equipo el panorama general? ¿O tiende a complicarse con los detalles de su trabajo y pierde de vista el panorama general? Si de alguna manera obstruye el trabajo del equipo mayor —su organización— por su deseo de alcanzar el éxito personal o incluso el éxito de su departamento, entonces necesita hacer algo para mejorar su capacidad de mantener en mente la visión de su equipo.

Examine si su equipo está enfocado en su misión. Comience por medir la claridad de la misión. ¿Tiene su equipo u organización una declaración de misión? Si no, trabaje para que el equipo formule una. Y si la tiene, vea si las metas del equipo corresponden a su misión. Si los valores, misión, metas y práctica de un equipo no son compatibles, entonces le espera un tiempo difícil como miembro del equipo.

Busque formas de mantener la misión en mente. Si usted es una persona que le gustan los logros, la clase de persona que está acostumbrada a trabajar sola, o que tiende a enfocarse en lo inmediato y pierde de perspectiva el panorama general, es posible que necesite ayuda adicional para recordar la misión del equipo. Escriba la misión del equipo y póngala en un lugar donde pueda verla. Manténgala a la vista para que siempre esté consciente de cuál es la misión de su equipo.

Aporte lo mejor de su persona como miembro del equipo. Una vez que esté seguro de la misión y dirección de su equipo, propóngase hacer la mejor contribución en el contexto del equipo y no como un individuo. Esto puede significar que quizás tenga que asumir una posición «tras bastidores» por un tiempo. O puede significar que tenga que enfocar a su círculo íntimo en una forma que contribuya más a la organización, aunque esto le reste reconocimiento a usted y a su gente.

—Las 17 cualidades esenciales de un jugador de equipo

EVITE ATASCARSE EN LOS DETALLES Y NO PIERDA
DE VISTA EL PANORAMA GENERAL.

FIJE METAS PARA EL CRECIMIENTO

Los grandes triunfadores en la vida son personas que se fijan metas, y luego trabajan fuertemente para alcanzarlas. Lo que obtienen al conseguir sus objetivos no es nada comparado con lo que *llegan a ser* al cumplirlas. Utilice las siguientes pautas cuando ayude a su personal a establecer sus metas:

Haga que las metas sean adecuadas. Recuerde el trabajo que quiere de su gente, y el resultado anhelado: el desarrollo de ellos como líderes eficaces. Identifique las metas que contribuirán con esa gran meta.

Haga que las metas sean posibles. Ian MacGregor, ex presidente de la junta de directores de AMAX, dijo: «Utilizo el mismo principio de los entrenadores de caballos: empiezan con vallas pequeñas, metas fácilmente alcanzables, y las van subiendo».

Haga que las metas sean medibles. Sus líderes potenciales nunca sabrán cuándo alcanzaron sus metas si estas no son susceptibles de ser medidas. Cuando pueden medirse, el conocimiento que ellos han logrado les dará un sentido de triunfo. Defina claramente las metas. Cuando las metas no tienen un enfoque claro, tampoco lo tendrán las acciones de las personas que tratan de alcanzarlas.

Haga que las metas sean flexibles. Como ya lo mencioné, las metas tienen que ser alcanzables. Por otro lado, cuando no requieren esfuerzo, las personas que las logran no crecerán.

Escriba las metas. Cuando escriben sus metas, las personas se hacen más responsables de ellas.

También es importante animar a sus líderes potenciales a revisar con frecuencia sus metas y progresos. Ben Franklin sacaba tiempo todos los días para responderse dos interrogantes. En la mañana se preguntaba: «¿Qué bien haré hoy?» Y en la noche: «¿Qué bien he hecho hoy?»

—*Desarrolle los líderes que están alrededor de usted*

AYUDE HOY A ALGUIEN DE SU EQUIPO A QUE SE FIJE METAS.

LAS PERSONAS A LAS QUE USTED ATRAE

Los líderes eficaces siempre están al acecho de personas valiosas. ¿Qué determina si obtiene las personas que desea y si estas poseen las cualidades que busca? Se determina por quién usted es. Si ha buscado y contratado su personal, probablemente descubrirá que la gente que lo sigue tiene cosas en común con usted en varios de los siguientes aspectos clave:

- Generación: La mayoría de las organizaciones reflejan las características de sus líderes claves y eso incluye su edad.
- Actitud: Las personas con buenas actitudes tienden a hacer que las personas a su alrededor se sientan más positivas. Aquellas con actitudes terribles tienden a minar las actitudes de los demás.
- Trasfondo: Las personas atraen o son atraídas a otras personas con un trasfondo similar. Este magnetismo natural es tan fuerte que las organizaciones que valoran la diversidad tienen que luchar contra él.
- Valores: No importa si los valores comunes son positivos o negativos, cualquiera que sea su carácter, es probable que lo encuentre en la gente que lo sigue.
- Energía: Es algo bueno que las personas con niveles similares de energía sean atraídas mutuamente porque cuando se une una persona de mucha energía con una persona de muy poca energía y se les pide que trabajen unidas, pueden volverse locas.
- Talento: Las personas se sienten atraídas a la capacidad y a la excelencia, especialmente en el área del talento. Es muy probable que respeten y sigan a alguien que posea su misma clase de talento.
- Capacidad de liderazgo: Quien es usted es a quien atrae. Los líderes que atraiga tendrán un estilo y una capacidad similares a la suya.

—Las 21 leyes irrefutables del liderazgo

SU MANERA DE SER DETERMINA A QUIÉNES ATRAERÁ;
CREZCA EN CONSECUENCIA.

UNA ACTITUD HACIA LOS DESAFÍOS

Una vez escuché a un conferencista decir que ninguna sociedad jamás ha levantado hombres fuertes durante los tiempos de paz. El viejo adagio es cierto: Lo que no te mata te hace más fuerte. Recuerde los momentos en su vida en que más maduro. Estoy dispuesto a apostar que maduró como resultado de vencer dificultades. Cuanto mejor sea su actitud, mayor probabilidad tendrá de vencer dificultades, crecer y avanzar.

Me han dicho que en el idioma chino a menudo dos palabras se combinan para crear otra con un significado muy distinto. Por ejemplo, cuando se combina el símbolo de la palabra que significa *hombre* con el símbolo de la palabra que significa *mujer*, la palabra resultante significa bueno.

El poseer una actitud positiva puede tener un efecto similar. Cuando un problema viene a tener contacto con una persona que tiene una actitud positiva, el resultado es a menudo algo maravilloso. De todo el tumulto que causan los problemas pueden surgir grandes hombres de estado, científicos, autores u hombres de negocios. Cada desafío tiene una oportunidad, y cada oportunidad tiene un desafío. La actitud de una persona determina cómo los maneja.

—Lo que marca la diferencia

QUE SU ACTITUD POSITIVA TRANSFORME CADA UNO
DE SUS DESAFÍOS EN UNA OPORTUNIDAD.

DESARROLLE Y SIGA SUS PRIORIDADES

Hay un dicho que dice que si persigue dos conejos, ambos se escaparán. Desafortunadamente eso es lo que muchas personas parecen hacer. No enfocan su atención y como resultado, son ineficientes. Quizás la razón es que las personas de nuestra cultura tienen demasiadas cosas que escoger, las opciones son casi ilimitadas. El experto en administración Peter Drucker reconoció este fenómeno. Dijo: «La concentración es la clave del resultado económico. No existe ningún otro principio de efectividad que se haya violado tanto como el principio básico de la concentración . . . nuestro lema es: Hagamos un poco de todo».

Si quiere desarrollar su talento, necesita enfocarse. Si va a enfocarse, necesita esforzarse en saber cuáles son sus verdaderas prioridades y cuándo seguirlas. Eso es algo que aprendí a hacer con el tiempo. Me encantan las opciones. Me gusta tener la libertad de seguir el mejor curso de acción en cualquier momento dado. Cuando estaba en mis veintes, dediqué mucho tiempo a hacer cosas que no me daban mucho rendimiento. En la década de mis treintas, me fue mejor, pero todavía no estaba enfocado en lo que debía hacer. No fue hasta después de que llegué a los cuarentas que comencé a ser más selectivo acerca de las cosas que ocupaban mi tiempo y mi energía. Actualmente estoy llegando a los sesentas y casi todo lo filtro a través de mi prioridad principal: *¿Estoy añadiéndole valor a las personas?* Para mí eso es lo más importante.

—El talento nunca es suficiente

¿CUÁL ES SU PRIORIDAD NÚMERO UNO?

EL PASADO INFLUYE EN EL PRESENTE

Hace algunos años, oí a mi amigo Chuck Swindoll contar la historia de Chippie, el periquito. Según la historia, los problemas para el periquito comenzaron cuando su dueña decidió limpiar las semillas y las plumas que habían caído al piso de su jaula, usando para ello una aspiradora. Sonó el teléfono, la señora fue a atenderlo y, tal como se imaginaron, dejó la aspiradora funcionando. Chippie fue succionado y desapareció dentro de la bolsa.

Rápidamente, la señora abrió la bolsa. Allí estaba Chippie. Medio aturdido pero seguía respirando.

Viendo que estaba cubierto de polvo, rápidamente la señora lo llevó al baño, abrió completamente la llave del agua fría y puso al pobre perico bajo una ducha que parecía hielo.

Al darse cuenta de su error, la señora corrió en busca de su secadora y empezó a echarle aire caliente. Chuck finaliza la historia diciendo que «a partir de entonces, Chippie nunca volvió a cantar como antes . . . »

La gente que es incapaz de vencer el pasado es un poco como el pequeño Chippie. Dejan que sus experiencias negativas determinen cómo van a vivir el presente.

Tal vez le parezca que estoy minimizando lo que le ha ocurrido a usted en el pasado, pero no es así. Sé que en este mundo imperfecto la gente sufre verdaderas tragedias. Pierden a sus hijos, a sus esposos o esposas, a sus padres, a sus amigos y en algunas ocasiones bajo circunstancias horribles. La gente se enferma de cáncer, esclerosis múltiple, SIDA y otras enfermedades debilitantes. Sufren abusos indescriptibles a manos de otros. Sin embargo, las tragedias no deben impedirle a nadie que tenga una visión positiva, que sea productivo y viva la vida plenamente. No importa cuán oscuro sea el pasado de una persona, no tiene porqué ensombrecer su presente en forma permanente.

—El lado positivo del fracaso

¿EN QUÉ MODO EL PASADO AFECTA SU PRESENTE?

MEJORANDO SU GRADO DE PREPARACIÓN

¿Acostumbra a desentenderse del asunto e ignorarlo hasta que llegue el momento de actuar? ¿O es la preparación sólida parte de su rutina regular? Si continuamente desanima a sus compañeros, entonces probablemente está jugando en la posición equivocada o no está dedicando suficiente tiempo y energía a prepararse para enfrentar los desafíos. Para mejorar su preparación . . .

Transfórmese en un pensador. La preparación requiere pensar anticipadamente, de modo que pueda reconocer ahora lo que va a necesitar más tarde. Cree un sistema o lista que le ayude mentalmente a caminar con anticipación a través de cualquier proceso, dividiendo las tareas en etapas. Luego determine cómo necesita prepararse para completar cada etapa.

Investigue más. En casi todas las profesiones, la gente usa alguna clase de investigación para perfeccionarse. Familiarícese con los recursos para investigación relacionados con su actividad y trate de llegar a ser un experto en su uso.

Aprenda de sus errores. A menudo, la mejor herramienta para prepararse puede ser la experiencia personal. Piense en los errores que ha cometido últimamente mientras trabajó en un proyecto o enfrentó un desafío. Escríbalos, estúdielos y decida qué tiene que hacer de manera diferente la próxima vez que se enfrente a una situación parecida.

—*Las 17 cualidades esenciales de un jugador de equipo*

CONCÉNTRESE HOY EN OBTENER UNA SÓLIDA PREPARACIÓN.

ESTÉ DISPUESTO A HACER LO QUE OTROS NO QUIEREN HACER

Se dice que un grupo de ayuda en África del sur le escribió una vez al misionero y explorador David Livingstone preguntándole: «¿Ha encontrado un buen camino hasta donde usted está? Si es así, deseamos enviarle otras personas para que le ayuden».

Livingstone respondió: «Si tienen hombres que sólo vendrán si existe un buen camino, no los necesito. Necesito hombres que vengan aunque no exista ningún camino». Eso es lo que los líderes principales desean de las personas que trabajan con ellos: necesitan individuos que estén dispuestos a hacer lo que otros no hacen.

Son pocas cosas las que un líder superior aprecia más que un empleado con una actitud de apoyo total. Deben estar dispuestos a pensar más allá de su descripción de trabajo, deben estar dispuestos de encargarse de la clase de trabajos que otros no quieren hacer.

Hay pocas cosas más frustrantes para un líder que tener a alguien que rechace hacer una tarea porque «no es su trabajo». (En momentos así, la mayoría de los líderes principales que conozco se sienten tentados a dejar sin trabajo a tales personas.) Los buenos líderes no piensan en esos términos. Ellos comprenden la ley del cuadro completo que aparece en *Las 21 leyes irrefutables del liderazgo*: «La meta es más importante que la participación individual».

El objetivo de un líder de 360° es realizar el trabajo, desarrollar la visión de la organización y de su líder. Con frecuencia eso significa hacer lo que sea. Entre más «asciende» un líder principal, con más frecuencia significa contratar a alguien más para que lo realice, pero los líderes intermedios no tienen esa opción. Por eso, ellos tienen que hacerlo por sí mismos.

—Líder de 360°

CULTIVE LA DISPOSICIÓN PARA HACER TODO LO QUE SEA NECESARIO, DENTRO DE LOS LÍMITES DE LA CORRECCIÓN Y MORALIDAD, PARA ALCANZAR LOS RESULTADOS DESEADOS.

GENERE UNA ATMÓSFERA QUE PROPICIE EL CRECIMIENTO

Así como el crecimiento de un pez tropical se limita al tamaño del acuario en que vive, a usted lo afecta su ambiente. Por eso es fundamental crear una atmósfera de crecimiento a su alrededor. Ese tipo de lugar debería verse así:

Otros van delante de usted: Cuando se rodea de personas de quienes puede aprender, en vez de personas que aprenden de usted, es más probable que crezca.

Se siente desafiado: La complacencia mata el crecimiento.

Su enfoque está adelante: Si piensa más en el pasado que en el futuro, probablemente se haya detenido su crecimiento.

La atmósfera es positiva: El industrial Charles Schwab dijo: «Todavía no he encontrado el hombre . . . que no trabaje mejor y dedique mayores esfuerzos a su tarea bajo un espíritu de aprobación que bajo un espíritu de crítica».

Está fuera de su zona de comodidad: El crecimiento requiere riesgo. Ronald E. Osborne afirmó: «A menos que haga algo más allá de lo que domina completamente, nunca crecerá».

Otros están creciendo: Cuando se trata de crecimiento, es mejor tratar de nadar en cardúmenes que tratar de hacerlo todo por cuenta propia.

Hay disposición para cambiar: Clayton G. Orcutt declaró: «El cambio en sí no es progreso, pero el cambio es el precio que pagamos por el progreso».

Se ejemplariza y se espera crecimiento: En el mejor ambiente posible, el crecimiento no solo se permite; los líderes lo ejemplarizan, y lo esperan de todos. Cuando eso ocurre el potencial de cada uno supera lo esperado.

—El mapa para alcanzar el éxito

ASUMA LA RESPONSABILIDAD DE CREAR UNA ATMÓSFERA QUE PROPICIE EL CRECIMIENTO PARA LOS MIEMBROS DE SU EQUIPO.

EL PODER DE LOS PENSAMIENTOS

La mente humana tiene un tremendo poder en nuestras vidas. Lo que capta y mantiene nuestra atención determina nuestras acciones. Por esta razón, el lugar donde nos encontramos hoy en día es el resultado de los pensamientos dominantes que están en nuestras mentes. Así también, la manera en que pensamos determina nuestras actitudes. La buena noticia es que usted y yo podemos cambiar eso. Puede controlar sus pensamientos, y debido a eso, puede controlar su actitud.

Hagamos un experimento que le mostrará lo que quiero decir. Primero, tome unos minutos para pensar en el lugar donde vive. No hay problema. Decidió pensar en eso, y lo hizo. Muy bien, ahora quiero que piense en otra cosa. Imagine por un momento que el lugar donde vive se ha consumido en un incendio, y que todo se ha perdido. ¿Qué clase de respuesta emocional tuvo? Quizás se puso triste porque se habrían perdido muchas cosas irreemplazables en un incendio. Quizás se puso contento porque su situación actual es terrible y un nuevo comienzo le haría bien. Lo que quiero decir es que sus pensamientos incitan sus emociones. Eso es algo clave, y aquí está la razón:

Premisa principal: Podemos controlar nuestros pensamientos.
Premisa secundaria: Nuestros sentimientos vienen de nuestros pensamientos.
Por lo tanto: Podemos controlar nuestros sentimientos cambiando la manera en que pensamos.

¿Por qué es importante eso? Porque su actitud es su enfoque emocional hacia la vida. Es el marco a través del cual ve eventos, otra gente, incluso a sí mismo. Por eso es que creo en el dicho: «Usted no es lo que piensa que es, pero lo que piensa . . . eso es usted».

—*Lo que marca la diferencia*

¿EN QUÉ MEDIDA LOS PENSAMIENTOS QUE DOMINAN
SU MENTE AFECTAN SU ACTITUD?

LA PREPARACIÓN PARA EL MAÑANA COMIENZA HOY

Recientemente unos amigos y yo tuvimos el privilegio de cenar con el ex gobernador de la ciudad de Nueva York, Rudy Giuliani y su esposa, Judith, en Orlando después de una conferencia. El alcalde me pareció una persona muy cálida, amable y buen conversador. Durante esa conversación, por supuesto, le pregunté acerca de la experiencia durante el 11 de septiembre. Él habló acerca de sus impresiones y de cómo el evento lo impactó como líder. Dijo que los líderes necesitan estar listos para cualquier cosa. Necesitan estudiar, adquirir habilidades y planear para cualquier clase de situación.

«Su éxito será determinado por su capacidad para prepararse», me dijo. Siguió explicándome que cuando una situación como el 11 de septiembre ocurre, para la cual no hay ningún plan establecido, los líderes deben actuar y confiar en la preparación que han tenido antes. En ese caso, las maniobras de emergencia que siguieron después. Eso ayudó durante la crisis.

La preparación no comienza con lo que hace, comienza con lo que cree. Si usted cree que el éxito de mañana depende de lo que haga hoy, entonces tratará el hoy de manera diferente. Lo que reciba mañana depende de lo que crea hoy. Si se está preparando hoy, las probabilidades son que no tendrá que hacer ninguna reparación mañana.

—El talento nunca es suficiente

ENFÓQUESE EN PREPARARSE HOY PARA PODER ALCANZAR EL ÉXITO MAÑANA.

LIDERAZGO VALEROSO

Cuando comencé mi carrera de liderazgo, era un líder muy ineficiente. Creía que tenía talento. Pero cuando entré al mundo real, no logré mis expectativas. ¿Cómo le di vuelta a eso? Tomando decisiones pequeñas que eran difíciles. Al hacerlo, obtenía más confianza en mí y más valor y así comencé a cambiar. El proceso me tomó cuatro años. Al final de ese tiempo sentí que había aprendido muchas lecciones valiosas y escribí lo siguiente para ayudarme a concretar lo que había aprendido:

Un liderazgo valioso significa sencillamente que he desarrollado:

1. Convicciones que son más fuertes que mis temores.
2. Una visión que es más clara que mis dudas.
3. Una sensibilidad que es más fuerte que la opinión popular.
4. Una autoestima que es más profunda que la propia protección.
5. Una apreciación por la disciplina que es mayor que mi deseo de tiempo libre.
6. Una falta de satisfacción que es más fuerte que el statu quo.
7. Un aplomo que es más inconmovible que el pánico.
8. Una actitud que toma riesgos que es más fuerte que la búsqueda de la seguridad.
9. Acciones adecuadas que son más robustas que la racionalización.
10. Un deseo de ver el potencial alcanzado más que ver a las personas apaciguadas.

No tiene que ser grandioso para convertirse en una persona de valor. Necesita querer lograr su potencial y estar dispuesto a intercambiar lo que parece bueno en el momento por lo que es mejor para su potencial. Eso es algo que usted puede hacer, sin importar su nivel de talento natural.

—El talento nunca es suficiente

TOME UNA PEQUEÑA DECISIÓN HOY QUE AUMENTE SU CONFIANZA Y VALENTÍA COMO LÍDER.

VISIÓN

He observado durante los últimos veinte años que todos los líderes efectivos tienen una visión de lo que deben realizar. Esa visión llega a ser la energía que hay detrás de cada esfuerzo y la fuerza que les empuja a través de todos los problemas. Con visión, el líder cumple una misión, la multitud se contagia de su espíritu y otros comienzan a levantarse también junto al líder. La unidad es esencial para que el sueño se realice. Muchas horas de trabajo se entregan gustosamente para alcanzar la meta. Los derechos individuales se hacen a un lado porque el todo es mucho más importante que la parte. El tiempo vuela, el estado de ánimo se remonta a las alturas, se cuentan historias heroicas, y el compromiso es la consigna. ¿Por qué? ¡Porque el líder tiene una visión!

La palabra *visión* ha sido tal vez mal usada en los últimos años. La primera meta de muchos talleres de gerencia es elaborar una declaración de propósitos para la organización. Otros le mirarán extrañamente si usted no puede recitar de memoria el propósito de su organización y elaborar una tarjeta con la declaración de propósitos impresa en ella.

¿Por qué toda esta presión para elaborar un propósito de la organización? Hay dos razones: Primero, la visión llega a ser el grito distintivo de por qué agruparse en una organización. Es una declaración clara, en un mercado competitivo, de que usted tiene un nicho importante entre todas las voces que claman por clientes. Es su verdadera razón de existir. Segundo, la visión llega a ser la verdadera herramienta de control que reemplaza al manual de mil páginas, el cual encajona y constriñe la iniciativa. En una era en que se requiere la descentralización para vivir, la visión es la clave para que toda persona conserve el enfoque.

—*Desarrolle el líder que está en usted*

CONFÍE EN SU VISIÓN MÁS QUE EN LAS REGLAS Y PROCEDIMIENTOS PARA GUIARSE A USTED MISMO Y A SU EQUIPO.

MEJORÁNDOSE A SÍ MISMO

Vivimos en una sociedad con una enfermedad de destino. Demasiada gente quiere hacer lo suficiente para «llegar» y luego quieren retirarse. Mi amigo Kevin Myers lo dice de esta manera: «Todo el mundo está buscando una salida rápida pero lo que realmente necesitan es aptitud. La gente que busca salidas deja de hacer lo que debe cuando la presión se alivia. Los que buscan aptitud hacen lo que tienen que hacer sin importar las circunstancias».

Las personas que constantemente practican el mejoramiento personal cumplen tres procesos en un ciclo continuo en sus vidas:

1. *Preparación*: Los jugadores de equipo que practican el mejoramiento personal piensan cómo pueden mejorar hoy, no en algún tiempo lejano en el futuro. Cuando se levantan por la mañana, se preguntan: *¿Cuáles son los momentos con potencial de aprendizaje en el día de hoy?* Luego tratan de aprovechar esos momentos. Al final del día, se preguntan: *¿Qué he aprendido hoy de lo que debo aprender más mañana?*

2. *Meditación*: Hace poco me topé con esta cita: «Si estudia las vidas de los hombres verdaderamente grandes que han influenciado al mundo, encontrará que casi todos pasaron solos una considerable cantidad de tiempo: en contemplación, meditación, escuchando». El tiempo a solas es esencial para el mejoramiento personal.

3. *Aplicación*: Aplicar lo que ha aprendido es a veces difícil porque requiere cambios. La mayoría de la gente cambia cuando ocurre una de estas tres cosas: sufren suficiente y tienen que hacerlo; aprenden demasiado y quieren hacerlo, o reciben tanto que son capaces de hacerlo. Su meta es mantenerse aprendiendo de tal manera que quiera cambiar para bien cada día.

—Las 17 cualidades esenciales de un jugador de equipo

APRENDA ALGO NUEVO HOY, REFLEXIONE EN ELLO
Y APLÍQUELO LO ANTES POSIBLE.

AVANCES

Cada dificultad mayor que enfrente en la vida es una bifurcación en el camino. Usted decide qué dirección tomar, si avanzar o declararse derrotado. Dick Biggs, un consultor que ayuda a las compañías de Fortune 500 a mejorar sus ganancias y a aumentar la productividad, escribe que todos nosotros tenemos experiencias injustas; como resultado, algunas personas sencillamente existen y adoptan una mentalidad de «cesa y desiste». Sigue diciendo:

Quizás los mejores maestros de la persistencia sean los puntos críticos en su vida. Espere experimentar de tres a nueve puntos críticos o «cambios significativos». Estas transiciones pueden ser experiencias felices . . . o tiempos de infelicidad tales como la pérdida del trabajo, divorcio, crisis financiera, problemas de salud y la muerte de un ser querido. Los puntos críticos pueden proveer perspectiva, que es la capacidad de ver los cambios mayores dentro del marco de una vida entera y dejar que actúe el poder sanador del tiempo. Al aprender de los puntos críticos es posible crecer a un nivel más profundo dentro de la carrera profesional y de la vida.

Si ha sido dañado seriamente, empiece por reconocer el dolor y lamente cualquier pérdida que haya experimentado. Luego, perdone a las personas involucradas, incluyéndose usted mismo si fuera necesario. Esto le ayudará a seguir adelante. Sólo piense, *hoy* puede ser su día para salir de los sufrimientos de su pasado en un avance hacia el futuro.

—*El lado positivo del fracaso*

NO PERMITA QUE NADA DE SU HISTORIA PERSONAL
LO TENGA DE REHÉN.

EL PODER DE SOÑAR

Creo que cada uno de nosotros tiene un sueño en su corazón. No hablo de querer ganar la lotería. Ese tipo de idea viene del deseo de escapar de nuestras circunstancias presentes, y no del deseo por buscar un sueño del corazón. Hablo de una visión interior profunda que habla al alma misma. Es aquello para lo que hemos nacido. Requiere nuestros dones y talentos. Apela a nuestros más elevados ideales. Enciende nuestro sentido de destino. Está inseparablemente unido con el propósito de nuestra vida. El sueño nos inicia en el viaje al éxito.

Un sueño hace muchas cosas a nuestro favor:

- Un sueño nos da dirección
- Un sueño aumenta nuestro potencial
- Un sueño nos ayuda a establecer prioridades
- Un sueño agrega valor a nuestro trabajo
- Un sueño predice nuestro futuro

Oliver Wendell Holmes comentó: «Lo grande en este mundo no es dónde estamos, sino en qué dirección nos movemos». Esto es también una de las grandes cosas de tener un sueño. Puede seguir su sueño no importa dónde se encuentre hoy. Y lo que ocurrió en el pasado no es tan importante como lo que hay en el futuro. Como dice un proverbio: «No importa cómo haya sido el pasado de una persona, su futuro es inmaculado». ¡Usted puede empezar a seguir su sueño hoy mismo!

—El mapa para alcanzar el éxito

ATRÉVASE A SOÑAR Y OBRE SEGÚN ESE SUEÑO.

HAGA LO CORRECTO

Hacer lo correcto no es algo que surge de manera natural en nosotros. Tal como lo dijo el primer presidente de Estados Unidos, George Washington: «Pocos hombres tienen la suficiente virtud de resistir al más alto postor». No obstante es lo que debemos hacer si deseamos desarrollar la clase de carácter que nos sostendrá.

No es fácil hacer lo correcto cuando lo que es malo es más conveniente. Molière comentó: «Los hombres son iguales en sus promesas, es solo en sus actos donde difieren. La diferencia en sus obras es simple: Las personas de carácter hacen lo que es correcto sin importar la situación».

Una forma en la que he intentado controlar mi deseo natural de no hacer lo que es correcto es haciéndome unas preguntas (adaptado de las preguntas escritas por la experta en ética de negocios, la doctora Laura Nash):

1. ¿Estoy escondiendo algo?
2. ¿Le estoy haciendo daño a alguien?
3. ¿Cómo se ve desde el punto de vista de la otra persona?
4. ¿He hablado de esto cara a cara?
5. ¿Qué le diría a mi hijo que hiciera?

Si usted hace lo correcto, y si lo sigue haciendo aunque no lo ayude a continuar con su talento a corto plazo, lo protegerá y lo servirá a largo plazo. El carácter lo desarrolla y lo edifica. O tal como lo dice el doctor Dale Bronner, miembro de la junta directiva de la organización sin fines de lucro EQUIP: «La honestidad no es algo que hace; la honestidad es quién es».

—El talento nunca es suficiente

AUNQUE A VECES SEA DOLOROSO,
DECÍDASE A HACER LO CORRECTO.

PREPARACIÓN

En 1946, el artista Ray Charles escuchó que la orquesta de Lucky Millinder visitaría la ciudad. Charles se las arregló para tener una audición con él y esto lo emocionó. Si lograba unirse a Millinder sería, sin duda, algo grande.

Cuando llegó su oportunidad, el joven músico tocó el piano y cantó dando lo mejor de sí. En su condición de ciego, Charles no podía ver la reacción de Millinder, por lo que cuando terminó, esperó pacientemente por su respuesta. Finalmente el director de la orquesta le dijo: «No fue lo suficientemente bueno, muchacho». Charles regresó a su cuarto y lloró.

Algún tiempo después, Charles dijo: «Aquella fue la mejor cosa que pudo haberme pasado. En lugar de compadecerme de mí mismo, me puse a practicar para que nunca nadie volviera a decirme lo que me había dicho Millinder». Y no han vuelto a decírselo. Como afirma el dicho popular: «Puedes decir que te sorprendieron una vez, después de eso, sencillamente no estás preparado». La preparación de Charles le ha rendido frutos por más de medio siglo. Ha tocado con algunos de los más talentosos músicos del mundo. Quizás la preparación no garantiza el triunfo pero sin duda le da las condiciones para alcanzarlo.

—*Las 17 cualidades esenciales de un jugador de equipo*

Añada preparación a su talento.

SEA CATALIZADOR

¿**C**ómo está usted cuando llegan las dificultades a su equipo? ¿Quiere la pelota, o preferiría que estuviera en manos de alguien más? Si en su equipo existen catalizadores más talentosos y eficaces, entonces usted no debería ser el jugador a quién acudir si fuera necesario. En esos casos lo mejor que puede hacer es dar «asistencia» al ayudar a poner a esas personas en una posición que ayude al equipo. Pero si usted evita el primer plano porque teme o porque no ha trabajado tan duro como debería para mejorarse personalmente, entonces debe cambiar su modo de pensar.

Empiece por colocarse en el camino del mejoramiento, haciendo lo siguiente:

- *Busque un guía.* Los jugadores solo se vuelven catalizadores con la ayuda de personas mejores que ellos. Encuentre a alguien que haga que las cosas sucedan para que lo ayude a lo largo del camino.
- *Comience un plan de crecimiento.* Métase en un programa que le ayude a desarrollar sus habilidades y talentos. Usted no puede llevar al equipo a un nivel superior si primero no ha llegado allá por sí mismo.
- *Sálgase de su zona cómoda.* Usted no sabrá de qué es capaz a menos que intente ir más allá de lo que ya ha logrado.

Si usted sigue estas tres pautas tal vez no se convierta en un catalizador, pero al menos será lo mejor que puede ser, y eso es todo lo que cualquiera puede pedir de usted.

—*Las 17 leyes incuestionables del trabajo en equipo*

TOME HOY ALGUNA DE ESTAS MEDIDAS
QUE LO LLEVARÁN AL CRECIMIENTO.

DESCUBRA LAS VERDADERAS FORTALEZAS
DE LAS PERSONAS

La mayoría de las personas no descubren sus puntos fuertes por sí mismos. Con frecuencia caen en la rutina de la vida diaria y de la ocupación tediosa, raramente exploran sus fortalezas o reflexionan en sus éxitos o fracasos. Es por esa razón que es tan valioso tener un líder que se interese genuinamente por ellos y los ayude a reconocer sus puntos fuertes.

Existen muchos instrumentos útiles disponibles que usted puede utilizar para ayudar a las personas en el proceso del auto descubrimiento. Ya he mencionado el trabajo de Buckingham y Clifton. Su libro *Ahora, descubra sus fortalezas* y el material que se encuentra en su sitio de la Internet puede ser muy útil. De la misma forma los test de personalidad tales como DISC o Myers-Briggs, al igual que otros muchos test vocacionales. Lo que funcione en el contexto de su organización puede ser útil, pero no se limite solamente a evaluaciones. Generalmente la ayuda más valiosa que usted puede dar se encuentra en sus observaciones personales.

—*Líder de 360°*

COMPROMÉTASE A AYUDAR A LOS MIEMBROS DE SU EQUIPO
PARA QUE PUEDAN DESCUBRIR SUS FORTALEZAS.

COMPARTA UN SECRETO CON ALGUIEN

Un proverbio siciliano dice: «Sólo la cuchara sabe lo que se está revolviendo en la olla». Cuando se le permite a otra persona saber lo que está pasando dentro de uno, cuando se le da una «saboreada» de un plan o una idea, instantáneamente nos estamos asegurando una conexión significativa con esa persona. ¿Quién no quiere saber lo que está pasando por la mente de alguien que uno aprecia?

Puede que usted piense que compartir un secreto con alguien siempre tiene que ser algo con ramificaciones que cambien su vida; pero no siempre es así. Por supuesto, cuando se les permite a las personas saber de algo impactante, eso crea una gran impresión. Pero usted puede compartir una parte secreta de su vida diaria usando cosas de la vida cotidiana. La primera vez que usted comparte algo con otros ¿no está compartiendo algo que ha sido un secreto hasta ese momento? ¿Por qué no le dice a la persona con quien está hablando que es la primera vez que usted está revelando eso? Eso lo hará sentirse especial.

Compartir un secreto con alguien es en realidad cuestión de dos cosas: conocer el contexto de una situación y desear edificar a la otra persona. Si usted lo hace, podrá aprender esta habilidad.

—*25 maneras de ganarse a la gente*

COMPARTA AQUELLO QUE LO CONMUEVE PARA ESTABLECER
UNA CONEXIÓN SIGNIFICATIVA.

¿SALPICA O REBOTA?

¡Si tan sólo la vida pudiera hacerse más fácil con el transcurrir de los días! Pero esa no es la realidad, ¿verdad? Cuando se envejece, algunas cosas verdaderamente se vuelven más difíciles; pero otras también se vuelven más fáciles. En cada etapa de la vida, hay aspectos buenos y malos. La clave es enfocarse en lo bueno y aprender a vivir con lo malo. Por supuesto, no todos hacen eso. De hecho, he encontrado que realmente sólo hay dos clases de gente en este mundo cuando se trata de lidiar con el desánimo: los que salpican y los que rebotan. Cuando los que salpican caen al nivel más bajo, se deshacen, y se quedan pegados al fondo como pegamento. Por otro lado, cuando los que rebotan caen al nivel más bajo, se sobreponen y rebotan.

Paul J. Meyer, fundador del Instituto de Motivación para el Éxito, dice: «El noventa por ciento de los que fracasan no han sido derrotados en realidad. Ellos simplemente renuncian». Eso es lo que el desánimo puede hacerle si no lo maneja de la manera apropiada; puede causar que renuncie. Ya que va a estar desanimado en algún momento de su vida, la pregunta es: *¿Va a rendirse o a ponerse de pie?*

—*Lo que marca la diferencia*

DECÍDASE HOY A LEVANTARSE Y RECUPERARSE.

LA PASIÓN AUMENTA LA FUERZA DE VOLUNTAD

Una de mis tareas como maestro motivador es intentar ayudar a las personas a que logren todo su potencial. Por años, intenté explicar la pasión a las audiencias mostrándoles el lado equivocado. Solía decirles a las personas lo que me apasionaba, lo que me hacía querer vivir y hacer y dar lo mejor de mí; pero me di cuenta que no estaba teniendo el efecto deseado. Las personas no reaccionaban correctamente. No podía encender la pasión de los demás al compartirles la mía.

Decidí cambiar mi enfoque. En lugar de compartir mi pasión, comencé a ayudar a los demás a descubrir su pasión. Para hacer eso, les hice estas preguntas:

- ¿Cuáles son las canciones que te gusta cantar?
- ¿Cuáles son las cosas que te hacen llorar?
- ¿En qué sueñas?

Las primeras dos preguntas hablan de lo que le toca a un nivel muy profundo. La tercera responde a lo que realmente le trae una realización el día de mañana. Las respuestas a estas preguntas con frecuencia pueden ayudar a las personas a descubrir su verdadera pasión.

Aun cuando todos pueden poseer pasión, no todos se toman el tiempo para descubrirla. Y esa es una vergüenza porque la pasión es el motor de la voluntad. La pasión cambia sus «tengo que» en un «quiero hacerlo». Lo que logramos en la vida se basa menos en lo que queremos y más en cuánto lo queremos. El secreto de la fuerza de voluntad es lo que alguien una vez llamó *poder del deseo*. Si las personas quieren algo lo suficiente por lo general encontrarán la fuerza de voluntad para lograrlo.

Uno no puede ayudar a las personas para que scan triunfadoras a menos que ellas quieran triunfar. Los campeones se hacen campeones desde adentro no desde afuera.

—El talento nunca es suficiente

PREGÚNTELES A LOS MIEMBROS DE SU EQUIPO A QUÉ LE CANTAN, POR QUÉ LLORAN Y QUÉ SUEÑAN.

DÉ A LOS DEMÁS EL BENEFICIO DE LA DUDA

Quizás cuando usted era un niño, le enseñaron la regla de oro: «Haz a los demás lo que quisieras que hagan contigo». Con frecuencia, cuando mis intenciones eran buenas pero mis acciones no, yo deseaba que los demás me vieran a la luz de la regla de oro. En otras palabras, quería que los demás me dieran el beneficio de la duda. ¿Por qué entonces no utilizo esa misma cortesía con los demás?

Frank Clark comentó: «Qué grandes logros tendríamos si cada persona hiciera lo que pensaba hacer». Aunque estoy de acuerdo con eso, me gustaría agregar: «Qué bellas relaciones tendríamos si todas las personas fueran apreciadas por lo que pensaban hacer, a pesar de lo que pudieran haber hecho». Cuando usted le da a alguien el beneficio de la duda, está siguiendo la regla interpersonal más efectiva jamás escrita.

—25 maneras de ganarse a la gente

DÉ HOY A ALGUIEN EL BENEFICIO DE LA DUDA.

PROCESO DE ENTRENAMIENTO DE CINCO PASOS

La mejor clase de entrenamiento saca ventaja de la manera en que aprendemos. He visto que el mejor de ellos es un proceso de cinco pasos:

Paso 1: Doy el ejemplo. El proceso empieza conmigo; ejecuto el trabajo mientras los que se entrenan observan. Cuando lo hago trato de darles la oportunidad de que me vean durante todo el proceso. Cuando quienes se entrenan ven el trabajo efectuado completa y correctamente, tienen algo para tratar de duplicar.

Paso 2: Guío. Durante este paso continúo haciendo la obra, pero esta vez la persona que entreno está a mi lado y toma parte en el proceso. También me tomo tiempo para explicarle no sólo cómo, sino el *porqué* de cada paso.

Paso 3: Observo. En este punto cambiamos posiciones. Quien se entrena efectúa el trabajo y yo lo asisto y lo corrijo. Durante esta fase es especialmente importante para el entrenado ser positivo y animador. Trabajo con él hasta que desarrolle constancia. Cuando ha terminado el proceso hago que me lo explique.

Paso 4: Motivo. En este paso dejo en libertad de trabajar al entrenado. Mi deber es asegurarme de que sabe cómo hacerlo sin ayuda y mantenerlo entusiasmado. En este momento el entrenado quizás quiera mejorar el proceso. Anímelo a que lo haga y al mismo tiempo aprenda de él.

Paso 5: Multiplico. Esta es mi parte favorita del proceso total. Una vez que los nuevos líderes efectúan perfectamente el trabajo, les llega el turno de enseñar a otros a hacerlo. Como maestros que ya son, saben que el mejor modo de aprender algo es enseñando.

—Desarrolle los líderes que están alrededor de usted

SIGA HOY CON ALGUIEN EL PROCESO DE ENTRENAMIENTO
DE CINCO PASOS.

DEJE DE PENSAR EN SÍ MISMO

Muchas personas piensan que tocar las vidas de otras es exclusivo de un grupo elite de personas especialmente dotadas. Este no es el caso. Cualquiera persona, por ordinaria que sea puede causar un impacto positivo en la vida de los demás.

Algunas personas fracasadas se dicen que en cuanto logren algún grado de éxito o descubran algún talento escondido, se van a preocupar por impactar la vida de los demás. Tengo noticias para estas personas. Muchos que luchan con fracasos crónicos experimentan esto porque no piensan sino en sí mismos. Se preocupan de lo que los demás piensan de ellos. Se esfuerzan para lograr que nadie sea mejor que ellos. Están permanentemente preocupados por protegerse.

Si continuamente está centrando su energía y atención en usted, tengo un mensaje que darle: *Deje de preocuparse por usted, que a los demás no les importa tanto.*

Si tiene un historial de continuos fracasos y dedica la mayor parte de su tiempo y energía a tratar de ser el número uno, quizás necesite aprender una nueva forma de pensar donde otros sean los primeros.

—*El lado positivo del fracaso*

¿En qué debe usted dejar de pensar en sí mismo para enfocarse en los demás?

DÍGALE A LOS LÍDERES LO QUE ELLOS *NECESITAN* ESCUCHAR

Debido a su intuición, los buenos líderes con frecuencia ven más que los demás, y ven antes que otros. ¿Por qué? Porque todo lo ven desde una perspectiva de liderazgo. Pero si la organización que dirigen se hace más grande, con frecuencia pierden esa perspectiva. En otras palabras, se desconectan. ¿Cuál sería el remedio para ese problema? Les piden a las personas de su círculo íntimo que vean cosas por ellos.

La mayoría de los buenos líderes desean la perspectiva que sus personas de confianza ven. El experto en ventas Burton Bigelow dijo: «Muy pocos ejecutivos grandes desean estar rodeados de personas que sólo saben decir "Sí". Su más grande debilidad es el hecho de que esas personas construyen una pared ficticia alrededor del ejecutivo, cuando él sólo desea la verdad».

Una de las formas para convertirse en una persona en la que los líderes confían es decir la verdad. Si usted nunca les ha hablado a sus líderes ni les ha dicho lo que ellos necesitan escuchar, va a necesitar de mucho valor. Tal como lo hizo el general y luego presidente Dwight D. Eisenhower en la Segunda Guerra Mundial al decir: «Un corazón audaz ya ha ganado la mitad de la batalla». Si está dispuesto a hablar, usted puede ayudarles a sus líderes y a usted mismo. Comience con algo pequeño y sea diplomático. Si su líder es receptivo, sea más franco con él cada vez. Si usted nota que su líder no sólo está dispuesto a escucharlo sino que desea su perspectiva, entonces recuerde: le toca ser un embudo, no un filtro. Dé la información sin «colorear la situación». de manera que el impacto fuera menor. Los buenos líderes desean la verdad, aun si duele.

—*Líder de 360°*

Sea audaz, comience de a poco, y con diplomacia dígale a su líder lo que él necesita escuchar.

HAGA UNA BUENA LECTURA DE LAS COSAS

La gente que nació con una capacidad de liderazgo natural es especialmente fuerte en el área de la intuición de liderazgo. Otros tienen que hacer un gran esfuerzo para desarrollarla y pulirla. Pero independientemente de cómo se produzca, la intuición es el resultado de dos cosas: la combinación de la habilidad natural, que se haya en las áreas fuertes de una persona, y las destrezas aprendidas. Esta intuición informada hace que los asuntos del liderazgo salten a la vista de un líder en una manera única.

Los líderes son intérpretes de su situación. En toda clase de circunstancias, los líderes retoman detalles que otros no ven. No necesitan mirar estadísticas, leer reportes o examinar una hoja de balance. Conocen la situación antes de tener todos los hechos.

Los líderes son intérpretes de sus recursos. Su enfoque es movilizar a las personas y reforzar los recursos para lograr sus metas más que utilizar sus propios esfuerzos.

Los líderes son intérpretes de las tendencias. Su intuición les dice que algo está sucediendo, que las condiciones están cambiando y que el problema o la oportunidad se están acercando. Se fijan con anticipación en años y hasta en décadas.

Los líderes son intérpretes de las personas. Interpretar a las personas es quizás la habilidad intuitiva más importante que los líderes pueden poseer. Después de todo, si lo que usted está haciendo no involucra a las personas, entonces no es liderazgo. Y si no puede persuadir a las personas para que le sigan entonces no está dirigiendo.

Los líderes son intérpretes de sí mismos. Los líderes no sólo deben saber cuales son sus puntos fuertes y sus puntos ciegos, sus destrezas y debilidades, sino también su estado de ánimo mental actual. ¿Por qué? Porque los líderes pueden obstaculizar el progreso tan fácilmente como lo pueden ayudar a crear.

—*Las 21 leyes irrefutables del liderazgo*

¿QUÉ DEBE USTED APRENDER A LEER MEJOR PARA MEJORAR
SU INTUICIÓN COMO LÍDER?

LIDERAZGO QUE RECOMPENSA

El psicólogo en educación E. L. Thorndyke trabajó en la modificación de la conducta al concluir el siglo. Eso lo llevó a descubrir lo que denominó la Ley del Efecto, que se simplifica de esta manera: «Las conductas recompensadas de inmediato se incrementan en frecuencia; las conductas castigadas de inmediato decrecen en frecuencia».

Hace algunos años desarrollé una lista de conductas y cualidades que espero del personal de mi organización, y decidí recompensar esas conductas. Lo llamo el programa RIEP:

> **R**ecompensas
> **I**ndicadoras de las
> **E**xpectativas del
> **P**ersonal

En otras palabras, decidí premiar a los miembros del personal para señalar que estaban cumpliendo o excediendo las expectativas. Las cualidades que valoro y recompenso más ampliamente son: actitud positiva, lealtad, crecimiento personal, reproducción de liderazgo y creatividad. Sepa usted que el crecimiento personal está en la lista. Descubrirá que cuando haya instalado un sistema de recompensas positivas por el logro de metas adecuadas, sus empleados se convertirán en sus mejores administradores y se desarrollarán como líderes.

—Desarrolle los líderes que están alrededor de usted

RECOMPENSE A LOS MIEMBROS DE SU EQUIPO SEGÚN LAS CUALIDADES QUE USTED VALORE.

DÉ UNA VENTAJA AL EQUIPO

En esencia el liderazgo es como una ventaja continua para el equipo. Los líderes ven más lejos que sus compañeros de equipo. Ven las cosas más rápidamente que ellos. Saben lo que va a suceder y pueden anticiparlo. En consecuencia, hacen que el equipo se mueva con antelación en la dirección adecuada, y por lo tanto que se encuentre en posición de ganar. Hasta un corredor regular puede ganar una carrera de cien metros contra un velocista de talla mundial, si le dan cincuenta metros de ventaja.

Mientras más grande sea el desafío, más grande es la necesidad de que el liderazgo provea muchas ventajas. Y mientras más líderes desarrolle un equipo, más grandes se vuelven las ventajas que el liderazgo provee.

En los deportes es fácil ver la ventaja que el liderazgo provee, pero el poder del liderazgo se transfiere a todos los campos. El negocio manejado por un buen líder encuentra a menudo su mercado antes que sus rivales, aunque estos tengan mayor talento. La organización sin fines de lucro dirigida por líderes fuertes recluta más personas, las capacita para liderar, y en consecuencia sirve a mayor cantidad de personas. Incluso en un área técnica como la ingeniería o la construcción el liderazgo es invaluable para garantizar que el equipo tenga éxito.

—*Las 17 leyes incuestionables del trabajo en equipo*

PREPARE A LOS JUGADORES DEL EQUIPO
PARA QUE SEAN MEJORES LÍDERES.

CONTROLE SUS PALABRAS

Dav`d McKinley, un líder de 360° de una gran organización en Plano, Texas, me contó sobre algo que le pasó en su primer trabajo después de graduarse de la Universidad. Él se disponía a hacer una visita importante y pensó que sería bueno que su jefe estuviera con él. Cuando ellos llegaron allí, David, en su entusiasmo, no dejó de hablar. Él no le dio a su líder ninguna posiblidad de hablar.

Cuando regresaron al auto, el jefe de David le dijo: «Pude haberme quedado en la oficina». David me dijo:

«Aprendí una enorme lección ese día acerca de "mantenerme dentro de los límites" cuando estaba con mi jefe. Su consejo honesto y su corrección reforzaron nuestra relación y me han servido bien en muchas áreas de mi vida». Si usted tiene algo que vale la pena decir, dígalo brevemente y bien. Si no, a veces es mejor quedarse callado.

—*Líder de 360°*

SEPA CUÁNDO EXPRESAR SU OPINIÓN Y CUÁNDO SÓLO OBSERVAR.

AGOSTO

1. La integridad es un arduo logro
2. Trabajando en la oscuridad
3. Enfóquese en el presente
4. Sea parte de la visión
5. Perfecciónese cada vez más
6. Comprométase a pagar el precio del cambio
7. El equipo en primer lugar
8. La integridad ayuda a construir una reputación sólida
9. Quite la mirada del espejo
10. Deje de tomarse con tanta seriedad
11. Una lista para el cambio
12. La creencia determina las expectativas
13. Establezca prioridades en su vida conforme a su pasión
14. Concéntrese en los beneficios de concluir con una tarea
15. Tenga éxito con personas difíciles
16. Controle su pensamiento
17. Haga por los demás lo que ellos no pueden hacer por sí mismos
18. Enfóquese en la solución
19. Es sólo una práctica
20. La imagen correcta del éxito
21. Ponga a los demás en el primer lugar de sus pensamientos
22. Divida tareas grandes en tareas más pequeñas
23. Iniciativa
24. Pregúntese: ¿*Soy realmente una persona dispuesta a aprender?*
25. Enfóquese en el panorama general
26. Presente a otras personas
27. Los líderes amplían los límites
28. Integridad
29. Esté dispuesto a pagar el precio
30. No subestime el proceso
31. Sea más altruista

LA INTEGRIDAD ES UN ARDUO LOGRO

La integridad no es un hecho dado en la vida de todo ser humano. Es el resultado de autodisciplina, confianza interna, y una decisión de actuar con una honestidad inexorable en todas las situaciones de la vida. Desafortunadamente, en el mundo actual la firmeza de carácter es una cualidad rara. Como resultado, existen pocos ejemplos contemporáneos de integridad. Nuestra cultura ha producido pocos héroes perdurables, pocos modelos de virtud. Nos hemos convertido en una nación de imitadores, pero hay pocos líderes dignos de imitar.

El significado de integridad se ha desgastado. Suelte esa palabra en las conversaciones en Hollywood, Wall Street, aun de Main Street y a cambio sólo recibirá miradas de asombro. Para la mayoría de la gente, la palabra evoca puritanismo o estrechez mental. En una era en la que se manipula el significado de las palabras, los valores fundamentales tales como integridad pueden ser pulverizados de la noche a la mañana.

La integridad es antitética al espíritu de nuestra época. La filosofía de vida que predomina y que guía nuestra cultura gira alrededor de una mentalidad materialista de consumo. La apremiante necesidad del momento reemplaza a la consideración de valores que tienen repercusión eterna.

Billy Graham dijo: «La integridad es el pegamento que sostiene nuestra manera de vivir como un todo». Debemos luchar siempre por mantener intacta nuestra integridad.

—Desarrolle el líder que está en usted

**¿ESTÁ USTED DISPUESTO A SER UNA PERSONA
ÍNTEGRA A TODA COSTA?**

TRABAJANDO EN LA OSCURIDAD

Tengo en alta estima la importancia del liderazgo. Creo que eso es obvio para alguien que tiene el lema: «Todo se levanta o recae en el liderazgo». Ocasionalmente alguien me preguntará cómo encaja el ego en la ecuación del liderazgo. Quieren saber lo que hace que un líder no tenga un gran ego. Creo que la respuesta yace en el sendero que el líder ha tomado hacia el liderazgo. Si las personas han pagado sus cuotas y dan lo mejor de sí en el anonimato, el ego generalmente no es un problema.

Uno de mis ejemplos favoritos ocurrió en la vida de Moisés en el Antiguo Testamento. Aunque nació siendo hebreo, vivió una vida de privilegios en el palacio de Egipto hasta que tenía 40 años. Pero luego de matar a un egipcio, fue exiliado al desierto por otros 40 años. Dios lo utilizo allí como pastor y como padre, y luego de cuatro décadas de servicio fiel en el anonimato, Moisés fue llamado al liderazgo. La Escritura nos dice que para ese momento era el hombre más manso en la Tierra. Bill Purvis, pastor de una gran iglesia en Columbus, Georgia dijo: «Si usted hace lo que puede, con lo que tiene, donde se encuentre, entonces Dios no lo dejará donde se encuentra y aumentará lo que usted tiene».

La escritora, novelista y poeta Emily Bronte dijo: «Si pudiera trabajaría siempre en silencio y en anonimato para que mis esfuerzos sean conocidos por los resultados». No todos quieren estar fuera de la «cámara», como ella. Pero es importante que un líder aprenda a trabajar en el anonimato ya que es una prueba de integridad personal. La clave es estar dispuesto a hacer algo porque es importante, no porque usted será notado.

—Líder de 360°

DÉ LO MEJOR DE SÍ, SIN IMPORTAR SI ALGUIEN LO ESTÁ OBSERVANDO.

ENFÓQUESE EN EL PRESENTE

Al igual que usted debe mantenerse sin pensar en el pasado, tampoco debe enfocarse en el futuro. Si siempre está pensando en el mañana, nunca va a lograr nada hoy. Su enfoque necesita mantenerse en el área donde tiene algo de control, lo irónico es que si se enfoca en el hoy tendrá un mejor mañana.

Intento hacer ciertas cosas cada día que me ayudan en esta área. Leo diariamente para desarrollar mi vida personal. Escucho a otras personas diariamente para ampliar mi perspectiva. Dedico tiempo a pensar diariamente y a aplicar lo que estoy aprendiendo. Trato de escribir diariamente para que pueda recordar lo que he aprendido. Trato de compartir esas lecciones a otras personas. (Las lecciones de hoy se convertirán en los libros de mañana.) Cada día leo en voz alta la lista de la docena diaria de mi libro *Hoy es importante* que me ayuda a enfocarme y a tener la mentalidad correcta.

Usted debe hacer algo similar. No puede cambiar el ayer, tampoco puede contar con el mañana, pero puede escoger lo que hace hoy. Si se enfoca en ello obtendrá dividendos.

—El talento nunca es suficiente

ENFÓQUESE EN EL HOY Y COSECHE LOS BENEFICIOS MAÑANA.

SEA PARTE DE LA VISIÓN

¿Cuál es la visión de su equipo? Usted se sorprendería de cuántos individuos son parte de un grupo de personas que laboran juntas, pero que no
saben con claridad por qué lo hacen. Por ejemplo, ese era el caso cuando llegué
a dirigir la iglesia Skyline en el área de San Diego. El consejo de la iglesia se
componía de doce personas. Cuando nos reunimos por primera vez pedí a cada
una que expresara la visión de la iglesia y obtuve ocho respuestas diferentes. ¡Un
equipo no puede ir adelante con confianza si no tiene una brújula que indique
el norte!

Como miembro de su equipo usted necesita un entendimiento claro de
su visión. Si el equipo no tiene visión, entonces ayúdelo a desarrollar una. Si
el equipo ya encontró su brújula y su rumbo, entonces usted debe examinarse
personalmente a la luz de eso para asegurarse de que se corresponden bien. Si
no es así, tanto usted como sus compañeros de equipo se frustrarán. Y quizás a
todos les caiga bien un cambio.

—*Las 17 leyes incuestionables del trabajo en equipo*

PÍDALES A LOS MIEMBROS DE SU EQUIPO QUE DEFINAN
LA VISIÓN DE LA ORGANIZACIÓN PARA ASEGURARSE
DE QUE TODOS PIENSEN DE LA MISMA MANERA.

PERFECCIÓNESE CADA VEZ MÁS

No tiene nada de insigne ser superior a alguien; progreso es ser superior a su yo anterior. ¿Es esto algo por lo que usted se esfuerza? ¿Trata de ser mejor de lo que fue el año pasado, el mes pasado o la semana pasada? George Knox tenía razón cuando dijo: «Cuando deja de ser mejor, deja de ser bueno».

Para practicar el mejoramiento personal . . .

Conviértase en una persona fácil de enseñar. El orgullo es un serio enemigo del mejoramiento personal. Durante un mes —y siempre que le sea posible— asuma los diversos papeles del alumno. En las reuniones donde hay personas que piden consejo, en lugar de hablar, escuche. Desarrolle una nueva disciplina aunque lo haga sentirse incómodo. Y pregunte cada vez que no entienda algo. Adopte la actitud de alguien que está aprendiendo, no la de un experto.

Planifique su progreso. Decida cómo va a aprender en dos niveles. Primero, escoja una área en la que quiera mejorar. Planifique qué libros va a leer, a qué conferencias va a asistir y a qué expertos va a entrevistar en los próximos seis meses. Segundo, busque momentos para aprender cada día de modo que no pase un día sin experimentar progreso de alguna clase.

Coloque el mejoramiento personal por encima de la promoción personal. El rey Salomón dijo: «Que la instrucción y el conocimiento signifiquen para ti más que la plata y el oro más fino. La sabiduría vale mucho más que las joyas o cualquiera cosa que desees». Que su próxima acción esté basada en cómo lo mejorará personalmente en lugar de cómo lo beneficiará financieramente.

—Las 17 cualidades esenciales de un jugador de equipo

¿QUÉ ESTÁ HACIENDO EN CONCRETO PARA PERFECCIONARSE
CONTINUAMENTE?

COMPROMÉTASE A PAGAR EL PRECIO DEL CAMBIO

El dramaturgo y guionista estadounidense Sidney Howard destacó: «La mitad de saber lo que quiere es saber lo que debe sacrificar antes de obtenerlo». El cambio siempre le cuesta algo, si no es monetario, entonces es tiempo, energía y creatividad. De hecho, si el cambio no le cuesta nada, ¡entonces no es un verdadero cambio!

Al considerar cómo hacer los cambios que se necesitan para mejorar y crecer, es importante calcular el costo del cambio comparado con el costo de la condición actual. Tiene que estar preparado. Eso a menudo marca la diferencia entre

cambio = crecimiento

y

cambio = dolor.

¿Qué le van a costar realmente los cambios que desea?

El experto en administración Tom Peters brinda una perspectiva sobre esto. Él sugiere: «No haga tambalear el barco. Húndalo y comience de nuevo». Si desea ser creativo y hacer algo realmente innovador, eso es lo que a veces hay que hacer. Debe destruir lo viejo para crear algo nuevo. No puede dejar que la idea de cambiar te paralice.

—Lo que marca la diferencia

¿ES ESO QUE USTED DESEA DIGNO DE TODO AQUELLO
A LO QUE DEBE RENUNCIAR PARA OBTENERLO?

EL EQUIPO EN PRIMER LUGAR

Los que se distinguen desarrollando líderes piensan en el bienestar del equipo antes que en el de ellos mismos. Bill Russell fue un jugador de básquetbol dotado. Muchos lo consideran uno de los mejores en la historia del baloncesto profesional. Russell observó: «La medida más importante de cuán bien jugaba un partido era cuánto mejoraba el juego de mis compañeros». Esa es la actitud necesaria para convertirse en un gran reproductor de líderes, el equipo tiene que ser primero.

¿Se considera un colaborador del equipo? Responda a cada una de las siguientes preguntas para ver cuál es su posición en cuanto a la promoción del bienestar del equipo:

1. ¿Añado valor a los demás?
2. ¿Añado valor a la organización?
3. ¿Estoy dispuesto a conceder el crédito cuando las cosas salen bien?
4. ¿Añade nuestro equipo nuevos miembros de manera coherente?
5. ¿Uso mis jugadores del «banco» (las reservas) tanto como puedo?
6. ¿Toman muchas personas, en el equipo, decisiones importantes y coherentes?
7. ¿Es el énfasis de nuestro equipo crear victorias más que producir estrellas?

Si respondió negativamente a unas cuantas de estas preguntas, es posible que desee revaluar su actitud con el equipo. Se dice que: «El verdadero líder es aquel que está dispuesto a desarrollar personas al punto de que al fin y al cabo lo superen en conocimiento y habilidad». Esa debería ser su meta al multiplicar su influencia y desarrollar líderes.

—Seamos personas de influencia

DESARROLLE UN ESTILO DE VIDA CUYO OBJETIVO
SEA EMPODERAR LÍDERES. PÓNGALOS EN PRIMER LUGAR.

LA INTEGRIDAD AYUDA A CONSTRUIR UNA REPUTACIÓN SÓLIDA

Imagen es lo que la gente piensa que somos. Integridad es lo que realmente somos.

Dos señoras de edad caminaban por el cementerio que circundaba a una iglesia en Inglaterra, y llegaron a una tumba. El epitafio decía: «Aquí yace John Smith, un político y un hombre honrado».

«¡Dios mío!», dijo una señora a la otra, «¿no es horroroso que hayan puesto dos personas en la misma tumba?»

Sin lugar a dudas, todos hemos conocido a personas que no eran lo que aparentaban. Lamentablemente, muchos se han dedicado más a labrar su imagen que su integridad, no entienden cuando de repente «caen». Aun los amigos que pensaban conocerlos resultan sorprendidos.

La respuesta a las siguientes preguntas determinará si está construyendo una imagen o la integridad.

- Constancia: ¿Es usted la misma persona, no importa quién esté con usted? Sí o no.
- Decisiones: ¿Toma decisiones que son las mejores para los demás, aun cuando otra decisión podría beneficiarle a usted? Sí o no.
- Crédito: ¿Está siempre dispuesto a dar reconocimiento a las personas que se han esforzado y contribuido para que usted alcance el éxito? Sí o no.

Thomas Macauley dijo: «La medida del verdadero carácter de un hombre es lo que él haría si nunca lo encontraran». La vida es como un tornillo, a veces nos aprieta. En esos momentos de presión se descubrirá lo que está dentro de nosotros. No podemos dar lo que no tenemos. La imagen promete mucho pero produce poco. La integridad nunca desilusiona.

—Desarrolle el líder que está en usted

¿LE PREOCUPA MÁS SU IMAGEN O SU INTEGRIDAD?

QUITE LA MIRADA DEL ESPEJO

El principio de la perspectiva dice: «Toda la población del mundo, con una pequeña excepción, está compuesta por los demás seres humanos». Si usted nunca ha visto la vida de esa forma, entonces es momento de que lo intente. No he conocido a nadie que sepa ganarse a los demás que no haya perfeccionado la capacidad de dejar de mirarse en el espejo y servir a los otros con dignidad.

La investigación psicológica demuestra que las personas están mejor equilibradas y tienden a sentirse satisfechas si sirven a los demás. Servir a los demás cultiva la salud y trae felicidad. La gente ha sabido eso instintivamente desde hace siglos, mucho antes que la ciencia de la psicología se desarrollara formalmente. Por ejemplo, fíjese en la sabiduría (y el humor) que se encuentra en este proverbio chino:

Si quieres felicidad por una hora, toma una siesta.
Si quieres felicidad por un día, ve a pescar.
Si quieres felicidad por un mes, cásate.
Si quieres felicidad por un año, hereda una fortuna.
Si quieres felicidad para toda la vida, ayuda a los demás.

Usted puede *ayudarse* si ayuda a los demás. Recuerde eso y le ayudará a quitar sus ojos del espejo.

— 25 maneras de ganarse a la gente

**ABRA HOY SUS OJOS A QUIENES ESTÁN A SU ALREDEDOR Y
ATIÉNDALOS COMO CORRESPONDE.**

DEJE DE TOMARSE CON TANTA SERIEDAD

En mis seminarios, trabajo con una gran cantidad de líderes. He encontrado que muchos se toman demasiado en serio. Por supuesto, ellos no son los únicos. A cada momento en mi vida me encuentro con personas que tienen demasiadas rimbombancias en sus actitudes. Necesitan alivianarse un poco. No importa cuán importante sea su trabajo, no hay razón para tomarse demasiado en serio.

La mayoría de nosotros nos creemos más importantes de lo que realmente somos. Les dije que el día que me muera, uno de mis buenos amigos pastores hará un hermoso elogio y contará historias divertidas de mí, pero veinte minutos más tarde la cosa más importante que tendrá en mente será encontrar la ensalada de papas en la comida que se dará en mi memoria. Necesitamos tener un sentido del humor respecto de estas cosas, especialmente si trabajamos con personas. El comediante Víctor Borge lo resume así: «La risa es la distancia más corta entre dos personas».

—El lado positivo del fracaso

No se tome con tanta seriedad;
reconozca que la risa genera resiliencia.

UNA LISTA PARA EL CAMBIO

La ley 19 en el libro *Las 21 leyes irrefutables de liderazgo* declara: «Cuando ser un líder es tan importante como qué hacer y dónde ir». Yo preparé la siguiente lista para ayudarme a pasar por el proceso:

- ¿Beneficiará esto a los seguidores?
- ¿Es este cambio compatible con el propósito de la organización?
- ¿Es este cambio específico y claro?
- ¿Está el primer veinte por ciento (los influyentes) a favor de este cambio?
- ¿Es posible probar este cambio antes de comprometerme totalmente a ello?
- ¿Están a la disposición los recursos físicos, financieros y humanos para llevar a cabo este cambio?
- ¿Es este cambio reversible?
- ¿Es este cambio el siguiente paso evidente?
- ¿Tiene este cambio beneficios a corto y largo plazo?
- ¿Es el liderazgo capaz de producir este cambio?
- ¿Indica todo lo demás que es el momento correcto?

Antes de implementar un cambio grande, examino esta lista y contesto cada pregunta con un sí o un no. Si demasiadas preguntas reciben un no a su costado, entonces concluyo que el momento no es el correcto.

—Lo que marca la diferencia

PONGA MÁS ATENCIÓN EN EL MOMENTO APROPIADO PARA TOMAR
LAS DECISIONES ADECUADAS, NO SOLAMENTE EN TOMARLAS.

LA CREENCIA DETERMINA LAS EXPECTATIVAS

Si quiere que su talento se eleve a un nivel más alto, no empiece a enfocarse en su talento. Comience dominando el poder de su mente. Sus creencias controlan todo lo que hace. El logro es más que una cuestión de esforzarse o de ser más listo. También es una cuestión de creer de manera positiva. Alguien lo llamó el síndrome de la «seguridad» Si espera fracasar, con seguridad lo hará. Si espera tener éxito, con seguridad lo hará. Será externamente lo que cree de sí internamente.

Los triunfos personales comienzan con un cambio en lo que cree. ¿Por qué? Porque sus creencias determinan sus expectativas, y sus expectativas determinan sus acciones. Una creencia es un hábito de la mente en el cual la confianza se convierte en una convicción que abrazamos. A la larga, una creencia es más que una idea que una persona posee. Es una idea que posee a la persona. Necesita esperar tener éxito. ¿Significa eso que siempre lo logrará? No. Fracasará, cometerá errores; pero si espera triunfar, su talento se aprovechará al máximo y seguirá intentando.

El abogado Kerry Randall dijo: «En contraste a la opinión popular, la vida no mejora por azar, la vida mejora al cambiar. Y este cambio siempre sucede de manera interna, es un cambio de pensamiento que crea una mejor vida». Tiene que hacer que la confianza en sí mismo sea una prioridad. Necesita poner al principio de su lista: su potencial, a sí mismo, su misión y a su prójimo. El presidente Franklin Delano Roosevelt afirmó: «El único límite a lo que realicemos mañana serán las dudas que tengamos hoy». No permita que las dudas causen que su esperanza expire.

—El talento nunca es suficiente

¿EN QUÉ MANERA SUS CREENCIAS AFECTAN SUS EXPECTATIVAS?

ESTABLEZCA PRIORIDADES EN SU VIDA CONFORME A SU PASIÓN

Las personas que tienen pasión pero no tienen prioridades son como aquel individuo que se encuentra en el bosque en una cabaña solitaria durante una noche fría y nevada; que enciende varias velas pequeñas alrededor de la sala, pero las velas no crean suficiente luz para ayudarlo a ver, ni tampoco dan tanto calor como para mantenerlo caliente. Quizás lo único que hacen esas velas es que la sala parezca un poquito más agradable. Por otro lado, las personas que poseen prioridades pero no tienen pasión son como aquellas que ponen madera en la fogata, en la misma cabaña fría, pero nunca encienden un fuego. Sin embargo las personas que tienen pasión y prioridades son como aquellas personas que ponen madera, encienden el fuego y disfrutan la luz y el calor que produce.

A principio de la década de los setentas, me di cuenta de que mi talento y mi potencial podrían ser aprovechados al máximo si combinaba mi pasión con mis prioridades. Dedicaba demasiado tiempo a hacer tareas en las cuales no tenía ni talento ni pasión. Tuve que hacer un cambio, alinear aquello que me hacía sentir apasionado con lo que estaba haciendo. Eso causó una enorme diferencia en mi vida. No eliminó los problemas que tenía ni removió mis obstáculos, pero me capacitó para enfrentarlos con la mayor energía y entusiasmo. Por más de treinta años, he trabajado para mantener esa alineación de prioridades y de pasión. Y durante el proceso, he recordado la cita del periodista Tim Redmond, la cual coloqué en un lugar prominente durante todo un año: «Hay muchas cosas que atraen mis ojos, pero hay pocas que atraen mi corazón. Son ésas las que deseo buscar».

—El talento nunca es suficiente

ASEGÚRESE DE QUE SU PASIÓN Y SUS PRIORIDADES
ESTÉN EN LA MISMA LÍNEA.

CONCÉNTRESE EN LOS BENEFICIOS DE CONCLUIR CON UNA TAREA

Es extremadamente difícil tener éxito si siempre está retrasando las cosas. El deseo de dejar las cosas para después es el fertilizante que hace que las dificultades crezcan. Cuando toma demasiado tiempo para tomar la decisión sobre una oportunidad que se le presenta, con seguridad se le escapará. Para realizar un progreso efectivo en su área de talento o responsabilidad, no debe dedicar tiempo valioso a tareas innecesarias o sin importancia. Así que voy a suponer que si está dejando algo para después, ese algo debe ser necesario. (Si no es así, no lo retrase; sólo elimínelo.) Para poder sobrepasar ese obstáculo, enfóquese en lo que obtendrá cuando acabe. Si termina esa tarea ¿le traerá un beneficio financiero? ¿Podrá abrir las puertas para hacer algo que le gustaría? ¿Representa un hito en su desarrollo o la capacidad de poder completar algo más grande? Y por último ¿le ayudan de manera emocional? Si busca una razón positiva, muy probablemente la encontrará.

Una vez que encuentre esa idea, comience a caminar hacia adelante y a actuar de manera decisiva. El almirante de Estados Unidos, William Halsey, dijo: «Todos los problemas se hacen más pequeños si uno no los evita y al contrario, los confronta. Si toca un cardo de manera tímida, le picará pero si lo agarra fuertemente, sus espinas se romperán».

—El talento nunca es suficiente

DESECHE AQUELLAS COSAS QUE HA POSPUESTO
O HAGA ALGO AL RESPECTO.

TENGA ÉXITO CON PERSONAS DIFÍCILES

Las personas que trabajan en la parte inferior de una organización por lo general no deciden con quien trabajan. Como resultado, con frecuencia tienen que trabajar con personas difíciles. En contraste, las personas en la parte superior casi nunca tienen que trabajar con personas difíciles porque pueden escoger con quien trabajar. Si alguien con quien trabajan se pone difícil, lo despiden o lo cambian de posición.

Para los líderes intermedios, el camino es diferente. En parte pueden escoger, pero no tiene el control total. Tal vez no tengan la posibilidad de deshacerse de las personas difíciles pero pueden evitar trabajar con ellas. Pero los buenos líderes, aquellos que aprenden a dirigir a los líderes que los supervisan, que lideran lateralmente a sus compañeros, y que guían a sus subordinados, encuentran la forma de triunfar con las personas con las que es difícil trabajar. ¿Por qué lo hacen? Porque beneficia a la organización. ¿Cómo lo hacen? Se esfuerzan en encontrar un común denominador y en comunicarse con ellos. Y en lugar de poner a esas personas difíciles en su lugar, tratan de ponerse a sí mismos en el lugar de ellos.

—Líder de 360°

CONÉCTESE CON LAS PERSONAS DIFÍCILES;
BUSQUE MOTIVOS PARA QUERERLAS Y RESPETARLAS.

CONTROLE SU PENSAMIENTO

El poeta y novelista James Joyce dijo: «Su mente le devolverá exactamente lo que usted pone en ella». El mayor enemigo de los buenos pensamientos es la ocupación, y los líderes intermedios son por lo general la gente más ocupada en una organización.

Estimulé a mis lectores del libro *Piense para obtener un cambio*, a escoger un lugar para pensar, y les hablé de mi «silla de meditación» que tengo en mi oficina. No uso esa silla para nada más que no sea pensar. He descubierto desde la publicación del libro que no expliqué lo suficientemente bien cómo usar correctamente la silla de meditación. Gente en mis conferencias se me acercan y me dicen que ellos se sentaron en sus propias sillas de meditación y nada sucedió. Les explico que no me siento en aquella silla de meditación sin una agenda, como si creyera que una idea me va a caer del cielo. Lo que hago por lo general, es pensar en las cosas que he apuntado ya y que no pude reflexionar en ellas debido a lo ocupado del día. Tomo la lista, la pongo delante de mí, y dedico un buen rato a meditar en cada uno de los asuntos de esa lista. A veces evalúo una decisión que he hecho. A veces estudio detenidamente una decisión que tendré que hacer. A veces desarrollo una estrategia. En otros momentos trato de ser creativo para desarrollar una idea.

Quiero animarle a tratar de administrar su manera de pensar de esta manera. Si usted nunca lo ha hecho antes, usted se asombrará de los resultados. Y recuerde: Un minuto > una hora. Un minuto de meditación es, a menudo, más valioso que una hora de conversación o de trabajo inesperado.

—*Líder de 360°*

Organice un tiempo y un lugar en su vida para pensar.

HAGA POR LOS DEMÁS LO QUE ELLOS NO PUEDEN HACER POR SÍ MISMOS

El embajador y poeta Henry Van Dyke dijo: «Existe una ambición más noble que solamente llegar a ser grande en el mundo. Es agacharse y levantar a la humanidad para que ella sea más grande aun». ¡Qué gran perspectiva! Hacer por los demás lo que ellos no pueden hacer por sí mismos es realmente una cuestión de actitud. Yo creo que todo lo que he recibido debo compartirlo con los demás. Y ya que tengo una mentalidad llena de abundancia, no me preocupa que me quede sin nada. Entre más doy, parece que más recibo para poder seguir dando.

Sin importar qué tanto o qué tan poco tenga, usted tiene la capacidad para hacer por los demás lo que ellos no pueden hacer por sí mismos. La forma exacta de hacerlo dependerá de sus dones personales, sus recursos y su historia.

Hace casi veinticinco años, el profesor C. Peter Wagner del Seminario Teológico Fuller me invitó a hablarles a los pastores alrededor del país sobre el liderazgo. Él me puso por primera vez en una plataforma nacional y me dio la credibilidad que no poseía por mí mismo.

Pocas cosas son más valiosas para una persona preparada que una oportunidad. ¿Por qué? Porque las oportunidades aumentan nuestro potencial. Demóstenes, el gran orador de la Grecia antigua, dijo: «Las oportunidades pequeñas muchas veces son el comienzo de grandes empresas». Haga que las personas triunfen dándoles oportunidades y usted triunfará con ellas.

—*25 maneras de ganarse a la gente*

BRINDE A LOS DEMÁS PEQUEÑAS OPORTUNIDADES PARA EL ÉXITO; RECONOZCA Y RECOMPÉNSELOS DESPUÉS POR ESE ÉXITO.

ENFÓQUESE EN LA SOLUCIÓN

La mayoría de las personas pueden ver los problemas. Para eso no se requiere una habilidad o talento especial. Quien piense en términos de soluciones en lugar de problemas solamente puede ser alguien que marque la diferencia. Un equipo lleno de personas con esa mentalidad puede hacer muchas cosas.

Su tipo de personalidad, educación e historia personal pueden afectar su orientación a encontrarle solución a los problemas. Pero cualquier puede aprender a orientarse a las soluciones. Considere estas verdades reconocidas por todas las personas orientadas a las soluciones:

Los problemas son asunto de perspectiva. Los obstáculos, reveses y fracasos son simplemente parte de la vida. No puede evitarlos. Pero eso no significa que tiene que permitir que se transformen en problemas. Lo mejor que puede hacer es enfrentarlos con una mente orientada a la solución. Es sólo cuestión de actitud.

Todos los problemas tienen solución. Algunas de las personas que más se han destacado solucionando problemas han sido inventores. Charles Kettering, explicó: «Cuando era director de investigación de General Motors y quería que un problema se resolviera, ponía una mesa fuera del cuarto de reunión con un letrero que decía: "Deposite aquí su regla de cálculo". Si no lo hacía, alguien intentaría sacar su regla de cálculo. Entonces se pondría de pie y diría: "Jefe, eso no puede hacerse"». Kettering creía que todos los problemas podían solucionarse y ayudó a cultivar esa actitud en otros. Y si quiere ser una persona orientada a encontrar soluciones, tiene que estar también dispuesto a cultivar esta actitud.

Los problemas pueden hacer dos cosas: lo detienen o lo retan. Depende cómo los enfrente, le impedirán seguir adelante o lo harán esforzarse de tal manera que no sólo podrá vencerlos sino que en el proceso llegará a ser una persona mejor. Usted decide.

—*Las 17 cualidades esenciales de un jugador de equipo*

¿LOS PROBLEMAS LO DETIENEN O LO HACEN SUPERARSE?

ES SÓLO UNA PRÁCTICA

En *Las 17 leyes incuestionables del trabajo en equipo* escribí acerca del pionero de la aviación, Charles Lindbergh y mencioné que aun el vuelo que ejecutó solo a través del Océano Atlántico fue en realidad un trabajo de equipo ya que tenía el respaldo de nueve empresarios de St. Louis y la ayuda de la compañía de Aeronáutica Ryan que construyó su avión. Pero esto no le resta méritos a su esfuerzo personal. Durante más de treinta y tres horas voló solo y cubrió la increíble distancia de 3600 millas.

Esta no es la clase de tarea que una persona sale simplemente y la hace. Hay que trabajar hasta llegar a ella. ¿Cómo lo hizo Lindbergh? Una historia de su amigo Frank Samuels nos da una perspectiva del proceso. En los años de 1920, Lindbergh acostumbraba llevar correspondencia por aire desde St. Louis. Ocasionalmente iba a San Diego para verificar cómo iba la construcción de su avión, el *Espíritu de St. Louis*. A veces Samuels iba con él, y los dos pasaban la noche en un pequeño hotel. Una noche Samuels despertó poco después de la medianoche y se dio cuenta que Lindbergh estaba sentado frente a la ventana, observando las estrellas. Aquel había sido un largo día, de modo que Samuels le preguntó:

—¿Qué estás haciendo ahí sentado a estas horas?

—Sólo practicando —respondió Lindbergh.

—¿Practicando qué?

—Cómo permanecer despierto toda la noche.

Cuando pudo haber estado disfrutando de un bien merecido descanso, Lindbergh hacía un esfuerzo para mejorar su persona. Esta fue una inversión que pagó buenos dividendos y lo mismo puede ocurrirle a usted.

—Las 17 cualidades esenciales de un jugador de equipo

¿A QUÉ COSAS ESTÁ RENUNCIANDO PARA MEJORARSE A SÍ MISMO?

LA IMAGEN CORRECTA DEL ÉXITO

No hay dos personas que tengan la misma imagen de lo que es el éxito porque hemos sido creados diferentes, somos individuos únicos. Sin embargo, el proceso es el mismo para todos. Se basa en principios que no cambian. Después de más de veinticinco años de conocer a gente exitosa y de estudiar el tema, he definido el éxito de la siguiente manera:

Éxito es . . .

+ Conocer su propósito en la vida,
+ crecer para alcanzar su máximo potencial, y
+ sembrar semillas que beneficien a los demás.

Con esta definición puede ver por qué el éxito es más un viaje que un destino. No importa cuánto viva ni lo que haya decidido hacer en la vida, nunca agotará la capacidad de crecer en pos de su potencial ni agotará las oportunidades de ayudar a otros. Cuando ve el éxito como un viaje, nunca tendrá el problema de tratar de «llegar» a un engañoso destino final. Y nunca se encontrará en una posición donde haya alcanzado una meta, solo para descubrir que aún está insatisfecho y buscando algo más que hacer.

Otro beneficio de enfocarse en el viaje del éxito en lugar de en llegar a un destino o en lograr una meta es que tiene el potencial de ser exitoso *hoy*. Usted alcanza el éxito en el mismo momento en que hace el cambio para descubrir su propósito, crecer en su potencial y ayudar a otros. Usted es exitoso *ahora mismo*, no es algo que espera lograr algún día.

—El mapa para alcanzar el éxito

PARA USTED, ¿EL ÉXITO ES UN DESTINO O UN VIAJE?

PONGA A LOS DEMÁS EN EL PRIMER LUGAR DE SUS PENSAMIENTOS

Cuando conoce a alguien, ¿es su primer pensamiento sobre lo que van a pensar de usted, o cómo podría hacerles sentir más cómodos? En el trabajo, ¿trata de hacer que sus compañeros o sus empleados luzcan bien, o está preocupado en asegurarse de recibir su cuota de crédito? Cuando alterna con miembros de su familia, ¿cuáles son los mejores intereses que tiene en mente? Sus respuestas mostrarán dónde está su corazón. Para añadir valor a los demás tiene que empezar poniendo a los demás antes que usted en su mente y corazón. Si puede hacerlo, entonces podrá ponerlos primero en sus acciones.

¿Cómo podría alguien añadir valor a los demás si no sabe de lo que aquellas personas tienen necesidad? Escuche a la gente. Pregúnteles por las cosas que son importantes para ellos, y obsérvelos. Si puede descubrir cómo la gente gasta su tiempo y su dinero, conocerá sus valores.

Una vez que conozca las cosas que les interesan a las personas, esfuércese por satisfacer sus necesidades con excelencia y generosidad. Ofrezca lo mejor de usted sin pensar en la retribución. El presidente Calvin Coolidge creía que «ninguna empresa puede existir únicamente para sí misma. Atiende algunas grandes necesidades y lleva a cabo importantes servicios no para sí, sino para otros; si dejara de hacer esto se transformaría en improductiva y dejaría de existir».

—*El lado positivo del fracaso*

PONGA HOY A LOS DEMÁS EN EL PRIMER LUGAR DE SU MENTE
Y DE SU CORAZÓN.

DIVIDA TAREAS GRANDES EN TAREAS MÁS PEQUEÑAS

Muchas veces las grandes tareas abruman a las personas y eso es un problema porque las personas abrumadas raramente toman la iniciativa. Esta es mi sugerencia para que divida ese objetivo intimidante en partes más fáciles de manejar:

Divídalo por categorías. La mayoría de los grandes objetivos son complejos y pueden ser divididos en pasos y funciones. Comience descubriendo qué juego de destrezas necesita para lograr esas tareas más pequeñas.

Deles prioridad por importancia. No sea motivado de acuerdo a la urgencia. Cuando lo urgente, en lugar de lo importante, es su motivador, pierde todo sentido de iniciativa, y en lugar de activar su talento, se quita las mejores oportunidades para utilizarlo.

Ordénelo por secuencia. Dividir la tarea de acuerdo a sus categorías le ayuda a comprender lo que necesita para lograrlo. Darle prioridad e importancia le ayuda a comprender porqué necesita cada parte de ello. Ordenarlo por secuencia le ayuda a saber cuándo se necesita realizar cada una de esas partes. Defina periodos de expiración y adhiérase a ellos.

Asígnelo por habilidades. Debe responder específicamente a la pregunta del quién. Como líder, puedo decir que el paso más importante para lograr algo grande es determinar quién estará en el equipo. Asigne tareas a personas triunfadoras, deles autoridad y responsabilidad y el trabajo se realizará.

Logre su objetivo por medio del trabajo en equipo. Aunque divida una tarea, planee y reclute de manera estratégica personas especiales, todavía necesita un elemento más para tener éxito. Todos tienen que poder trabajar unidos. El trabajo en equipo es el ingrediente que conducirá al objetivo.

—*El talento nunca es suficiente*

DIVIDA UN OBJETIVO QUE LE RESULTE INTIMIDANTE PARA HACERLO MANEJABLE.

INICIATIVA

¿Es usted una persona de iniciativa? Está constantemente en la búsqueda de oportunidades? ¿O espera que estas vengan a usted? ¿Desea dar pasos basados en sus mejores instintos, o lo analiza todo hasta el cansancio? El antiguo presidente de la Chrysler, Lee Iacocca dijo: «Incluso la decisión correcta es equivocada si se hace demasiado tarde».

Para mejorar su iniciativa haga lo siguiente:

Cambie su actitud mental. Si carece de iniciativa, reconozca que el problema viene de adentro, no de los demás. Determine por qué duda en actuar. ¿Le teme a los riesgos? ¿Se desanima por fracasos pasados? ¿No ve el potencial que las oportunidades le ofrecen? Busque la fuente de su duda y enfréntela. No será capaz de avanzar hacia afuera mientras no avance en su interior.

No espere que las oportunidades toquen a su puerta. Las oportunidades no vienen a tocar a su puerta, usted tiene que salir a buscarlas. Eche mano de sus talentos, recursos y logros. Hacer esto le dará una idea de su potencial. Dedique cada día de una semana a buscar oportunidades ¿Dónde ve necesidades? ¿Quién necesita la ayuda de su experiencia? ¿Qué grupo no alcanzado de personas está prácticamente muriéndose por tener lo que usted tiene para ofrecer? Las oportunidades están en todas partes.

Dé el próximo paso. Una cosa es ver la oportunidad y otra es hacer algo. Como alguien ha dicho, todo el mundo tiene grandes ideas en la ducha, pero pocos salen, se secan y hacen algo al respecto. Escoja la mejor oportunidad que vea y llévela tan lejos como pueda. No se detenga sino hasta que haya hecho todo lo que pudo para realizarla.

—*Las 21 cualidades indispensables de un líder*

AYUDE A SU EQUIPO A APROPIARSE HOY DE ALGUNA OPORTUNIDAD.

PREGÚNTESE: *¿SOY REALMENTE UNA PERSONA DISPUESTA A APRENDER?*

Ni todo el consejo del mundo le ayudará si no tiene un espíritu con disposición de aprender.

Para saber si en verdad es abierto a las nuevas ideas y las nuevas formas de hacer las cosas, responda las siguientes preguntas:

1. ¿Estoy abierto a las ideas de los demás?
2. ¿Escucho más de lo que hablo?
3. ¿Estoy dispuesto a cambiar de opinión a base de nueva información?
4. ¿Admito fácilmente cuando me equivoco?
5. ¿Observo la situación antes de actuar en ella?
6. ¿Hago preguntas?
7. ¿Estoy dispuesto a hacer una pregunta que descubra mi ignorancia?
8. ¿Estoy abierto a hacer las cosas en una manera que nunca intenté antes?
9. ¿Estoy dispuesto a pedir direcciones?
10. ¿Me pongo a la defensiva cuando me critican o escucho abiertamente para la verdad?

Si respondió negativamente a una o más de esas preguntas, tiene espacio para crecer en el área de la disposición de aprender. Necesita suavizar su actitud y aprender humildad, y recuerde las palabras de John Wooden: «Todo lo que sabemos lo hemos aprendido de otra persona».

—El talento nunca es suficiente

SUAVICE SU ACTITUD, APRENDA A SER HUMILDE,
Y ESTÉ SIEMPRE DISPUESTO A APRENDER.

ENFÓQUESE EN EL PANORAMA GENERAL

Una noche de octubre de 1968, un grupo de espectadores perseverantes se quedó en el Estado Olímpico de la Ciudad de México para ver la llegada del último corredor del maratón. Más de una hora antes, Mamo Wolde de Etiopía había ganado la carrera, por lo que recibió los vítores de los espectadores. Pero a medida que la gente esperaba por los últimos participantes, iba oscureciendo y la temperatura bajaba.

Parecía que ya había llegado el último de los corredores, de manera que los espectadores comenzaron a retirarse, cuando de pronto oyeron sirenas y silbatos de la policía que venían de la puerta del maratón en el estadio. Y mientras todos observaban, el último corredor hizo su entrada en la pista para el último tramo de los cuarenta y dos kilómetros. Era John Stephen Akwhari de Tanzania. Mientras corría en la pista los últimos cuatrocientos metros, el público podía ver que su pierna estaba vendada y sangraba. Se había lesionado al caer durante la carrera, mas eso no lo había detenido. El público del estadio se puso de pie para aplaudirlo hasta que llegó a la meta.

Mientras se retiraba cojeando, le preguntaron por qué no se había rendido, si estaba lesionado y no tenía posibilidad de ganar una medalla. «Mi país no me envió a México para comenzar una carrera», respondió. «Me mandaron a terminar una carrera».

Akhwari miró más allá del dolor del momento y mantuvo su mira en el cuadro completo; en la razón por la que estaba allí. A medida que hace el viaje del éxito, recuerde que su meta es terminar la carrera, dar lo mejor de sus capacidades.

—El mapa para alcanzar el éxito

No sea hoy tan sólo un corredor;
llegue también a la meta.

PRESENTE A OTRAS PERSONAS

Mi padre, Melvin Maxwell ha hecho cosas increíbles por mí durante toda su vida. Una de las cosas que más me impresionó fue cuando me presentaba a hombres de gran reputación. Cuando era un adolescente, conocí a Norman Vincent Peale, a E. Stanley Jones y a otros grandes hombres de la fe. Y como había dicho que quería entrar al ministerio, mi padre les pidió a estos grandes predicadores que oraran por mí. No puedo expresar con palabras el impacto que aquello tuvo en mi vida.

Actualmente, con frecuencia estoy en una posición de hacer lo que mi padre hizo por mí. Me encanta presentar gente joven a mis héroes. Me encanta ayudar a las personas para que tengan contactos de negocios. Con frecuencia, hay momentos en que conozco a alguien y mientras conversamos, estoy pensando: «Tengo que presentar a esta persona a fulano de tal». Eso puede significar ir con esa persona hasta otra oficina, llamar a alguien en su nombre, o concertar una reunión. Hace varios años, estaba hablando con Anne Beiler, la fundadora de las galletas saladas (pretzels) Auntie Anne, y en la conversación salió que la fundadora de Chick-fil-A (una cadena de restaurantes en los Estados Unidos), Truett Cathy, era una de sus heroínas. Como yo conocía a Truett, me ofrecí a presentarlas y lo hice por medio de una cena para ellas en casa. Fue una gran noche.

Por favor, no piense que usted tiene que conocer a alguien famoso para ayudar a los demás en esta área. A veces es simplemente presentar un amigo a otro o a un socio de negocios con otro. Solamente hay que hacer las conexiones. Sea usted el puente de las relaciones entre los demás.

—25 maneras de ganarse a la gente

CONSTRUYA HOY UN PUENTE RELACIONAL PARA ALGUIEN.

LOS LÍDERES AMPLÍAN LOS LÍMITES

Las personas están entrenadas a seguir reglas desde que son niños: *Haga fila. Haga la tarea. Levante la mano para hacer una pregunta.* La mayoría de las reglas son buenas porque nos ayudan a no vivir en un caos. Y la mayoría de los procesos son gobernados con reglas. Si usted deja caer un ladrillo de un segundo piso, usted sabe que va a caer al suelo. Si usted olvida hacer la orden por más suministros, se le van a acabar las grapas. Causa y efecto, ni más ni menos.

Los administradores con frecuencia se apoyan en reglas para asegurarse que los procesos que supervisan se mantengan en línea. De hecho, la auto administración es básicamente tener la disciplina de seguir la reglas que uno se pone a sí mismo. Pero para ir más allá de la administración, tiene que aprender a pensar fuera de los límites.

Los líderes sobrepasan los límites. Ellos desean encontrar una mejor manera. Desean hacer mejoras. Quieren ver progreso. Todas estas cosas significan hacer cambios, abandonar viejas reglas, inventar nuevos procedimientos. Los líderes están constantemente preguntándose: «¿Por qué lo hacemos de esta forma?» O: «intentemos esto». Los líderes desean alcanzar nuevos territorios, y eso significa cruzar los límites.

—*Líder de 360°*

No tema romper con las tradiciones para progresar.

INTEGRIDAD

La integridad no es tanto lo que hacemos sino lo que somos. Y lo que somos, a su vez, determina lo que hacemos. Nuestro sistema de valores es una parte de nosotros que no podemos separar de nuestra personalidad. Viene a ser el sistema de navegación que nos guía. Permite establecer prioridades en la vida y sirve de patrón para juzgar lo que debemos aceptar o rechazar.

Todo ser humano experimenta deseos encontrados. Nadie, sin importar cuán «espiritual» sea, puede evitar esta batalla. La integridad es el factor que determina cuál prevalecerá. Luchamos todos los días con situaciones que demandan decisiones entre lo que queremos hacer y lo que debemos hacer. La integridad da origen a las reglas básicas para resolver estas tensiones. Determina quiénes somos y cómo responderemos aun antes de que aparezca el conflicto. La integridad amalgama el decir, el pensar y el actuar para formar una persona completa, de manera que no es permisible a ninguno de estos aspectos estar fuera de sincronía.

La integridad nos une interiormente y forja en nosotros un espíritu de contentamiento. No permitirá a nuestros labios violar el corazón. Cuando la integridad sea el árbitro, seremos congruentes; nuestra conducta reflejará nuestras creencias. No habrá discrepancia entre lo que parecemos ser y lo que nuestra familia sabe que somos, ya sea en tiempos de prosperidad o de adversidad.

La integridad no sólo es el árbitro entre dos deseos. Es el factor fundamental que distingue a una persona feliz de un espíritu dividido. Nos libera para ser personas completas, a pesar de lo que surja en el camino.

—Desarrolle el líder que está en usted

DEJE QUE SU INTEGRIDAD SEA EL ÁRBITRO EN EL PROCESO PERSONAL DE TOMA DE DECISIONES.

ESTÉ DISPUESTO A PAGAR EL PRECIO

Una y otra vez el éxito llega como consecuencia del sacrificio, esto es, la buena disposición de pagar el precio. Lo mismo se puede decir de un equipo ganador. Todo miembro del equipo debe estar dispuesto a sacrificar tiempo y energía para practicar y prepararse. Debe tener la voluntad de rendir cuentas. Debe estar dispuesto a sacrificar sus propios deseos y renunciar a parte de sí mismo por el éxito del equipo.

Todo depende del deseo y la dedicación de los individuos en favor del equipo. Esto vale tanto en los negocios como en los deportes. Incluso en la guerra. En una entrevista con David Frost, este preguntó al general Norman Schwarzkopf, comandante de las fuerzas aliadas en la Guerra del Golfo: «¿Cuál es la mayor lección que aprendió de todo esto?» Él respondió:

> Creo que hay una verdad fundamental en la milicia. Y es que usted puede tener en cuenta la correlación de fuerzas, puede ver la cantidad de tanques, puede ver la cantidad de aviones, puede ver todos esos elementos que la milicia podría colocar juntos. Pero a menos que el soldado en tierra o el piloto en el aire tengan deseos de ganar, que tengan fortaleza de carácter para ir a la lucha, que crean que su causa es justa y que tengan el apoyo de su país . . . el resto del asunto es irrelevante.

Sin la convicción en cada individuo de que la causa vale la pena, la batalla nunca se ganará y el equipo no tendrá éxito. Debe haber compromiso.

—Desarrolle los líderes que están alrededor de usted

¿SE COMPROMETE SÓLO CUANDO SE SIENTE A GUSTO,
O ESTÁ DISPUESTO A PAGAR EL PRECIO PARA AYUDAR
A SU EQUIPO A ALCANZAR EL ÉXITO?

NO SUBESTIME EL PROCESO

Cada año enseño liderazgo a miles de personas en numerosas conferencias. Una de mis más profundas preocupaciones siempre es que algunos volverán a casa después de la conferencia y nada cambiará en sus vidas. Disfrutan la actividad pero fallan en cuanto a poner en práctica las ideas que les han sido presentadas. Continuamente les digo: «Sobrestimamos el evento y subestimamos el proceso. Cada sueño realizado ocurrió gracias a la dedicación a un proceso». (Esa es una de las razones por las que escribo libros y creo programas en CD y DVD; así la gente puede involucrarse en el *proceso* resultante de crecimiento.)

De forma natural la gente tiende a la inercia. Esto es lo que hace que el mejoramiento propio sea una batalla tan dura, pero es también por lo que en el corazón de cada éxito yace la adversidad. El proceso de triunfar viene a través de fracasos reiterados y la lucha constante para llegar a un nivel más alto.

La mayoría de la gente acepta de mala gana que si quieren triunfar, tienen que hacerlo pasando a través de algún grado de adversidad. Tienen que reconocer que para progresar es necesario sufrir algún revés. Yo creo que el éxito viene si usted lleva ese pensamiento un paso más adelante. Para hacer realidad sus sueños, tiene que *aceptar* la adversidad y hacer de los fracasos una parte normal de su vida. Si no está teniendo fracasos, probablemente no está realmente avanzando en la vida.

—*El lado positivo del fracaso*

UTILICE LA ADVERSIDAD PARA MEJORARSE A SÍ MISMO
Y ESCALAR MÁS ALTO.

SEA MÁS ALTRUISTA

Si quiere ser un jugador que contribuya al éxito de su equipo, tiene que poner a los demás antes que usted. ¿Cómo se siente cuando tiene que pasar a un segundo plano? ¿Le molesta que otra persona reciba el crédito por un trabajo bien hecho? Si no está en el «cuadro de apertura» del equipo, ¿grita, pone mala cara o se rebela? Todas estas cosas son características de jugadores egoístas. Para convertirse en un jugador desinteresado . . .

Promueva a otro compañero. Si acostumbra hablar de sus logros y promoverse ante los demás, decida por dos semanas guardar silencio sobre su persona y alabar a los otros. Busque cosas positivas que decir acerca de las acciones y cualidades de otras personas, especialmente a sus superiores, familiares y amigos cercanos.

Asuma un papel secundario. La tendencia natural de la mayoría de las personas es tomar el mejor lugar y dejar a los demás que se las arreglen como puedan. Durante todo el día de hoy practique la disciplina de servir, dar el primer lugar a otros o asumir un papel secundario. Hágalo durante una semana y vea cómo esto afecta su actitud.

Dé secretamente. El escritor Juan Bunyan afirmó: «Usted no ha vivido exitosamente el día de hoy a menos que haya hecho algo por alguien que nunca podrá pagarle». Si da a otros en su equipo sin que lo sepan, no podrán retribuirle. Inténtelo. Haga de esto un hábito y verá que no podrá dejar de hacerlo.

—*Las 17 cualidades esenciales de un jugador de equipo*

EMPIECE HOY A CULTIVAR EL ALTRUISMO ELIGIENDO
ALGUNA DE LAS TRES ACCIONES DE LA LISTA CITADA MÁS ARRIBA.

SEPTIEMBRE

1. Si sus amigos no son amigos, haga nuevos amigos

2. Permita que los problemas sucedan

3. Festeje el éxito

4. Los líderes ponen el énfasis en lo intangible

5. Decida qué cosas no está dispuesto a cambiar

6. Saber escuchar

7. Comparta experiencias comunes

8. Una vez establecida la conexión, siga adelante

9. Haga algo más que elogiar

10. Halle la llave de sus corazones

11. La adversidad propicia la innovación

12. Confrontación

13. Oriéntese hacia la solución

14. Apoye la visión de su líder

15. Los problemas pueden hacerlo progresar

16. Trascendencia por sobre la seguridad

17. Poniendo la responsabilidad en práctica

18. Cuando las personas deben ser pacientes con usted

19. Contribuya con su granito de arena

20. Haga cosas junto con otros en equipo

21. Tratando con la manzana podrida

22. Cuando usted acompaña a otros

23. Escuche con el corazón

24. La adversidad es una fuente de motivación

25. El crecimiento de las personas equivale al crecimiento de la empresa

26. Perfeccione su tenacidad

27. Definiendo los problemas

28. Llegue al fondo del asunto

29. Comparta ideas

30. Cómo hacer crecer líderes que reproducen a otros líderes

SI SUS AMIGOS NO SON AMIGOS, HAGA NUEVOS AMIGOS

Si las personas cercanas a usted le están hundiendo, es tiempo que haga algunos cambios. El orador Joe Larson recalcó: «Mis amigos no creían que yo podía convertirme en un conferencista exitoso. Así que hice algo al respecto: fui y busqué nuevos amigos».

Cuando realmente lo piensa, las cosas que importan más en la vida son las relaciones que desarrollamos. Recuerde:

> Puede que construya una hermosa casa, pero después se derrumbará.
> Puede que desarrolle una gran carrera, pero algún día se acabará.
> Puede ahorrar una gran cantidad de dinero, pero no podrá llevarlo consigo.
> Puede que tenga una salud excepcional hoy, pero con el tiempo declinará.
> Puede sentirse orgulloso de sus logros, pero alguien le sobrepasará.
> ¿Se siente desanimado? No lo esté porque lo único que realmente importa y dura para siempre son sus amistades.

La vida es muy larga para pasarla con personas que le llevan en la dirección incorrecta, y muy corta para no invertir en los demás. Sus relaciones le definen, ellas influirán en su talento de una u otra forma. Escoja sabiamente.

—*El talento nunca es suficiente*

SI LA GENTE QUE ESTÁ EN SU ENTORNO NO AÑADE VALOR A SU VIDA, CONSIDERE LA POSIBILIDAD DE FORJAR NUEVAS AMISTADES.

PERMITA QUE LOS PROBLEMAS SUCEDAN

Hay un mundo de diferencia entre una persona que tiene un gran problema y una persona que hace de un problema algo grande. Durante varios años di entre veinte y treinta horas semanales de consejería. Pronto descubrí que las personas que venían a verme no eran forzosamente las que tenían los mayores problemas. Eran las que estaban conscientes de sus problemas y consideraban sus dificultades muy estresantes. Ingenuo al principio, trataba de arreglar sus problemas, sólo para descubrir que al salir de ellos entrarían a otros.

Un estudio de trescientas personas sumamente exitosas, como Franklin Delano Roosevelt, Helen Keller, Winston Churchill, Albert Schweitzer, Mahatma Gandhi y Albert Einstein indica que uno de cada cuatro tenía limitaciones tales como ceguera, sordera o parálisis. Tres cuartos habían nacido en la pobreza, venían de hogares destrozados, o por lo menos de situaciones familiares sumamente tensas o perturbadoras.

¿Por qué los triunfadores superaron los problemas, mientras miles de personas se sienten abrumadas por ellos? Porque rehusaron asirse de las excusas comunes para el fracaso. Transformaron los grandes escollos en pequeñas piedras sobre las cuales pisar para cruzar los ríos. Se dieron cuenta de que no podían determinar todas las circunstancias de la vida, pero podían determinar qué actitudes escoger frente a cada circunstancia.

El periódico *Los Angeles Times* publicó recientemente esta cita: «Si usted puede sonreír cuando cualquier cosa va mal, usted es un mentecato o un reparador». Yo añadiría: o un líder que se da cuenta de que el único problema que usted tiene es el que usted permite que sea problema debido a su reacción equivocada hacia él. Los problemas pueden detenerle temporalmente. Usted es el único que puede actuar permanentemente.

—Desarrolle el líder que está en usted

Aprenda a ver los problemas
como tropiezos temporarios.

FESTEJE EL ÉXITO

A veces la gente hace avances significativos sin siquiera darse cuenta de ello. ¿Alguna vez ha empezado a hacer dieta o ejercicio y después de un tiempo sintió que sus esfuerzos eran en balde, pero algún amigo le dijo lo bien que se veía? ¿Acaso no ha trabajado en un proyecto y sintió desánimo ante su progreso, pero un amigo se maravilló de lo mucho que había logrado? Esto es algo que inspira y motiva a trabajar todavía con más empeño. Si un amigo todavía *no* le ha expresado algo similar, tal vez necesite unos cuantos amigos nuevos, preferiblemente gente que practique el principio de la celebración.

Cuanto más cercanas sean las personas y más importante sea la relación, con mayor razón debería celebrar. Celebre de manera anticipada y frecuente con su cónyuge y sus hijos si tiene familia. Por lo general es fácil celebrar victorias en el trabajo o en un pasatiempo o deporte, pero las victorias más grandes en la vida son las que ocurren en casa.

Mi amigo Dan Reiland dice: «Un amigo de verdad nos anima y reta a hacer realidad nuestros mejores pensamientos, a honrar nuestros motivos más puros y a alcanzar nuestros sueños más importantes». Eso es lo que necesitamos hacer con la gente más importante en nuestra vida.

—Cómo ganarse a la gente

BUSQUE ALGO PARA FESTEJAR HOY CON UN AMIGO, COLEGA O INTEGRANTE DE SU FAMILIA.

LOS LÍDERES PONEN EL ÉNFASIS EN LO INTANGIBLE

Las cosas que las personas pueden administrar son generalmente tangibles y medibles. Proveen una evidencia concreta. Usted puede evaluarlas de manera lógica antes de tomar decisiones.

El liderazgo realmente es un juego de intangibles. ¿Qué podría ser más intangible que la influencia? Los líderes tratan con cosas como la moral, la motivación, el ímpetu, las emociones, las actitudes, la atmósfera, y el tiempo. ¿Cómo mide usted el tiempo antes de hacer algo? ¿Cómo sabe dónde está el ímpetu? Es algo muy intuitivo. Para medir tales cosas, uno tiene que analizarlas. Los líderes tienen que estar cómodos, más que eso, confiados, al tratar con tales cosas.

Muchas veces los problemas que los líderes enfrentan en las organizaciones no son los verdaderos problemas. Por ejemplo, digamos que un departamento ha sobrepasado su presupuesto en más de $100,000 al final de un trimestre. Su problema no es un problema de dinero. El déficit es sólo la evidencia del problema. El verdadero problema puede estar en la moral del equipo de ventas, o el tiempo de lanzamiento de un producto, o en la actitud del líder del departamento. Un líder necesita aprender a enfocarse en tales cosas.

—*Líder de 360°*

CONCÉNTRESE EN LOS INTANGIBLES.
LEA ENTRE LÍNEAS E IDENTIFIQUE LOS PROBLEMAS SUBYACENTES.

DECIDA QUÉ COSAS NO ESTÁ DISPUESTO A CAMBIAR

Tengo que admitir que soy un fanático del crecimiento personal. Hay pocas cosas que disfruto más que aprender algo nuevo; mi padre me introdujo a esto cuando era niño. Él en verdad me pagaba por leer libros que me ayudaban a aprender y crecer. Ahora tengo poco menos de sesenta años, y aún me gusta cuando me veo mejorar en un área en que me he enfocado para crecer. Pero con todo lo que me he dedicado al progreso, hay algunas cosas que no estoy dispuesto a cambiar —sin importar lo que se oponga— tales como mi fe y mis valores. Prefiero morir antes de abandonar mi fe en Dios o mi compromiso con la integridad, la familia, la generosidad y creer en la gente. Algunas cosas no se ponen en riesgo por ningún precio.

Quiero animarle a pensar en las cosas que no son negociables en su vida. ¿Por cuáles cosas está dispuesto a vivir o morir? Escriba las cosas a las que se aferra sin importar lo que se oponga, y tome un momento para explicar el motivo. Una vez que lo haga, todo lo demás deberá quedar expuesto al cambio.

—Lo que marca la diferencia

¿QUÉ ES LO QUE USTED NO ESTÁ DISPUESTO A NEGOCIAR EN SU VIDA?

SABER ESCUCHAR

¿A quién incluiría en la lista de las personas más influyentes de Estados Unidos? El presidente debería aparecer, y quizás también Bill Gates. Deténgase por un momento a pensar en las personas que incluiría. Le sugiero que añada un nombre que quizás no haya considerado. El de Oprah Winfrey.

En 1985, Oprah era prácticamente desconocida. El éxito logrado podría atribuírsele a su habilidad para hablar. Pero también Oprah escuchaba. Es una «estudiante» inveterada, y su habilidad para escuchar empezó mientras absorbía la sabiduría de los escritores. Devoraba ficción y biografía, aprendiendo cómo otras personas sienten y piensan y en el proceso también aprendió sobre ella misma.

Esta inclinación a escuchar le ha servido en cada aspecto de su carrera. Es obvio que la aplicaba en su programa de televisión. Estaba constantemente observando y escuchando para encontrar temas de qué hablar en su programa. Y cuando llevaba a su programa gente famosa, autores o expertos, de verdad que escuchaba lo que tenían que decir.

La habilidad de Oprah Winfrey de escuchar ha sido recompensada con un éxito notable y una influencia increíble. Es la animadora mejor pagada en el mundo y se cree que su fortuna es del orden de casi medio billón de dólares. Cada semana, treinta y tres millones de personas solo en Estados Unidos miraba su programa.

¿Cuándo fue la última vez que le prestó atención a las personas y a lo que tienen que decir? Haga más que solo aferrarse a los hechos, comience a escuchar no solo palabras sino sentimientos, intenciones y tendencias.

—*Las 21 cualidades indispensables de un líder*

ESCUCHE CON EL FIN DE COMPRENDER A LAS PERSONAS.
BUSQUE OBTENER CONOCIMIENTO A PARTIR DE SUS EXPERIENCIAS,
PERSPECTIVAS Y SENTIMIENTOS.

COMPARTA EXPERIENCIAS COMUNES

Para conectarse realmente con otros, tiene que hacer algo más que encontrar intereses mutuos y comunicarse bien. Debe encontrar una manera de cimentar la relación. Joseph F. Newton dijo: «Las personas están solas porque construyen murallas en vez de puentes». Para construir puentes que lo conecten a los demás en forma perdurable, hablen acerca de las experiencias comunes.

Por años, he disfrutado de compartir experiencias con otros. Por ejemplo, siempre que empleo un nuevo miembro en mi equipo ejecutivo, lo llevo a varias de mis conferencias. Lo hago no sólo porque deseo que el nuevo colaborador se familiarice con los servicios que la compañía ofrece a sus clientes, sino también porque podemos viajar juntos y conocernos en una amplia gama contextual. ¡Nada une a la gente más que andar apurados a través de una congestión difícil de tráfico en una ciudad desconocida para llegar al aeropuerto y correr agitados con las maletas hasta la salida para montarse a última hora en un avión!

Las experiencias comunes que les comunique a los demás no tienen que ser tan dramáticas (aunque la adversidad definitivamente une a la gente). Todo lo que experimenten juntos que pueda crear una historia común ayuda a conectarlo con otros.

—Seamos personas de influencia

PÍDALE A ALGUIEN QUE LO ACOMPAÑE DURANTE EL DÍA DE HOY.

UNA VEZ ESTABLECIDA LA CONEXIÓN, SIGA ADELANTE

Si desea influir en los demás, y movilizarlos en la dirección correcta, debe conectarse con ellos más que tratar de llevárselos a otra parte. Intentarlo antes de conectarse es un error común de los líderes inexperimentados. Tratar de moverlos antes de pasar por el proceso de la conexión puede llevar a la desconfianza, la resistencia, y las relaciones tensas. Recuerde siempre que tiene que compartir su persona antes de tratar de compartir el viaje con otro. Como observar a alguien en una ocasión: «El liderazgo es cultivar hoy en las personas, una disposición futura por parte de ellos de seguirlo a algo nuevo por causa de algo grande». La conexión crea esa disposición.

—Seamos personas de influencia

IDENTIFIQUE ALGUIEN DE SU EQUIPO CON QUIEN NECESITE CONECTARSE.

HAGA ALGO MÁS QUE ELOGIAR

Siempre animo a los líderes a que elogien a su gente, pero hay que darles algo más que sólo un elogio.

Si usted los elogia pero no les da un aumento,
el elogio no pagará las deudas.
Si usted les da un aumento pero no los elogia,
no curará sus enfermedades.

Hablar no cuesta, a menos que lo respalde con dinero. Los buenos líderes cuidan de su gente. Piénselo, las personas que le cuestan más a la organización, no son aquellas que reciben el mayor salario, son las que no dan un buen fruto por su pago.

Cuando el salario que las personas reciben no concuerda con los resultados que logran, se desaniman muy rápidamente. Si eso sucede cuando usted es el líder, no sólo afectará el esfuerzo de su gente, sino también su liderazgo.

—*Líder de 360°*

ASEGÚRESE DE QUE LA REMUNERACIÓN DE SUS EMPLEADOS CORRESPONDA CON SU CONTRIBUCIÓN.

HALLE LA LLAVE DE SUS CORAZONES

En los ochenta, tuve el privilegio, junto con otros treinta líderes, de pasar dos días con el padre de la administración moderna, Peter Drucker. Una de las cosas que él dijo fue: «Dirigir a las personas es como dirigir una orquesta. Hay muchos músicos e instrumentos diferentes que el director debe conocer a fondo». Drucker nos desafió para que conociéramos *realmente* a las personas clave de nuestro equipo.

Hacer una buena pregunta es esencial para descubrir la llave al corazón de una persona. A través de los años, he desarrollado una lista de preguntas que me han ayudado una y otra vez. Tal vez usted quiera usarlas también:

«*¿Cuál es su sueño?*» Uno puede aprender acerca de lo que piensa la gente mediante lo que han alcanzado, pero para comprender sus corazones uno tiene que saber cuáles son sus metas.

«*¿Qué lo hace llorar?*» Cuando uno comprende el dolor de las personas, eso hace que comprenda sus corazones.

«*¿Qué lo hace cantar?*» Lo que trae felicidad a las personas es frecuentemente la fuente de su fuerza.

«*¿Cuáles son sus valores?*» Cuando las personas le dan acceso a sus valores, usted debe saber que ha entrado a la cámara más secreta de sus corazones.

«*¿Cuáles son sus áreas fuertes?*» Lo que las personas perciben como sus puntos fuertes siempre hará que sus corazones se sientan orgullosos.

«*¿Cuál es su temperamento?*» Conozca eso, y con frecuencia descubrirá el camino a sus corazones.

Obviamente, no haga que sus preguntas parezcan una entrevista ni tampoco necesita saber todas las respuestas en una sola conversación. El proceso puede ser natural y a la vez dirigido.

—*25 maneras de ganarse a la gente*

EN EL DÍA DE HOY, CONOZCA MEJOR A ALGUNO
DE SUS JUGADORES CLAVE.

LA ADVERSIDAD PROPICIA LA INNOVACIÓN

A principios del siglo veinte, un niño cuya familia había emigrado de Suecia a Illinois compró por correo un libro sobre fotografía que le costó veinticinco centavos. Cuando llegó el pedido, descubrió que en lugar de mandarle el que él había pedido, le habían mandado uno sobre ventriloquia. ¿Qué hizo él? Se puso a estudiar ventriloquia. El niño era Edgar Bergen, quien por más de cuarenta años ha entretenido a la gente con la ayuda de un muñeco de madera llamado Charlie McCarthy.

La capacidad de innovar está en el corazón de la creatividad, un componente vital para el éxito. Jack Matson, profesor en la Universidad de Houston reconoció ese hecho y desarrolló un curso que sus estudiantes llamaron «Fracaso 101». En él, Matson encarga a sus estudiantes que creen imitaciones de productos que nadie compraría. Su meta es conseguir que los estudiantes comparen el fracaso con la innovación en lugar de con la derrota. De esa manera serán libres para intentar nuevas cosas. «De esta manera aprenden a recargar y prepararse para disparar otra vez», dice Matson. Si usted quiere tener éxito, tiene que aprender a hacer ajustes a la forma en que hace las cosas y tratar de nuevo.

—El lado positivo del fracaso

¿CON QUÉ «PROBLEMA» O «DERROTA» DEBIÓ TRATAR?
¿CÓMO PUEDE TRANSFORMARLOS EN UN RECURSO?

CONFRONTACIÓN

La confrontación es algo muy difícil para la mayoría de las personas. Si usted se siente inquieto sólo de leer la palabra *confrontar*, le sugeriría que la sustituyera por la palabra clarificar. *Clarificar* el asunto en vez de confrontar a la persona. Luego, siga estos diez mandamientos.

1. Hágalo en privado, no públicamente.
2. Hágalo tan pronto como sea posible. Eso es más natural que esperar mucho.
3. Hable de un solo asunto en cada ocasión. No sobrecargue a la persona con una lista de asuntos.
4. Una vez que haya tocado un punto, no lo repita.
5. Trate únicamente acciones que la persona puede cambiar. Si usted pide que la persona haga algo que no puede hacer, aparece la frustración en su relación.
6. Evite el sarcasmo. El sarcasmo indica que usted está enojado con ellas, no con sus acciones, y eso les causará resentimiento hacia usted.
7. Evite palabras como *siempre* y *nunca*. Por lo general, caen fuera de lo exacto y ponen a las personas a la defensiva.
8. Presente la crítica como sugerencias o preguntas si es posible.
9. No se disculpe por la confrontación. Si lo hace se detracta de ella y da muestras de no estar seguro de que usted tenía derecho de decir lo que dijo.
10. Y no olvide los cumplidos. Use lo que llamo un «sándwich» en este tipo de reuniones: Cumplido—Confrontación—Cumplido.

—Desarrolle el líder que está en usted

COBRE ÁNIMO Y CONFRONTE A QUIEN HA ESTADO EVITANDO.

ORIÉNTESE HACIA LA SOLUCIÓN

¿Cómo mira a la vida? ¿Ve una solución en cada desafío o un problema en cada circunstancia? Para transformarse en un miembro del equipo más orientado a la solución de problemas . . .

Niéguese a rendirse. Piense en una situación imposible que tengan usted y sus compañeros de equipo. Decida no darse por vencido hasta que dé con la solución.

Reenfoque su pensamiento. No hay problema que pueda resistir el asalto de un pensamiento sostenido. Dedique tiempo para trabajar con compañeros clave en el problema. Asegúrese de dedicar el mejor tiempo del día, no cuando esté cansado o distraído.

Revise su estrategia. Salga del encierro de su pensamiento típico. Rompa algunas reglas. Relexione sobre algunas ideas absurdas. Redefina el problema. Haga lo que sea necesario para generar ideas frescas y aborde el problema.

Repita el proceso. Si al principio no tiene éxito en resolver el problema, no se desespere. Si lo resuelve, entonces repita el proceso con otro problema. Recuerde, su meta es cultivar una actitud orientada a encontrar soluciones que pueda poner a trabajar todo el tiempo.

—*Las 17 cualidades esenciales de un jugador de equipo*

¿VE USTED UN PROBLEMA EN CADA CIRCUNSTANCIA O UNA SOLUCIÓN EN CADA DESAFÍO?

APOYE LA VISIÓN DE SU LÍDER

Cuando los líderes superiores oyen que otros articulan la visión que ellos han dado a la organización, sus corazones cantan. Es muy gratificante. Representa una clase de aliciente, usando las palabras del autor Malcom Gladwell. Indica un nivel de apropiación por parte de los demás en la organización que augura el cumplimiento de la visión.

Los líderes intermedios de la organización que apoyan la visión se convierten en personas de alta estima para el líder superior. Ellos la comprenden, están de acuerdo con ella, y tienen gran valor. Cada vez que una persona de la organización apoya la visión y la comparte, es como si la visión tuviera «vida». En otras palabras, cuando la visión se pasa, la siguiente persona puede correr con ella.

Si usted no está seguro acerca de la visión de su líder, hable con él. Haga preguntas. Una vez que usted la comprenda, repítasela a su líder en situaciones donde sea apropiado para asegurarse que usted esté en el mismo ritmo. Si usted la entiende bien, usted podrá verla en el rostro de su líder. Entonces comience a compartirla con las personas en su círculo de influencia. Será bueno para la organización, para las personas, para sus líderes y para usted. Promocione los sueños de su líder y él lo promocionará a usted.

—Líder de 360°

ASEGÚRESE DE HABER INTERPRETADO LA VISIÓN DE SU LÍDER
COMO PARA PODER TRANSMITIRLA.

LOS PROBLEMAS PUEDEN HACERLO PROGRESAR

Una jovencita estaba quejándose con su padre por sus problemas y lo difícil que era su vida.

«Ven conmigo», le dijo él. «Quiero mostrarte algo». La llevó a la cocina y puso a calentar en la estufa tres ollas con agua. Mientras tanto, cortó unas zanahorias, y las puso en la primera olla para que hirvieran, puso dos huevos a cocinar a fuego lento en la segunda olla, y puso café molido en la tercera olla. Después de unos minutos, coló las zanahorias y las puso en un tazón, peló los huevos y los puso en otro tazón, y puso en una taza el café colado. Luego puso todo delante de su hija.

«¿Qué se supone que quiere decir todo esto?» preguntó ella algo impaciente.

«Cada una de estas tres cosas puede enseñarnos algo sobre la manera en que enfrentamos la adversidad», contestó. «Las zanahorias comenzaron duras, pero el agua hervida las ablandó. Los huevos entraron al agua frágiles pero salieron duros y de consistencia gomosa. El café, por otro lado, cambió al agua y la transformó en algo mejor».

«Cariñito», dijo él, «tú puedes escoger cómo vas a responder a tus problemas. Puedes dejar que te hagan blanda, puedes dejar que te hagan dura, o puedes usarlos para crear algo beneficioso. Todo depende de ti».

—*Lo que marca la diferencia*

¿QUÉ SACARÁ HOY EN LIMPIO DE SUS PROBLEMAS?

TRASCENDENCIA POR SOBRE LA SEGURIDAD

A la mayoría de las personas les gusta sentir seguridad. Es un deseo natural, que el psicólogo Abraham Maslow reconoció como importante en la jerarquía de las necesidades humanas. Pero para seguir avanzando hacia un nivel más elevado y alcanzar su potencial, usted tiene que estar dispuesto a cruzar otro punto de referencia y cambiar la seguridad por trascendencia.

Bob Buford habla de esto en su libro *Medio tiempo*. Según él lo ve, nuestra vida se divide naturalmente en dos mitades, con un punto medio que generalmente se ubica en algún punto entre los treinta y los cincuenta años. Dice: «La primera mitad de la vida tiene que ver con recibir y ganar, aprender y ganar . . . la segunda mitad es más arriesgada porque tiene que ver con vivir más allá de lo inmediato». Luego añade: «Si no asume la responsabilidad de llegar al intermedio y ordenar su vida de modo que su segunda mitad sea mejor que la primera, se unirá a los que se deslizan hacia su jubilación». Según Buford, la clave para hacer que su segunda mitad valga la pena es cambiar hacia lo que trasciende. El resultado es que experimentará una vida con propósito y verá el cumplimiento de la misión de su vida.

No importa cuándo haga el cambio hacia la trascendencia, sea durante su «intermedio» o en otro momento de su vida, sepa que es uno de los puntos de referencia más importantes en el viaje del éxito. Es una decisión que vale lo que cuesta.

—El mapa para alcanzar el éxito

¿SE ESFUERZA EN MARCAR UNA DIFERENCIA,
O ESTÁ YENDO EN PUNTO MUERTO?

PONIENDO LA RESPONSABILIDAD EN PRÁCTICA

El sobreviviente del holocausto, Elie Wiesel, quien ganara el Premio Nobel de la Paz en 1986, pasó el resto de sus días después de su tiempo en los campos de concentración nazi tratando de devolver a los demás. Una de las preguntas que le hacía a los jóvenes era: «¿Cómo le hacen frente a los privilegios y las obligaciones que la sociedad siente que tiene derecho de poner sobre ustedes?» Tratando de guiarlos, compartía su sentido de responsabilidad con los demás:

Lo que recibo debo pasarlo a los demás. El conocimiento que tengo no debe quedarse prisionero en mi cerebro. Les debo a muchos hombres y mujeres hacer algo con ello. Siento la necesidad de devolver lo que se me ha dado. Pueden llamarlo gratitud ... aprender significa aceptar el postulado que la vida no empezó al momento de nacer. Otros han estado antes que yo y yo he caminado en sus huellas.

Practicar la responsabilidad hará grandes cosas en usted. Reforzará su talento, aumentará sus habilidades y sus oportunidades. Mejorará su calidad de vida durante el día y le ayudará a dormir mejor en la noche. Pero también mejorará las vidas de las personas que están a su alrededor.

Si quiere que su vida sea una historia magnificente, tiene que darse cuenta que usted es su autor. Cada día tiene la oportunidad de escribir una nueva página en esa historia. Quiero animarle a que llene esas páginas con responsabilidad hacia los demás y hacia sí mismo. Si lo hace, al final no se decepcionará.

—El talento nunca es suficiente

¿EN QUÉ MANERA LLENA USTED LAS PÁGINAS DE SU VIDA?

CUANDO LAS PERSONAS DEBEN SER PACIENTES CON USTED

¿Sabe cuáles son sus imperfecciones? Por ejemplo, sé que las personas más cercanas a mí necesitan paciencia para aguantarse mis idiosincrasias. ¡Lo irónico es que ante todo les toca aguantarse mi impaciencia! (Todavía tengo que mejorar en esa área.) No obstante, también tengo muchas otras. Solo por divertirme, le pedí a mi asistente, Linda Eggers, que me diera una lista de las áreas en que ella ha tenido que sufrir conmigo. No le tomó mucho tiempo y estas son las principales situaciones que enumeró:

- Todo el tiempo se me pierden el teléfono celular y los anteojos.
- Siempre que se habla de hacer planes, exijo demasiadas opciones.
- Constantemente hago cambios en mis planes de viaje y sobre lo que necesito.
- Comprometo demasiado mi agenda y en consecuencia, los proyectos tardan en realizarse más tiempo del asignado.
- Detesto decir «no».
- Quisiera poder llamarla las veinticuatro horas del día, siete días a la semana.

Estoy seguro de que hay muchas más, pero esto es suficiente como ilustración. Si puedo tener presente que otros son pacientes conmigo en múltiples áreas, me ayuda a recordar que debo ser paciente con los demás. Hacer esto podría tener el mismo efecto en usted.

—*Cómo ganarse a la gente*

CONSIDERE SUS PECULIARIDADES, MANÍAS Y RAREZAS COMO UN RECORDATORIO PARA SER MÁS PACIENTE CON LOS DEMÁS.

CONTRIBUYA CON SU GRANITO DE ARENA

Por años he usado la expresión «traer algo a la mesa» para describir la habilidad de una persona para contribuir a una conversación o para añadir valor a los demás en una reunión. No todos lo pueden hacer. En la vida, algunas personas siempre quieren ser «invitados». Vayan donde vayan, desean que les sirvan, que llenen sus necesidades, ser receptores. Ya que poseen esa actitud, nunca traen nada a la mesa para nadie más. Después de un rato, eso puede cansar al anfitrión.

Como líder de una organización, siempre busco personas que traigan algo a la mesa de conversación en lo referente a ideas. Si son creativos y generan ideas, eso es asombroso. Pero también valoro mucho a las personas constructivas, que toman una idea y la mejoran. Por lo general la diferencia entre una buena idea y una gran idea es el valor añadido durante el proceso de colaboración de pensamiento.

Si usted siempre trata de traer algo valioso a la mesa de conversación cuando se reúne con su jefe, es probable que evite un destino similar en el trabajo. Si no lo hace, al final del día es probable que tenga una nota de su jefe, pero una nota de despido.

—Líder de 360°

La próxima vez que se reúna con alguien, asegúrese de contribuir con su granito de arena a la conversación.

HAGA COSAS JUNTO CON OTROS EN EQUIPO

Una vez leí esta declaración: «Aun cuando usted haya jugado el partido de su vida, es la sensación de trabajar en equipo lo que recordará. Usted olvidará las jugadas, los lanzamientos y el marcador, pero nunca olvidará a sus compañeros de equipo». Esto describe la comunidad que se desarrolla entre compañeros de equipo que pasan tiempo haciendo cosas juntos.

La única manera de desarrollar comunidad y cohesión entre sus compañeros de equipo es reuniéndose con ellos, no solamente en un ambiente profesional sino también personal. Existen muchos buenos modos de que se conecte con ellos y de conectarse unos con otros. Muchas familias que desean vincularse descubren que la clave está en acampar. Los colegas comerciales pueden socializar (de modo adecuado) fuera del trabajo. El dónde y cuándo no es tan importante como el hecho de que los miembros del equipo compartan experiencias comunes.

—Las 17 leyes incuestionables del trabajo en equipo

ANIME A SU EQUIPO A PASAR TIEMPO JUNTOS Y COMPARTIR UNA AGRADABLE EXPERIENCIA EN COMÚN.

TRATANDO CON LA MANZANA PODRIDA

Si usted cree que tiene una «manzana podrida» en su equipo debe llevar aparte a la persona y analizar la situación con ella. Es muy importante hacerlo de modo correcto. Tome el mejor camino: al encararla, hable de lo que usted ha observado, pero déle el beneficio de la duda. Asuma que su apreciación podría estar equivocada y que usted quiere una aclaración. (Si tiene varias personas con malas actitudes, comience con el cabecilla.) Si es realmente su percepción y el equipo no ha salido perjudicado, entonces usted no ha hecho ningún daño, sino que ha suavizado la relación entre usted y la otra persona.

Sin embargo, si resulta que su percepción era correcta y la actitud de la persona es el problema, déle claras esperanzas y una oportunidad de cambiar. Luego hágala responsable. Si cambia, es un gran éxito para el equipo. Si no lo hace, retírela del equipo. Usted no puede permitirle que se quede, porque usted puede estar seguro de que sus malas actitudes arruinarán al equipo.

—*Las 17 leyes incuestionables del trabajo en equipo*

TRATE CON LAS MANZANAS PODRIDAS DE SU EQUIPO.

CUANDO USTED ACOMPAÑA A OTROS

Thomas Jefferson dijo: «Una vela no pierde nada cuando enciende otra vela». Esa es la naturaleza real de la asociación. Sin embargo, me parece que muchas personas no piensan así, creen que compartir significa perder algo pero no creo que eso sea cierto.

Cada persona posee una de dos mentalidades: escasez o abundancia. La gente con una mentalidad de escasez cree que solo hay cierta cantidad de recursos disponibles, así que tienen que pelear por todo lo que puedan y proteger cualquier cosa que tengan a cualquier costo. La gente con mentalidad de abundancia cree que siempre hay suficiente para todos. Si usted tiene una idea, comparta algo de ella; siempre podrá inventarse una nueva. Si solo tiene un pedazo de pastel, permita que otro se lo coma; usted puede hornear otro.

Creo que en esta área usted recibe de la vida lo que espera de ella. Puede acumular lo poco que tiene y no recibir más, o puede dar lo que tiene y será recompensado en abundancia. Su actitud hace toda la diferencia. Por eso, si se asocia con otra persona y da con generosidad, de una u otra forma recibirá más de lo que dio.

—*Cómo ganarse a la gente*

CONSIDERE DE QUÉ MANERA SU MENTALIDAD
(YA SEA POR ESCASEZ O ABUNDANCIA) AFECTA SU LIDERAZGO.

ESCUCHE CON EL CORAZÓN

Herb Cohen, de quien se dice que es el mejor negociador del mundo, dice: «Escuchar con efectividad requiere más que oír las palabras. Es necesario encontrar el sentido y entender lo que se dice. Después de todo, el sentido no está en las palabras sino en las personas». Muchos se enfocan más en las ideas que les están comunicando y casi parecen olvidarse de la persona. Usted no puede hacer eso, sino que debe escuchar con el corazón.

Hay una diferencia entre escuchar pasivamente y escuchar de manera dinámica. Para escuchar con el corazón, esa acción tiene que ser activa. En su libro *It's Your Ship*, el capitán Michael Abrashoff explica que la gente suele hablar con dinamismo más que escuchar con dinamismo. Cuando él decidió convertirse en un escuchador dinámico, aquello hizo una gran diferencia en él y en su tripulación.

—25 maneras de ganarse a la gente

ELIJA SER UNA PERSONA DE ESCUCHA ACTIVA.

LA ADVERSIDAD ES UNA FUENTE DE MOTIVACIÓN

Nada puede motivar más a una persona que la adversidad. El saltador olímpico Pat McCormick dice al respecto: «Yo creo que el fracaso es uno de los grandes motivadores. Después de haber perdido estrechamente en las pruebas de 1948, sabía cuán bueno podía ser. Fue la derrota la que me llevó a poner toda mi concentración en mi entrenamiento y metas». En 1952, en Helsinki, McCormick ganó dos medallas de oro y cuatro años más tarde, otra en Melbourne.

Si puede superar las circunstancias negativas que debe enfrentar, podrá descubrir sus beneficios. Esto es así en casi todos los casos. Usted simplemente tiene que estar dispuesto a esperarlas, y no tomar la adversidad en forma tan personal.

Si pierde su trabajo, piense en la fortaleza que esa experiencia le permitirá desarrollar. Si se enfrenta a algo grande y sobrevive, evalúe cuánto ha aprendido acerca de sí mismo y cómo eso le va a ayudar a aceptar nuevos retos. Si una librería se equivoca al procesar su pedido, tome aquello como una oportunidad de aprender algo nuevo. Si en su carrera experimenta un traspié de la índole que sea, piense en la madurez que eso producirá en usted. Además, Bill Vaugham afirma que «en el juego de la vida es bueno tener algunas pérdidas tempraneras, porque alivian de la presión de tratar de mantenerse sin derrotas». Siempre mida un obstáculo lo más cerca posible del tamaño del sueño que está tratando de convertir en realidad. Todo depende de la forma en que lo vea.

—*El lado positivo del fracaso*

ACEPTE LAS ADVERSIDADES POR LAS QUE PUEDA ESTAR
ATRAVESANDO. VUELVA A PREPARARSE PARA VERLAS
COMO ALGO BENEFICIOSO.

EL CRECIMIENTO DE LAS PERSONAS EQUIVALE AL CRECIMIENTO DE LA EMPRESA

La gente es el activo principal de cualquier compañía, si fabrica cosas para vender, vende cosas hechas por otras personas o provee servicios intangibles. Nada se mueve hasta que la gente pueda hacer que se mueva. Según estudios de liderazgo realizados en Estados Unidos, el promedio de ejecutivos pasa tres cuartos de su tiempo laboral tratando con gente. El costo más alto en la mayoría de negocios es la gente. El más grande y más valioso activo que tiene cualquier compañía es la gente. Los planes ejecutivos se llevan a cabo o no por la *gente*.

Según William J. H. Boetcker, la gente se divide a sí misma en cuatro clases:

1. Los que siempre hacen menos de lo que se les dice.
2. Los que hacen lo que se les dice, pero no más.
3. Los que hacen cosas sin que se les diga.
4. Los que inspiran a otros para hacer las cosas.

Usted decide.

Como dijo Ralph Waldo Emerson: «Confíe en los hombres y ellos serán sinceros con usted; trátelos de manera excelente y ellos serán así mismo, excelentes».

—Desarrolle el líder que está en usted

GENERE UN CLIMA QUE INSPIRE A SUS EMPLEADOS
A LOGRAR GRANDES COSAS.

PERFECCIONE SU TENACIDAD

A.L. Williams dice: «Usted le gana al cincuenta por ciento de las personas en Estados Unidos trabajando duro. Vence otro cuarenta por ciento siendo una persona honesta e íntegra y apoyando algo. El último diez por ciento es una lucha a muerte en el sistema de la libre empresa».

Para mejorar su tenacidad . . .

Trabaje duro o con más astucia. Si usted es una persona que se pasa mirando el reloj y no trabaja ni un minuto más de su horario, entonces necesita cambiar sus hábitos. Añada entre sesenta a noventa minutos de trabajo, llegando al trabajo cada mañana entre treinta y cuarenta y cinco minutos antes y quedándose igual cantidad de tiempo después de su horario normal. Si ya lo está haciendo, entonces planifique de nuevo su día de trabajo para sacarle un mejor provecho a su tiempo.

Crea en algo. Para tener éxito, debe actuar con absoluta integridad. Sin embargo, si puede añadir a eso el poder de propósito, va a tener un margen adicional. Escriba en una tarjeta cómo su trabajo diario se relaciona con su propósito general. Luego revise esa tarjeta diariamente para mantener su fuego emocional ardiendo.

Haga de su trabajo un juego. Nada alimenta más la tenacidad que nuestra naturaleza competitiva normal. Trate de aprovechar esto haciendo de su trabajo un juego. Busque a otros en su organización que tengan metas similares y cree un espíritu amistoso de competencia con ellos para motivarse mutuamente.

—Las 17 cualidades esenciales de un jugador de equipo

ENFRENTE EL DÍA CON TENACIDAD.

DEFINIENDO LOS PROBLEMAS

El filósofo Abraham Kaplan hace una distinción entre los problemas y los aprietos. Un problema es una situación sobre la cual puedes hacer algo al respecto. Si no puedes hacer nada al respecto, entonces no es un problema, es un aprieto. Eso quiere decir que es algo que debe enfrentarse y soportarse.

Cuando la gente trata a un aprieto como si fuera un problema, se frustran, se enojan o se deprimen. Desperdician energía, toman malas decisiones. Y cuando la gente trata a los problemas como si fueran aprietos, a menudo se conforman, se rinden o se ven como víctimas.

Hace más de veinticinco años cuando estaba tratando con algunos asuntos difíciles, escribí algo para que me ayudara a ver los problemas con la perspectiva correcta. Se convirtió en mi nueva «definición» de la palabra problema. Quizás también le ayude:

P – rofetas—ayudando a moldear el futuro.

R – ecordatorios—mostrándonos que no podemos obtener el éxito solos.

O – portunidades—sacándonos de la rutina e impulsándonos a pensar creativamente.

B – endiciones—abriendo puertas que de otra manera no pasaríamos.

L – ecciones—proveyendo instrucción con cada desafío nuevo.

E – n todas partes—diciéndonos que nadie está excluido de dificultades.

M – ensajes—advirtiéndonos de posibles desastres.

A – solucionar—recordándonos que todo problema tiene solución.

Si puede separar los aprietos y los problemas, entonces se coloca en una mejor posición para tratar con los aprietos y resolver los problemas.

—Lo que marca la diferencia

DISTINGA LOS APRIETOS DE LOS PROBLEMAS, Y TRATE CON ELLOS DE MANERA ADECUADA.

LLEGUE AL FONDO DEL ASUNTO

El escritor Víctor Hugo decía: «La vida es corta, y la hacemos aun más corta cuando desperdiciamos el tiempo». Todavía no conozco un líder que no quiera saber cuál es el tema principal de una conversación. ¿Por qué? Porque desean resultados. Su lema es: «Muéstreme el bebé, no la partera».

Cuando usted comience a trabajar con un líder, tal vez necesite tiempo para explicar las ideas y el proceso de cómo llegó a una decisión. Desde el principio de la relación, usted tiene que ganarse la credibilidad. Pero con el tiempo y una mejor relación, dedíquese a ir al grano. El hecho de que tenga toda la información necesaria para explicar lo que hace, no significa que tenga que compartirla. Si su líder necesita más detalles o desea saber cuál es el proceso, él mismo se lo pedirá.

—*Líder de 360°*

PRACTIQUE HOY LLEGAR AL FONDO DEL ASUNTO.

COMPARTA IDEAS

¿Cuánto vale una idea? Cada producto comienza con una idea. Cada servicio empieza con una idea. Cada negocio, cada libro, cada nueva invención se inicia con una idea. Las ideas son las que mueven el mundo. Por eso cuando usted le da a alguien una idea, le está dando un gran regalo.

Una de las cosas por las que me encanta escribir libros es por el proceso por el cual paso. Generalmente comienza con un concepto que estoy ansioso por enseñar. Pongo algunas ideas en papel y luego reúno a un grupo de pensadores creativos para que me ayuden a probar el concepto, lanzamos ideas al aire y terminamos concretando un bosquejo. Cada vez que hemos hecho esto, me han dado ideas grandiosas que nunca hubiera podido pensar por mí mismo. Tengo que decir que estoy muy agradecido.

Una de las cosas que más me gusta de esta gente creativa es que disfrutan las ideas y pareciera que siempre tienen más. Entre más dan, más salen de sus cabezas. La creatividad y la generosidad se alimentan mutuamente, esa es una de las razones por las cuales no me cuesta compartir ideas con los demás. Estoy convencido de que moriré antes de que me quede sin ellas. Es mejor dar algunas ideas y contribuir con el éxito de otra persona que tener esas ideas sin usar.

—*25 maneras de ganarse a la gente*

Rodéese de personas creativas y permita que sus ideas inspiren su propia creatividad.

CÓMO HACER CRECER LÍDERES QUE REPRODUCEN A OTROS LÍDERES

En un artículo editado por *Harvard Business Review*, el autor, Joseph Bailey, examina lo que se necesita para ser un ejecutivo con éxito. Al realizar su investigación, entrevistó a más de treinta ejecutivos importantes; y halló que cada uno de ellos aprendió directamente de un mentor. Si quiere criar líderes que reproduzcan a otros dirigentes, necesita guiarlos convirtiéndose en su mentor.

Dicen que en las salas de emergencia hospitalarias, las enfermeras, tienen un dicho: «Observa una, haz una, enseña una». Se refiere a la necesidad de aprender una técnica rápidamente, involucrarse en ella probándola con un paciente, y luego voltearse y enseñársela a otra enfermera. El proceso de convertirse en mentor para desarrollar líderes opera de la misma manera. Ocurre cuando uno funge como mentor de líderes potenciales, los desarrolla, los faculta, les comunica cómo llegar a ser personas influyentes, y los suelta para que salgan y críen a otros líderes. Cada vez que haga eso, plantará las semillas para mayores éxitos. Y como aconsejara el novelista Robert Louis Stevenson: «No juzgue cada día por lo que cosecha sino por las semillas que plante».

—*Seamos personas de influencia*

SI AÚN NO ES MENTOR DE NADIE, COMIENCE HOY MISMO.

OCTUBRE

1. Arriésguese
2. Es una cuestión de mentalidad
3. Negligencia planificada
4. Ayudando a los demás
5. Vuelva a enfocarse en la misión
6. Su actitud influye en los demás
7. Acepte que las personas son diferentes
8. Practique hoy su oficio
9. ¿He planteado mi punto de vista?
10. Un buen navegante permanece al lado de su gente
11. No se lo pierda
12. El temor es una parte del progreso
13. Todo se ve distinto desde aquí
14. Aprenda hoy su oficio
15. Si tiene éxito al principio, intente hacer algo más difícil
16. Elecciones
17. Influya en otros
18. La importancia de la atención y la contención
19. La ley del crecimiento explosivo
20. La ley del suelo firme
21. Hable hoy de su oficio
22. Préstele atención al día de hoy
23. Sea accesible
24. Tome el camino alto
25. Añada valor a las personas
26. ¿Se está quedando sin tiempo?
27. Los problemas dan sentido a la vida
28. Exprese su fe en las posibilidades de las personas
29. Acepte una sana competencia
30. Desarrollo personal
31. ¿Qué puedo aprender de lo que ocurrió?

ARRIÉSGUESE

En la vida no hay lugar seguro ni actividad sin riesgos. Helen Keller, escritora, conferenciante y defensora de las personas limitadas físicamente, dijo: «La seguridad es más que nada una superstición. No existe en la naturaleza ni entre los hijos de los hombres como una experiencia global. A la larga, evitar el peligro no es más seguro que exponerse a él. La vida es una aventura atrevida o no es nada».

Todo en la vida demanda riesgos. Es cierto que usted corre el riesgo de fracasar si intenta algo audaz porque puede perderlo. Pero también corre el riesgo de fracasar si se mantiene inactivo y no intenta nada. G. K. Chesterton escribió: «No creo en un destino que cae sobre el hombre cada vez que actúa; pero sí creo en un destino que cae sobre él si no actúa». Mientras menos se atreva, mayor será el riesgo de fracasar. Irónicamente, mientras mayor es el riesgo a fracasar (y realmente fallar), mayores son las probabilidades de tener éxito.

—El lado positivo del fracaso

¿ESTÁ DISPUESTO A ARRIESGARSE, O AÚN A FRACASAR,
PARA TENER UNA EXPERIENCIA OSADA?

ES UNA CUESTIÓN DE MENTALIDAD

Estar dispuesto a aprender es una actitud, una disposición mental que dice: «No importa cuánto sé (o creo que sé), puedo aprender de esta situación». Esa forma de pensar puede ayudarle a transformar la adversidad en ventaja. Puede hacer de usted un ganador incluso durante las circunstancias más difíciles. Sydney Harris resume los elementos en una actitud mental favorable para aprender: «Un ganador sabe cuánto le queda por aprender aun cuando los demás piensen que es un experto. Un perdedor quiere que los demás lo consideren un experto antes de haber aprendido lo suficiente para saber cuán poco sabe».

El escritor sobre asuntos de negocios Jim Zabloski escribe:

> Contrario a la creencia popular, en el mundo de los negocios yo creo que el fracaso es una necesidad. Si no comete errores a lo menos cinco veces en el día, es probable que no esté haciendo lo suficiente. Mientras más hace, más falla. Mientras más falla, más aprende. Mientras más aprende, mejores resultados. Aquí, la palabra operativa es aprender. Si repite la misma falta dos o tres veces, no está aprendiendo de ella. Debe aprender de sus propios errores y de los errores que los demás han cometido antes de usted.

La capacidad de aprender de los errores tiene importancia no sólo en el mundo de los negocios, sino en todos los aspectos de la vida. Si vive para aprender, entonces realmente aprenderá a vivir.

—El lado positivo del fracaso

¿CREE USTED QUE HA «LLEGADO», O ESTÁ DISPUESTO A SEGUIR APRENDIENDO?

NEGLIGENCIA PLANIFICADA

William James dijo que el arte de ser sabio es el «arte de saber qué pasar por alto». Lo insignificante y lo mundano roban mucho de nuestro tiempo. La mayoría vive para las cosas equivocadas.

El doctor Anthony Campolo nos habla de un estudio sociológico en el que a cincuenta personas de más de noventa y cinco años les hicieron una pregunta: «Si pudiera vivir su vida otra vez, ¿qué cosa haría de diferente manera?» Era una pregunta abierta y estos ancianos dieron múltiples respuestas. Sin embargo, tres respuestas se repitieron constantemente y predominaron en el estudio. Las tres respuestas fueron:

- Si tuviera que hacerlo otra vez, reflexionaría más.
- Si tuviera que hacerlo otra vez, me arriesgaría más.
- Si tuviera que hacerlo otra vez, haría más cosas que continuaran viviendo después de que yo muriera.

A una joven concertista de violín le preguntaron cuál era el secreto de su éxito. Ella respondió: «Descuido planeado». Luego explicó: «Cuando estaba en la escuela había muchas cosas que demandaban mi tiempo. Cuando iba a mi cuarto después del desayuno, tendía mi cama, arreglaba la habitación, barría y hacía cualquier cosa que me llamara la atención. Después corría a mi práctica de violín. Me di cuenta que no estaba progresando como pensaba que debería. Así que cambié el orden de las cosas. Hasta que terminaba mi tiempo de práctica, deliberadamente descuidaba todo lo demás. Creo que mi éxito se debe a ese programa de descuido planeado».

—Desarrolle el líder que está en usted

PONGA HOY LO IMPORTANTE EN PRIMER LUGAR.
DEJE DE PRESTARLE ATENCIÓN A AQUELLO QUE REALMENTE
CAREZCA DE IMPORTANCIA.

AYUDANDO A LOS DEMÁS

Alex Haley, autor de *Raíces*, acostumbraba tener en su oficina una foto de una tortuga sentada encima de una cerca. La mantenía allí para recordar una lección que había aprendido años atrás: «Si ves una tortuga en lo alto de un poste, sabes que recibió ayuda». Haley comentaba: «Cada vez que pienso: ¡*Vaya, es maravilloso lo que he hecho!*, miro la foto y recuerdo cómo esta tortuga (yo), se trepó a ese poste».

Tanto los líderes desarrollados como las personas que desarrollan son como esa tortuga. Han obtenido mucha ayuda. Otros hicieron posible que se viera sobre la cerca. Mediante el proceso de desarrollo, los nuevos líderes y los promotores han agregado valía a su vida.

Agregar valor a alguien es mucho más que el ascenso personal o el mejoramiento organizativo. Es verdad que quienes se han desarrollado logran ascensos; y es igualmente cierto que las organizaciones mejoran y se expanden cuando tienen líderes dedicados al desarrollo de otros. Sin embargo, añadir valor es mucho más que eso. Es el enriquecimiento de la calidad de vida de las personas. Es la expansión del propósito de sus vidas y capacidades. El desarrollo de las personas es un cambio de vida para todos los involucrados. Alan McGinnis dice en *Bringing Out the Best in People*: «No hay ocupación en el mundo más noble que ayudar a otro ser humano».

—*Desarrolle los líderes que están alrededor de usted*

¿QUIÉN LO AYUDÓ A SUBIR AL «POSTE»?
¿A QUIÉN ESTÁ AYUDANDO USTED?

VUELVA A ENFOCARSE EN LA MISIÓN

Ralph Waldo Emerson observó: «La concentración es el secreto del poder en la política, en la guerra, en el comercio; en resumidas cuentas, en el manejo de todos los asuntos humanos». ¿A dónde debe enfocar esa concentración? A la misión. Y cuando cometa un error, no lo persiga. No trate de defenderlo. No desperdicie su dinero en él. Sólo vuelve a enfocar su atención en la misión y continúe. Siempre debe de estar atento a lo que desea hacer. Todavía no encuentro a una persona enfocada en el pasado que logró un mejor futuro.

John Foster Dulles, secretario de estado en el régimen de Eisenhower observó: «La medida del éxito no es el tener que lidiar con un problema difícil, sino que sea el mismo problema que tuvo el año pasado». Un problema resuelto es un trampolín al éxito futuro, a cosas más grandes y mejores. La clave es enfocarse en lo que está aprendiendo, no en lo que está perdiendo. Si hace eso, entonces abrirá las puertas a posibilidades futuras.

Lo que marca la diferencia puede ayudarle a hacer eso. Puede ayudarle a aprender del presente y mirar hacia el futuro. Norman Vincent Peale dijo: «El pensamiento positivo es la manera en que piensa de un problema. El entusiasmo es la manera en que siente un problema. Ambos determinan juntos lo que va a hacer con relación al problema». Y eso es lo que realmente importa al final de cuentas.

—*Lo que marca la diferencia*

Si tiene un problema difícil que persiste, verifique que no sea a causa de su actitud inapropiada.

SU ACTITUD INFLUYE EN LOS DEMÁS

El liderazgo es influencia. La gente se contagia de las actitudes como se contagia de los resfriados: acercándose. Uno de los pensamientos más fuertes que me viene a la mente se centra en mi influencia como líder. Es importante que posea una buena actitud, no solamente por mi éxito personal, sino también por el beneficio de los demás.

El doctor Frank Crane nos recuerda que una pelota rebota de la pared con la misma fuerza con la que la hemos lanzado. Hay una ley del efecto, en física, que dice que la acción es igual a la reacción. Esa ley también es aplicable al campo de la influencia. Es más, los efectos se multiplican con la influencia de un líder. La acción de un líder se multiplica en reacción porque hay varios seguidores. Dar una sonrisa retribuye muchas otras sonrisas. Manifestar ira desata mucha ira en los otros.

Creo que la actitud de un líder es captada más rápidamente que sus acciones. Una actitud se refleja en los demás aun cuando no siga la acción. Una actitud se puede expresar sin hablar una sola palabra.

La actitud de un líder produce efectos en los demás y, por esta razón, al contratar ejecutivos se considera la actitud de los candidatos. Los psicólogos enumeran cinco áreas que deben evaluarse en la promoción de los empleados a un puesto ejecutivo: ambición, actitudes en relación con la política, actitudes con los colegas, capacidad de supervisión, actitudes hacia la demanda excesiva de tiempo y energía. Un candidato que estuviera desequilibrado en una o más de estas áreas, probablemente proyectaría una actitud negativa y, por eso, demostraría ser un líder pobre.

—*Desarrolle el líder que está en usted*

ASEGÚRESE DE QUE SU ACTITUD SEA UNA INFLUENCIA
POSITIVA PARA SU EQUIPO.

ACEPTE QUE LAS PERSONAS SON DIFERENTES

He escrito en otros libros que cuando era joven solía creer que todos debían ser como yo si querían triunfar. He madurado mucho desde entonces. Parte de ese crecimiento ha sido el resultado de viajar y conocer a muchos tipos de personas. Libros tales como *Personality Plus* [Una personalidad superior] de Florence Littauer también me han ayudado. He llegado a darme cuenta con el tiempo que existen grandes brechas en mis habilidades, al igual que todos y si las personas que tienen diferentes talentos y temperamentos trabajan unidas, todos ganamos y lograremos hacer mucho más. También disfrutaremos mucho más de la vida.

Si usted tiene una imagen saludable de sí mismo, es probable que caiga en la misma trampa que yo. Sin embargo, no podrá ganarse a la gente si internamente cree que todos deben ser como usted. Acepte que la gente es diferente y celebre que Dios nos hizo de esa manera.

—*25 maneras de ganarse a la gente*

VALORE LAS DIFERENCIAS QUE ENCUENTRA EN SUS COLEGAS, INTEGRANTES DE SU FAMILIA Y AMIGOS.

PRACTIQUE HOY SU OFICIO

William Osler, el doctor que escribió *The Principles and Practice of Medicine* en 1892, le dijo una vez a un grupo de estudiantes:

> Exilien el futuro. Vivan sólo el momento y su trabajo. No piensen en la cantidad que debe ser completada, las dificultades que deben sobrepasarse, o el final que se desea, sino más bien dedíquense a la pequeña tarea que tienen a mano, que eso sea suficiente para el día, porque ciertamente nuestra actividad es, tal como lo dice Carlyle: «No lo que se ve a lo lejos, sino lo que se ve exactamente al frente de nosotros».

La única forma de mejorar es practicar su profesión hasta que la conozca completamente. Al principio, usted hace lo que sabe hacer. Entre más practica su profesión, más la conoce, pero entre más la conoce, descubrirá también que además se puede hacer de manera diferente. En ese momento se tiene que tomar la decisión: ¿hará lo que siempre ha hecho o intentará hacer más de lo que piensa que usted debe hacer? La única forma de mejorar es salirse de su área de comodidad e intentar cosas nuevas.

Las personas me preguntan con frecuencia: «¿Cómo puedo ampliar mi negocio?» o «¿cómo puedo hacer que mi departamento sea mejor?» La respuesta es que crezca usted de manera personal. La única forma de que su organización crezca es que los líderes que la dirigen también crezcan. Entre mejor sea usted, los demás también serán mejores. El director ejecutivo de General Electric que ahora está pensionado, Jack Welch dijo: «Antes de que usted sea un líder, el éxito tiene que ver con desarrollarse a sí mismo. Cuando usted se convierte en un líder, el éxito tiene que ver con desarrollar a los demás». Y el momento de empezar es ahora.

—Líder de 360°

¿QUÉ COSAS NUEVAS POR FUERA DE SU ZONA DE CONFORT
INTENTARÁ HACER HOY?

¿HE PLANTEADO MI PUNTO DE VISTA?

El experto en la inversión Warren Buffet dijo: «Algunas veces no es tan importante qué tan fuerte usted reme el bote, sino qué tan rápida es la corriente». Cuando usted está tratando con su líder, necesita poner atención al flujo de la corriente.

Es muy importante aprender a comunicar su punto de vista claramente a su líder. Es su responsabilidad comunicar lo que usted sabe y darle una perspectiva a cada asunto. Pero una cosa es comunicar y otra es coaccionar a su líder. La decisión que su líder tome no es su responsabilidad. Además, si usted ya presentó su punto claramente, es muy poco probable que pueda defender su causa si continúa presionando a su líder. El presidente Dwight D. Eisenhower decía: «Uno no dirige golpeando a las personas en la cabeza, eso no es dirección, eso es un asalto». Si usted sigue repitiendo una y otra vez su punto, sólo está tratando de que hagan las cosas a su manera.

—*Líder de 360°*

TOME HOY LA RESPONSABILIDAD QUE LE CORRESPONDE
Y PERMITA QUE LOS DEMÁS ASUMAN LAS PROPIAS.

UN BUEN NAVEGANTE PERMANECE AL LADO DE SU GENTE

El buen guía viaja con las personas que conduce. No dirige para luego marcharse. Viaja junto con su pueblo como amigo. Richard Exley, autor y conferencista, explicó su idea acerca de la amistad de esta manera: «Un verdadero amigo es alguien que escucha y entiende cuando usted expresa sus sentimientos más profundos. Lo apoya cuando lucha; lo corrige, gentilmente y con amor, cuando yerra; y lo perdona cuando fracasa. Un verdadero amigo lo impulsa al crecimiento personal, lo estira para que alcance todo su potencial. Y lo más sorprendente es que celebra sus éxitos como si fueran propios».

A medida que acompañe a algunas de las personas que influye y las guíe, podrían experimentar momentos difíciles. Usted no será perfecto ni tampoco lo serán ellos, pero recuerde las palabras de Henry Ford: «Su mejor amigo es aquel que le saca lo mejor». Esfuércese por seguir ese objetivo, y ayudará a muchas personas.

—*Seamos personas de influencia*

NAVEGUE HOY CON SU GENTE Y SAQUE LO MEJOR DE ELLOS.

NO SE LO PIERDA

La gente pierde muchas oportunidades para establecer conexión y desarrollar relaciones más profundas porque no se hacen accesibles a los demás. Note que uso a propósito la frase «se hacen». La accesibilidad tiene muy poco que ver con la timidez o el arrojo de los demás, y todo que ver con la manera como usted se comporta y los mensajes que envía a los demás.

Hace años leí un escrito titulado «El arte de llevarse bien con los demás», el cual dice:

> Tarde o temprano cada persona descubre, si es sabia, que la vida es una mezcla de días buenos y malos, de victorias y derrotas, de toma y dame. Descubre que no vale la pena ser demasiado sensible, que debería dejar algunas cosas pasar de largo como el agua resbala por las plumas de un pato. Descubre que los cascarrabias casi siempre salen perdiendo, que a todos les toca desayunar con tostada quemada de vez en cuando, y que no debería tomar demasiado en serio el mal genio de sus semejantes... Descubre que casi todos los demás son tan ambiciosos como él o ella, que el cerebro les funciona igual o mejor, y que el trabajo duro y no la astucia es el secreto del éxito. Aprende que ningún hombre llega solo a primera base y que solo a través de la cooperación y el esfuerzo colectivo es que avanzamos hacia cosas mejores. En breve, se da cuenta de que el «arte de llevársela bien» depende casi un noventa y ocho por ciento de su propia conducta hacia los demás.

Si quiere ser una persona agradable y accesible a los demás, usted debe hacer que se sientan cómodos. Permítame mostrarle cómo.

—*Cómo ganarse a la gente*

¿ES USTED UNA PERSONA ACCESIBLE?

EL TEMOR ES UNA PARTE DEL PROGRESO

Uno de los secretos del éxito es no dejar que lo que no puede hacer interfiera con lo que sí puede hacer. Hoy en día soy reconocido mayormente por hablar en público, pero cuando comencé a hablar por primera vez, no fui efectivo. Recuerdo cuando estaba realmente temeroso. Luego cuando tuve la oportunidad de hablar en un evento como estudiante en mi último año de universidad, fui terrible. La gente que me conocía en ese entonces describía mi estilo de hablar como «rígido», pero fui persistente. Comencé a estudiar a comunicadores efectivos y hablé ante públicos pequeños cada vez que surgía la oportunidad. Me llevó siete años llegar a sentirme cómodo hablando. Sólo entonces pude desarrollar y refinar mi estilo de comunicación.

A su tiempo, tuve oportunidades para hablar ante públicos más grandes. La primera vez que hablé a más de mil personas fue en el local Veterans Memorial Auditorium en Columbus, Ohio, en la década de 1970. En la década de 1980, hablé a un público de más de 10,000 personas por primera vez, durante una reunión juvenil en la Universidad de Illinois. En la década de 1990, hablé a 68,000 personas en el RCA Dome en Indianápolis. Y en la década del 2000, he hablado en vivo en eventos que fueron transmitidos en forma simultánea a un público aún más grande.

No le cuento esto para jactarme. Lo digo porque cuando estaba temeroso durante ese primer compromiso para hablar, no tenía idea a dónde me llevaría eso, pero no permití que mi temor me dominara. En cambio, lo acepté como el precio que tenía que pagar por el progreso personal.

Shakespeare dijo: «No es digno del panal de miel aquel que evita la colmena porque las abejas tienen aguijones». No permita que su temor le impida tomar pequeños pasos en su desarrollo. Nunca sabe hacia dónde le van a llevar.

—Lo que marca la diferencia

DEJE SUS TEMORES A UN LADO Y DÉ PEQUEÑOS PASOS
PARA SEGUIR DESARROLLÁNDOSE.

TODO SE VE DISTINTO DESDE AQUÍ

Cuando de ganarse a la gente se trata, todo empieza con la capacidad para pensar en otra gente antes que en nosotros mismos. La gente que permanece centrada en sí misma y que solo se sirve a sí misma siempre tendrá dificultad para llevarse bien con los demás. Para ayudarles a romper ese patrón de vida, necesitan ver la realidad de las cosas. Si quiere mejorar su capacidad para ver las cosas en la perspectiva correcta y poner a los demás en primer lugar, haga lo siguiente:

Sálgase de su «pequeño mundo». Para cambiar de enfoque, la gente necesita salir de su «pequeño mundo». Si usted tiene una visión estrecha de la gente, vaya a lugares que nunca haya visitado, conozca al tipo de personas que no conoce todavía, y haga cosas que nunca haya hecho antes. Esto cambiará su perspectiva, así sucedió conmigo.

Deje su ego en la puerta. Un egoísta puede describirse no como una persona que piensa demasiado en sí misma, sino que piensa muy poco en los demás. Esa es una buena descripción. Con frecuencia nos equivocamos al creer que lo opuesto del amor es el odio, pero yo creo que eso es incorrecto. Lo opuesto de amar a otros es ser egocéntricos. Si su enfoque siempre está centrado en usted, nunca podrá establecer relaciones positivas con los demás.

Entienda qué trae satisfacción verdadera. Lo que en el fondo trae satisfacción involucra a los demás. Una persona que está completamente enfocada en sí mismo siempre se sentirá inquieta y ansiosa.

Si usted quiere tener una vida satisfactoria, necesita relaciones sanas, y para construir esa clase de relaciones, usted necesita olvidarse de sí mismo.

—Cómo ganarse a la gente

RECUERDE QUE LA POBLACIÓN TOTAL DEL MUNDO, SALVO UNA MÍNIMA EXCEPCIÓN, ESTÁ COMPUESTA DE OTRAS PERSONAS.

APRENDA HOY SU OFICIO

En la pared de una oficina se encuentra un letrero que dice: «El mejor momento para plantar un árbol es hace veinticinco años. El siguiente mejor momento es hoy». No existe tiempo como el presente para convertirse en un experto en su profesión. Quizás hubiera deseado haber empezado antes. O quizás usted hubiera deseado haber encontrado un mejor maestro o mentor antes. Nada de eso importa. Mirar el pasado y lamentarse no le ayudará a avanzar.

Un amigo del poeta Longfellow le preguntó cuál era el secreto de su continuo interés en la vida. Señalando un árbol de manzana que estaba cerca de allí, Longfellow le contestó: «El propósito de ese árbol de manzana es crecer un poquito más cada año. Eso es lo que yo también planeo hacer». Un sentimiento similar está en uno de los poemas de Longfellow:

> No es la satisfacción ni el sufrimiento
> el fin de nuestro destino.
> Es saber que cada mañana
> nos encuentre mejores de lo que somos hoy.

Es probable que usted no esté donde se supondría. Puede que usted no sea lo que quisiera ser. Usted no tiene que ser lo que solía y no tiene que llegar alguna vez. Usted sólo necesita aprender a ser lo mejor que pueda ser el día de hoy. Tal como Napoleón Hill lo dijo: «Usted no puede cambiar donde comenzó, pero sí puede cambiar la dirección hacia dónde va. No es lo que va a hacer, sino lo que está haciendo ahora lo que cuenta».

—Líder de 360°

POR EL BIEN DEL MAÑANA, HAGA HOY AQUELLO
QUE HA ESTADO POSPONIENDO.

SI TIENE ÉXITO AL PRINCIPIO, INTENTE HACER ALGO MÁS DIFÍCIL

La disposición de asumir riesgos mayores es una clave importante para tener éxito, y usted debería sorprenderse que eso pueda resolver dos clases de problemas muy diferentes.

Primero, si ha alcanzado todas las metas que se ha propuesto, entonces necesita aumentar su disposición para aprovechar las oportunidades. El camino hacia el siguiente nivel es siempre hacia arriba, de modo que no puede alcanzarlo con el impulso que lleva.

Por el contrario, si se encuentra en un lugar donde pareciera que no va a lograr muchas metas, es probable que esté actuando muy conservadoramente. De nuevo, la respuesta es una disposición a asumir riesgos mayores. (Es irónico que los extremos opuestos del espectro se junten en el área de riesgo.)

Piense en la siguiente gran meta que tiene por delante. Escriba el plan que se ha trazado para alcanzarla. Luego revíselo para ver si ha incluido suficientes riesgos. Si no, busque partes de ese proceso donde pueda extremar los límites, arriésguese más y aumente sus oportunidades de éxito.

—El lado positivo del fracaso

AGRANDE HOY SU UMBRAL DE RIESGO.

ELECCIONES

El poeta, crítico y escritor de diccionarios Samuel Johnson hizo la siguiente observación: «El que tiene tan poco conocimiento de la naturaleza humana que busca la felicidad cambiando todo excepto su propia disposición, desperdiciará su vida en esfuerzos infructuosos y multiplicará el dolor que se ha propuesto quitar». La mayoría de la gente quiere cambiar al mundo para mejorar su vida, pero el mundo que necesitan cambiar primero es el que está dentro de ellos. Esa es una elección, una que algunos no están dispuestos a hacer.

Cuanto más vive usted, más es moldeada su vida por sus elecciones. Usted decide qué va a comer. (Esta es una de las maneras más comunes en que los niños pequeños comienzan a afirmar su independencia.) Usted decide con qué juguetes va a jugar. Decide si va a hacer sus tareas o ver televisión. Escoge con qué amigos va a estar. Escoge si va a terminar el bachillerato, si va a ir a la universidad, con quién se va a casar, en qué va a trabajar. Cuanto más vive, más decisiones tomará, y más responsable será por la manera en que su vida resulta.

Yo no sé qué clase de circunstancias ha tenido que enfrentar en su vida. Quizás haya tenido muchos problemas sumamente difíciles. Quizás haya tenido que enfrentar dificultades extremas o sufrido tragedias terribles. Sin embargo, su actitud es aún algo que usted elige.

—Lo que marca la diferencia

¿QUÉ TIPO DE ACTITUD ELIGIÓ?

INFLUYA EN OTROS

S i su sueño es grande y requiere del trabajo en equipo de un grupo de personas, entonces todos los líderes potenciales que seleccione para ir con usted en el viaje necesitarán ser personas de influencia. Después de todo, eso es liderazgo: influencia. Cuando piensa sobre esto, todos los líderes tienen dos cosas en común: Van en alguna dirección, y son capaces de convencer a otros que lo acompañen.

Cuando observe la gente a su alrededor, considere lo siguiente:

- *¿Quién influye sobre ellos?* Usted puede decir mucho acerca de a *quiénes* ellos influirán y *cómo* lo harán si sabe quiénes son sus héroes y mentores.
- *¿Sobre quiénes influyen?* Usted podrá juzgar su nivel actual de efectividad en el liderazgo si sabe sobre quiénes influyen.
- *¿Está su influencia aumentando o disminuyendo?* Puede saber si una persona es un líder *pasado* o un líder *potencial* al examinar en qué dirección va el nivel de influencia de esta persona.

Para ser un buen juez de líderes potenciales, no mire solo a la persona, mire a aquellos sobre los cuales influye. Mientras mayor la influencia, mayor es el potencial de liderazgo y la capacidad de lograr que otros trabajen con usted para cumplir su sueño.

—*El mapa para alcanzar el éxito*

INVIERTA TIEMPO EN PERSONAS
CON EL MÁS ALTO GRADO DE INFLUENCIA.

LA IMPORTANCIA DE LA ATENCIÓN
Y LA CONTENCIÓN

En cierta medida, las personas responden de manera similar a algunos animales. Al igual que estos, a las personas hay que cuidarlas, no sólo física, sino emocionalmente. Si observa a su derredor, descubrirá que hay personas en su vida que quieren ser cuidadas, afirmadas con ánimo, reconocimiento, seguridad, y esperanza. Llamaremos s este proceso cuidado, y es algo que todo ser humano requiere.

Si desea convertirse en alguien que influye otras vidas, comience cuidándolas. Muchas personas erróneamente piensan que la manera de llegar a ser influyente es convirtiéndose en una figura autoritaria, corrigiendo los errores ajenos, revelando las áreas débiles que no pueden ver con facilidad en ellos mismos, y ofreciendo crítica supuestamente constructiva. Pero lo que el clérigo John Knox dijo hace más de cuatrocientos años aún es cierto: «Uno no puede enemistarse con las personas e influir en ellas al mismo tiempo».

En el centro del proceso de cuidado está el interés genuino por los demás. Cuando trata de ayudar e influir en las personas a su alrededor, debe tener sentimientos positivos e interés por ellos. Si desea impactarlos de manera positiva, no puede despreciarlos, aborrecerlos, o ridiculizarlos. Debe amarlos y respetarlos.

—*Seamos personas de influencia*

BRINDE HOY A LAS PERSONAS DE SU ENTORNO PALABRAS
DE ALIENTO, RECONOCIMIENTO, SEGURIDAD Y ESPERANZA.

LA LEY DEL CRECIMIENTO EXPLOSIVO

Usted puede crecer dirigiendo seguidores, pero si desea utilizar al máximo su liderazgo y ayudarle a su organización a lograr su potencial, necesita desarrollar líderes. No hay otra forma de experimentar el crecimiento explosivo. He aquí cómo avanzar con la matemática de los líderes:

* Si se desarrolla a sí mismo, experimenta un éxito personal.
* Si desarrolla un equipo, su organización puede experimentar el crecimiento.
* Si desarrolla líderes, su organización puede lograr un crecimiento explosivo.

Sólo logrará su potencial y llegará al nivel en su organización si si comienza a formar líderes en vez de seguidores. Los líderes que forman líderes experimentan en sus organizaciones un efecto multiplicador increíble que no se puede alcanzar de ninguna otra manera.

—Las 21 leyes irrefutables del liderazgo

CONCENTRE SU ENERGÍA EN DESAROLLAR LÍDERES, NO
SIMPLEMENTE EN DIRIGIR SEGUIDORES.

LA LEY DEL SUELO FIRME

¿Qué tan importante es la confianza en un líder? Es lo más importante. La confianza es el fundamento del liderazgo. ¿Cómo gana la confianza un líder? Al ser ejemplo de carácter. El carácter comunica muchas cosas a los seguidores. Las siguientes son las más importantes:

1. *El carácter comunica coherencia.* No se puede contar día tras día con los líderes que no tienen fuerza interior porque su capacidad de desempeño cambia constantemente.
2. *El carácter comunica potencial.* Un carácter débil es como una bomba de tiempo. Sólo es cuestión de tiempo antes de que explote la habilidad de una persona para realizar algo y su capacidad para dirigir.
3. *El carácter comunica respeto.* ¿Cómo ganan respeto los líderes? Tomando sabias decisiones, admitiendo sus errores, y anteponiendo a sus planes personales lo que es mejor para sus seguidores y la organización.

—*Las 21 leyes irrefutables del liderazgo*

¿QUÉ ES LO QUE COMUNICA SU CARÁCTER?

HABLE HOY DE SU OFICIO

Cuando alcance un grado de eficiencia en su profesión, una de las mejores cosas que puede hacer por sí mismo es conversar de ella con los demás en su mismo nivel o en niveles más altos que el suyo. Muchas personas hacen esto naturalmente. Los guitarristas hablan acerca de las guitarras, los padres hablan acerca de criar niños, los jugadores de golf hablan de golf. Lo hacen porque lo disfrutan, los llena de pasión, les enseña nuevas habilidades y perspectivas y los prepara para actuar.

A mí me encanta hablar todo el tiempo de liderazgo con buenos líderes. De hecho, pongo en mi agenda al menos seis veces al año, un almuerzo de aprendizaje con alguien que admiro. Antes de ir al almuerzo, los estudio leyendo sus libros, estudiando sus lecciones, escuchando sus conferencias, o lo que necesite hacer. Mi meta es aprender lo suficiente de ellos y de su «lado amable» para poder hacerles las preguntas adecuadas. Si hago eso, puedo entonces aprender de sus fortalezas, aunque no sea ese mi objetivo mayor. Mi objetivo es aprender lo que puedo transferir de su zona de fortaleza a la mía. De allí vendrá mi crecimiento, no de lo que ellos hacen. Tengo que aplicar a mi situación lo que aprendo.

El secreto de una gran entrevista es escuchar. Es la conexión entre aprender de ellos y aprender de uno mismo. Y ese debe ser su objetivo.

—Líder de 360°

CONCIERTE UNA ENTREVISTA CON ALGUIEN DE QUIEN
USTED PUEDA APRENDER ACERCA DE SU OFICIO.

PRÉSTELE ATENCIÓN AL DÍA DE HOY

Me encanta lo que la ex primera dama Bárbara Bush dijo acerca del futuro, comparándolo con un viaje por tren:

> Nos subimos al tren cuando nacemos, y queremos cruzar el continente porque creemos que en algún lugar existe una estación. Pasamos por pequeños pueblitos mirando a través de la ventana del tren de la vida, campos de granos y silos, intersecciones niveladas, autobuses llenos de gente en las pistas a nuestro lado. Pasamos por ciudades y fábricas, pero no nos fijamos en nada porque queremos llegar a la estación . . . Esta estación cambia para nosotros durante la vida. Para comenzar, para la mayoría de nosotros, es cuando cumplimos los dieciocho años, y terminamos el bachillerato. Luego la estación es ese primer ascenso y luego la estación se convierte en lograr que los hijos terminen la universidad, y luego la estación se convierte en la jubilación y luego . . . demasiado tarde nos damos cuenta de la verdad, que este lado de esa ciudad cuyo constructor es Dios, no tiene realmente una estación. El gozo está en el viaje y el viaje es el gozo.
>
> Tarde o temprano, uno se da cuenta que no hay estación y la verdad de la vida es el viaje. Lea un libro, coma más helado, camine descalzo más a menudo, abrace un niño, váyase de pesca, ría más. La estación llegará pronto. Y mientras viaja, encuentre una manera de hacer que este mundo sea más hermoso.

Enfocarse en el destino no es una buena idea. Puede que el mañana llegue, o puede que no. El único lugar en el que realmente tenemos algo de poder es en el presente.

—Lo que marca la diferencia

HAGA LO QUE SABE EN EL AQUÍ Y AHORA.
SAQUE LO MEJOR DEL VIAJE.

SEA ACCESIBLE

Todos nos hemos encontrado con personas que parecen frías y fuera de alcance, y también hemos conocido a personas que nos tratan como amigos de toda la vida desde el primer momento. Esto no es un asunto que solo se relaciona con personas importantes y famosas. ¿Cuán accesibles son las personas más importantes en su vida? Cuando usted necesita hacerle una pregunta a su jefe, ¿es fácil o difícil? Cuando necesita hablar con su cónyuge sobre un tema problemático, ¿espera un diálogo o una pelea?

¿Qué podría decirse de usted? ¿Puede la gente más cercana a usted hablarle de casi cualquier asunto? ¿Cuándo fue la última vez que alguien le trajo malas noticias o estuvo en fuerte desacuerdo con su punto de vista sobre algún asunto? ¿O que le confrontó acerca de algo que usted hizo mal? Si fue hace mucho tiempo, es posible que usted no sea tan accesible como cree.

Algunas personas consideran frívola la idea de volverse accesibles, creen que es algo bonito pero no indispensable. Muy pocos se toman la molestia de cultivar ese rasgo de la personalidad, pero lo cierto es que es mucho más que eso. La accesibilidad es un arma poderosa en la caja de herramientas de las relaciones personales.

—*Cómo ganarse a la gente*

HAGA UNA EVALUACIÓN DE 360 GRADOS DE SU ACCESIBILIDAD. DESCUBRA SI SUS JEFES, EMPLEADOS, COLEGAS E INTEGRANTES DE SU FAMILIA PIENSAN QUE ES FÁCIL CONVERSAR CON USTED.

TOME EL CAMINO ALTO

El camino alto es de verdad el sendero menos recorrido. Digo esto porque andar por este camino requiere pensar y actuar de maneras que no son naturales ni comunes. Sin embargo, aquellos que practiquen el principio del camino alto se convertirán en instrumentos de gracia para otros, así como receptores de gracia.

La gente que recorre el camino alto hace de la excelencia su meta. Esto es algo que puede lograrse si:

* nos interesamos más de lo que otros creen prudente;
* arriesgamos más de lo que otros consideran seguro;
* soñamos más de lo que otros creen práctico;
* esperamos más de lo que otros consideran posible;
* trabajamos más de lo que otros juzgan necesario.

Si nos comportamos de acuerdo a nuestros estándares más altos, es menos probable que optemos por ser defensivos y tomemos el camino bajo al ser atacados por otros. Lo digo porque cuando uno sabe que ha hecho todo lo que puede hacer, las críticas se le resbalan como la lluvia.

—Cómo ganarse a la gente

ELIJA EL CAMINO ALTO, SIN IMPORTAR LO QUE OTROS
HAGAN O DIGAN.

AÑADA VALOR A LAS PERSONAS

Todo comienza con su actitud hacia los demás. El experto en relaciones humanas Les Giblin dijo: «No podemos hacer que un compañero se sienta importante en nuestra presencia si secretamente creemos que es un don nadie». ¿No es cierto? ¿No cree que es difícil hacer algo bueno por una persona cuando no sentimos aprecio por ella?

La forma en que vemos a las personas es muchas veces la diferencia entre manipularlos y motivarlos. Si no queremos ayudar a los demás, pero sí queremos que ellos nos ayuden, entonces tenemos un problema. Manipulamos a las personas cuando las utilizamos para nuestra ventaja *personal*. Por otro lado, las motivamos cuando lo que buscamos es una ventaja *mutua*. Añadirles valor a otros es, en consecuencia, una proposición donde todos ganan.

¿Cómo ve usted a los demás? ¿Son ellos receptores potenciales del valor que usted les pueda dar, o son simplemente una molestia en su carrera al éxito? El autor Sydney J. Harris dijo: «La gente quiere ser apreciada, no impresionada. Quiere que se les trate como seres humanos y no como cajas de resonancia para el ego de otras personas. Quieren ser tratados como el objeto final, no como un medio para la gratificación de la vanidad de otro». Si usted desea añadirles valor a las personas, tiene que valorarlas primero.

—25 maneras de ganarse a la gente

¿MANIPULA O MOTIVA A LAS PERSONAS?

¿SE ESTÁ QUEDANDO SIN TIEMPO?

Hay un viejo dicho que dice: «es mejor la palabra a tiempo que dos después del suceso». Si era cierto en la antigüedad, lo es más en nuestra sociedad actual donde la información y los mercados se mueven muy rápido.

Constantine Nicandros, presidente de Conoco, dijo: «El mercado competitivo está lleno de buenas ideas que vinieron y se fueron porque no se le dio la atención adecuada al hecho de moverse rápidamente y apuntarle a una ventana de oportunidad abierta. El mismo mercado está tapizado de vidrios rotos, resultado de las ventanas de oportunidades a las que se les apuntó después de que se cerraron».

Si esperar hará que sea imposible que una organización tome una oportunidad, arriésguese y presione. Su líder siempre puede decidir no tomar su consejo, pero ningún líder quiere escuchar: «¿sabes?, creí que eso iba a pasar» después que ya es muy tarde. Déle a su líder la oportunidad de decidir.

—Líder de 360°

ANTES DE QUE SE ACABE EL TIEMPO, PRESENTE A SU LÍDER
AQUELLAS OPORTUNIDADES QUE USTED VEA.

LOS PROBLEMAS DAN SENTIDO A LA VIDA

Un sabio filósofo comentaba una vez que el único obstáculo a vencer de un águila, para volar con mayor velocidad y mayor facilidad, era el aire. Sin embargo, si el aire le fuera quitado y la orgullosa ave tuviera que volar en el vacío, caería instantáneamente, imposibilitada totalmente para volar. Los mismos elementos que ofrecen resistencia al vuelo son al mismo tiempo la condición indispensable para el vuelo.

El principal obstáculo que una lancha motora tiene que superar es el agua contra el propulsor. Sin embargo, si no fuera por la misma resistencia, el bote no se movería en absoluto.

La misma ley, de que los obstáculos son condiciones para el éxito, se aplica a la vida humana. Una vida libre de todos los obstáculos y dificultades, reduciría todas sus posibilidades y poderes a cero. Elimine los problemas, y la vida perderá su tensión creativa. El problema de la ignorancia de las masas da significado a la educación. El problema de la enfermedad da significado a la medicina. El problema del desorden social da significado al gobierno.

A lo largo de toda la vida, los seres humanos tendemos a querer librarnos de los problemas y responsabilidades. Cuando surja esa tentación, recuerde al joven que preguntó a un viejo solitario: «¿Cuál es la carga más pesada de la vida?» El viejo le respondió tristemente: «No tener nada que cargar».

—Desarrolle el líder que está en usted

DEJE QUE SUS PROBLEMAS LO INSPIREN PARA LOGRAR UNA
CREATIVIDAD Y FUERZA MAYORES.

EXPRESE SU FE EN LAS POSIBILIDADES DE LAS PERSONAS

El filósofo y poeta Johann Wolfgang von Goethe aconsejó: «Trata a un hombre como parece ser y le harás peor. Trátale como si ya fuera lo que podría llegar a ser, y le harás aquello que debería ser».

Piense en las personas que han hecho una diferencia en su vida: el maestro que le hizo creer que podía lograrlo, el jefe que le dio una oportunidad para mostrar que usted sí podía hacerlo, el consejero que le hizo saber que usted sí tenía lo que se requiere para cambiar y tener una vida mejor, el hombre o la mujer que le amó lo suficiente para decirle «sí» el día de la boda. Ellos no solo estuvieron presentes en esos momentos definitivos, sino que en muchos casos fueron quienes los *crearon* para beneficiar su vida.

En casi todos los casos en que se dio un impacto positivo, la persona creyó en usted de antemano. Lo más probable es que él o ella viera en usted algo que quizás usted mismo no había visto. ¿No le gustaría ser esa persona para otros? Si la respuesta es afirmativa, entonces trate de amar a los demás y verles como los mejores, como el número 10. Si tiene familia, empiece con su cónyuge y sus hijos, y después amplíe el círculo de influencia a partir de allí. Crea lo mejor de los demás y sacará a relucir lo mejor.

—*Cómo ganarse a la gente*

MANIFIESTE SU FE EN EL POTENCIAL DE ALGUIEN Y PROPICIE
UN MOMENTO FUNDAMENTAL PARA ESA PERSONA.

ACEPTE UNA SANA COMPETENCIA

¿Cuál es la manera más rápida de medir su efectividad en su profesión? Quizás usted tenga medidas a largo plazo, tales como objetivos mensuales o anuales. Pero ¿qué podría hacer si usted quiere saber cómo le va hoy? ¿Cómo lo mediría? Observe su lista de actividades, pero ¿qué tal si tiene un parámetro muy bajo? Puede preguntarle a su jefe, aunque la mejor manera sería ver lo que los demás en su área de trabajo están haciendo. Si usted se encuentra significativamente retrasado o adelantado de ellos ¿no le diría algo eso a usted? Puede que no sea la única forma de evaluarse a sí mismo, pero ciertamente le provee de un buen parámetro real.

—Líder de 360°

DEDIQUE TIEMPO A OBSERVAR CON ATENCIÓN A PERSONAS
DE SU PROFESIÓN PARA VER SI USTED ESTÁ A SU ALTURA.

DESARROLLO PERSONAL

He convertido en parte de mi vida sacar tiempo para desarrollar a quienes me rodean. Un líder dijo: «Usted me ha guiado y entrenado intencionalmente durante más de una década». Doy a mis líderes tiempo de consejería y asesoramiento. Los ayudo cuando luchan con situaciones difíciles. También programo tiempo para capacitarlos con regularidad. Varios líderes citaron como algo muy valioso la enseñanza mensual de liderazgo que les doy. Otra me recordó por las experiencias que le he contado. Ella dijo: «Siempre quiere que las personas que lo rodean puedan experimentar con él los privilegios y oportunidades que ha recibido».

Intento dar a mi gente lo que puedo. Algunas veces les doy tiempo, otras veces dirección. Si puedo compartir una experiencia valiosa, lo hago. Por ejemplo, la misma miembro del personal a quien me referí en el párrafo anterior mencionó que con mi ayuda pudo desayunar en Corea con el doctor Cho, pastor de la iglesia más grande del mundo. Otro había soñado siempre con conocer a Bill Graham en persona. Cuando tuve una oportunidad de encontrarme con el grandioso evangelista, llevé conmigo a ese miembro del personal. Estos dos incidentes fueron emocionantes para ellos, sin embargo no son más valiosos que las experiencias de crecimiento que trato de tener con ellos día a día. Busco oportunidades de brindarme a mi gente, y usted también debería hacerlo con la suya.

—Desarrolle los líderes que están alrededor de usted

¿QUÉ PUEDE HACER HOY PARA AYUDAR
A ALGUIEN EN SU DESARROLLO?

¿QUÉ PUEDO APRENDER DE LO QUE OCURRIÓ?

Me gusta leer la tira cómica *Snoopy* por Charles Schulz. En una de mis favoritas, Carlitos está en la playa construyendo un hermoso castillo de arena. Cuando se pone de pie para admirar su trabajo, de repente lo alcanza una ola y lo deja convertido en un montón de arena suave. Carlitos, mirando lo que momentos antes era la creación de la que se sentía orgulloso, dice: «Aquí debe haber una lección, pero no logro saber cuál es».

Esa es la manera en que mucha gente enfrenta la adversidad. Están tan afectados por las cosas que han ocurrido que se confunden de tal manera que no logran aprender la lección que les ha dejado la experiencia. Siempre hay una forma de aprender de los fracasos y errores. El poeta Lord Byron tenía razón cuando dijo: «La adversidad es el primer paso a la verdad».

Es difícil dar algunas ideas generales sobre cómo aprender de los errores porque cada situación es diferente, mas si mantiene una actitud receptiva a medida que se acerca al proceso y trata de aprender todo lo que pueda sobre qué haría de manera diferente, va a mejorar mucho. Cuando una persona tiene la actitud correcta, cada obstáculo lo hace conocerse mejor.

—El lado positivo del fracaso

SEPARE UN POCO DE TIEMPO PARA REFLEXIONAR
SOBRE LOS ERRORES RECIENTES QUE HAYA COMETIDO.

NOVIEMBRE

1. Adaptabilidad
2. El principio 20/80
3. Sea más valioso
4. Enseñe a las personas a que crezcan por sí solos
5. Transmitiendo visión
6. Que el fracaso sea su mejor amigo
7. Aprenda el nombre del cartero
8. Esté dispuesto a cambiar
9. El beneficio de la integridad: La confianza
10. Alimente las emociones adecuadas
11. El liderazgo se desarrolla día a día, no en un día
12. Haga sentir importantes a los demás
13. Es un viaje familiar
14. Diga lo que piensa, y piense lo que diga
15. Recuerde la historia de una persona
16. Negándose a correr un riesgo
17. El poder de la colaboración
18. No tome atajos
19. Logros por sobre la afirmación
20. Vaya más allá de sus fuerzas
21. Evite el chisme
22. Las personas recuerdan las palabras de aliento
23. Aprenda a ser flexible
24. Compromiso
25. Que el fracaso lo encamine al éxito
26. El poder de las habilidades interpersonales
27. Incendie los barcos
28. Dé crédito al equipo
29. Reconozca el valor de un nombre
30. Midiendo la integridad

ADAPTABILIDAD

El trabajo en equipo y la rigidez personal sencillamente no se mezclan. Si quiere trabajar bien con otros y ser un buen jugador de equipo tiene que estar dispuesto a adaptarse al equipo. Los miembros de un equipo que son adaptables tienen ciertas características. Las personas adaptables son y están . . .

Dispuestas a aprender: Diana Nyad dijo: «Estoy dispuesta a enfrentar lo que sea; el dolor o los malestares temporales no me asustan cuando entiendo que la experiencia me llevará a un nivel nuevo. Me interesa lo desconocido y la única forma de conocer lo desconocido es incursionar en ello, es derribando barreras». Las personas adaptables dan siempre una gran prioridad a abrir nuevos caminos. Están siempre dispuestas a aprender.

Emocionalmente seguras: Otra característica de la gente adaptable es su seguridad. Las personas que no tienen seguridad emocional ven casi todo como un reto o una amenaza. Miran con rigidez o sospecha el que otra persona talentosa se una al equipo, temen que afecte su posición o título o que las cosas no se sigan haciendo como se habían venido haciendo. En cambio, a las personas seguras los cambios no los alteran. Evalúan una nueva situación o una modificación en sus responsabilidades basados en los méritos de tal situación o cambio.

Creativas: Cuando vienen los problemas, las personas creativas encuentran una forma de superarlos. La creatividad da alas a la adaptabilidad.

Orientadas al servicio: Las personas que se enfocan en sí mismas son menos aptas para hacer cambios a favor del equipo que aquellas enfocadas en servir a otros. Si su meta es servir a su equipo no será difícil adaptarse para alcanzar esa meta.

La primera clave para ser parte de un equipo es estar dispuesto a adaptarse a él. ¡No espere que el equipo se adapte a usted!

—*Las 17 cualidades esenciales de un jugador de equipo*

¿ESTÁ DISPUESTO A ADAPTARSE A SU EQUIPO
PARA ALCANZAR EL ÉXITO?

EL PRINCIPIO 20/80

Hace muchos años, cuando estaba empeñado en obtener la licenciatura en administración, aprendí el Principio de Pareto. Se lo llama comúnmente el Principio 20/80. Aunque en aquella ocasión recibí poca información al respecto, comencé a aplicarlo en mi vida. Veinte años más tarde encuentro que es la herramienta más útil para determinar prioridades en la vida de cualquier persona o de cualquier organización.

Todo líder necesita entender el Principio de Pareto en el área de supervisión y liderazgo. Por ejemplo, el 20% de la gente de una organización será responsable del 80% del éxito.

La siguiente estrategia capacitará a un líder para aumentar la productividad de una organización.

1. Determine qué personas son el 20% de los principales productores.
2. Emplee el 80% del «tiempo dedicado a su gente» con el 20% de los mejores.
3. Invierta el 80% del dinero dedicado al desarrollo de personal, en el 20% de los mejores.
4. Determine cuál 20% del trabajo da el 80% de retribución, y capacite a un asistente para que haga el 80% del trabajo menos efectivo. Esto libera al productor para hacer lo que hace mejor.
5. Pida que el 20% de los mejores capacite ejerciendo sus funciones al siguiente 20%.

Recuerde, enseñamos lo que sabemos: reproducimos lo que somos. Se engendra lo semejante.

—Desarrolle el líder que está en usted

APLIQUE EL ENFOQUE 20/80 A TODO
LO QUE USTED HAGA ACTUALMENTE.

SEA MÁS VALIOSO

¿Ha oído alguna vez la frase «No se puede dar lo que no se tiene»? Existen personas que tienen corazones muy buenos y desean dar; sin embargo, tienen muy poco que ofrecer. ¿Por qué? Porque ellos mismos no se han valorizado. Llegar a ser más valioso no es un acto enteramente egoísta. Cuando usted adquiere conocimiento, aprende una nueva habilidad, o más experiencia no solo está mejorando, sino que además está aumentando su capacidad para ayudar a los demás.

En 1974 me comprometí a crecer personalmente. Sabía que eso me ayudaría a ser un mejor ministro, así que empecé a leer libros, a escuchar enseñanzas, a asistir a conferencias y a aprender de buenos líderes. En ese tiempo no tenía idea que ese compromiso sería lo más importante que jamás haya hecho para ayudar a los demás, pero eso fue lo que pasó. Entre más progresaba, también progresaba capacidad para ayudar a otros. Entre más me desarrollaba, más podía ayudar a otros a que se desarrollaran. Este principio es el mismo para usted. Si quiere añadirles valor a las personas, usted debe hacerse a sí mismo más valioso.

—25 maneras de ganarse a la gente

PARA SER MÁS VALIOSO, TOME HOY MEDIDAS QUE AMPLÍEN
SU CONOCIMIENTO, EXPERIENCIA O HABILIDADES.

ENSEÑE A LAS PERSONAS A QUE CREZCAN POR SÍ SOLOS

Se dice que la meta de todos los maestros debe ser capacitar a los estudiantes para que les vaya bien sin ellos. Lo mismo puede decirse de los que buscan desarrollar a otros. Mientras labora con otros y los ayuda a florecer, déles lo que necesitan para que aprendan a cuidarse. Enséñeles a encontrar recursos. Anímelos a salir de su zona de comodidad por sí mismos. Y refiéralos a otras personas que puedan ayudarles a aprender y crecer. Si puede ayudarlos a convertirse en miembros vitalicios, les habrá dado un regalo increíble.

Escuchamos que se dice que: «Nadie se enriquece a menos que enriquezca a otros». Cuando usted enriquece a los demás ayudándolos a crecer y a desarrollarse por su cuenta, no sólo les da gozo a ellos y a sí mismo, sino que también aumenta su influencia y su habilidad para tocar la vida de otros.

—Seamos personas de influencia

ENTRENE A LOS MIEMBROS DE SU EQUIPO
PARA QUE GENEREN PLANES PROPIOS DE CRECIMIENTO
PERSONAL PARA EL AÑO PRÓXIMO.

TRANSMITIENDO VISIÓN

Si usted es el líder del grupo, entonces es el responsable de comunicar la visión del equipo y mantenerla continuamente ante la gente. Eso no necesariamente es fácil. Siempre que me esfuerzo por proyectar visión con los miembros de mi equipo utilizo la siguiente lista de control. Trato de asegurar que todo el mensaje de la visión tiene:

+ Claridad: da entendimiento a la visión (las respuestas que las personas deben conocer y lo que usted quiere que ellas hagan)
+ Conexión: une el pasado, el presente y el futuro
+ Propósito: da dirección a la visión
+ Metas: da objetivo a la visión
+ Sinceridad: da integridad a la visión y credibilidad a quien la proyecta
+ Historias: dan relaciones a la visión
+ Desafío: da fortaleza a la visión
+ Pasión: alimenta la visión
+ Ejemplo: da responsabilidad a la visión
+ Estrategia: da proceso a la visión

Creo que su equipo encontrará la visión más accesible y la adoptará con más gusto si usted utiliza esta lista de control. Si así pasa, usted verá que todos tendrán mayor dirección y confianza.

—*Las 17 leyes incuestionables del trabajo en equipo*

VUELVA HOY A COMUNICAR SU VISIÓN
A LOS MIEMBROS DE SU EQUIPO.

QUE EL FRACASO SEA SU MEJOR AMIGO

Cuando está en condiciones de aprender de cualquier mala experiencia y luego hacer de eso una experiencia buena, lo que está haciendo es una transición importante en su vida. Durante años he enseñado algo que creo da ideas útiles sobre el tema del cambio:

> Las personas cambian cuando . . .
> Sufren tanto que tienen que hacerlo.
> Aprenden lo suficiente para desear hacerlo, y
> Reciben tanto que están en condiciones de hacerlo.

Yo aprendí la verdad de tal afirmación en un nivel completamente nuevo el 18 de diciembre de 1998. Durante la fiesta de Navidad de mi compañía, sentí un horrible dolor en el pecho y caí a la lona para la cuenta de diez. Había sufrido un serio ataque al corazón. Mi ataque al corazón fue una experiencia sorpresiva y dolorosa, pero creo que en este proceso Dios fue muy bueno conmigo. Varios médicos excelentes se movieron rápidamente haciendo posible no sólo que sobreviviera, sino que evitaron también cualquier daño permanente en el corazón.

Mi cardiólogo, el doctor Marshall, me dijo que los hombres que sobreviven un ataque al corazón cuando todavía son jóvenes y aprenden de él, viven vidas más largas y saludables que los que nunca sufrieron un ataque al corazón. Yo estoy decidido a aprender de la experiencia. Cambié mi dieta. Hago ejercicios todos los días y trato de vivir una vida más balanceada. He tomado muy a pecho el comentario de Jim Rohn: «No deje que lo que aprende lo haga más sabio; deje que lo que aprende lo haga más activo».

—El lado positivo del fracaso

UTILICE EXPERIENCIAS DOLOROSAS COMO CATALIZADORAS PARA APRENDER Y TAMBIÉN PARA GUIARLO A ACCIONES MÁS TRASCENDENTES.

APRENDA EL NOMBRE DEL CARTERO

En 1937 se publicó el máximo de todos los libros sobre habilidades. Fue un éxito de la noche a la mañana al punto que llegó a vender más de quince millones de ejemplares. Hablo del libro *Cómo ganar amigos e influenciar sobre las personas* de Dale Carnegie. Lo que hizo que ese libro fuera tan apreciado era la comprensión de Carnegie de la naturaleza humana. Me encantan sus simples palabras de sabiduría. Algo que aprendí de Carnegie fue esto: Recuerde y use el nombre de una persona. «Si usted desea hacer amigos», escribió, «esfuércese en recordarlos. Si recuerda mi nombre, me estará dando un elogio sutil; me estará indicando que he hecho una impresión en usted. Recuerde nombre y al hacerlo me estará dando más valor y un sentimiento de importancia».

Lo que era verdad en 1937, lo sigue siendo ahora en este mundo agitado. En estos días, un número de cuenta o un título reemplazan con frecuencia el nombre de una persona. Recordar nombres puede ayudarle a ampliar su imagen personal, mejorar su estilo y, más importante aun, aumentar su impacto en los demás.

—25 maneras de ganarse a la gente

PROPÓNGASE APRENDER LOS NOMBRES
DE LAS PERSONAS QUE CONOZCA HOY.

ESTÉ DISPUESTO A CAMBIAR

Uno de los más grandes líderes militares de la historia fue Napoleón Bonaparte. General a los veintiséis años, utilizó estrategias astutas, mañas y la velocidad del rayo para lograr muchas victorias. El duque de Wellington, uno de los más grandes enemigos del general, dijo: «Considero la presencia de Napoleón en el campo de batalla igual a la fuerza de cuarenta mil hombres en la balanza».

Dirigiéndose a un oponente a quien había derrotado, Napoleón dijo: «Este es el error que siempre cometen: preparan sus planes el día antes de salir al campo de batalla cuando todavía no conocen los movimientos del adversario». Napoleón reconocía en su oponente derrotado una debilidad que él no tenía: falta de adaptabilidad. Si usted está dispuesto a cambiar y a adaptarse por el bien de su equipo, siempre tendrá la posibilidad de triunfar.

—*Las 17 cualidades esenciales de un jugador de equipo*

¿ESTÁ DISPUESTO A IMPROVISAR Y ADAPTARSE A MEDIDA QUE LAS CONDICIONES CAMBIEN, CON EL FIN DE ALCANZAR EL ÉXITO?

EL BENEFICIO DE LA INTEGRIDAD:
LA CONFIANZA

Lo concluyente en cuanto a la integridad es que permite que otros confíen en usted. Sin confianza, no tendrá nada. La confianza es el factor más importante en las relaciones personales y profesionales. Es el pegamento que une a la gente. Y es la clave para convertirse en una persona influyente.

En cierto momento, uno podría suponer que otros confiarán en usted a menos que les diera razón para no hacerlo. Pero ahora, a la mayoría de las personas debe de probarles su honradez. Eso es lo que hace que la integridad sea tan importante si desea convertirse en una persona influyente. Los demás llegan a confiar en usted solamente cuando muestra un carácter firme.

Se ha dicho que uno realmente no conoce a las personas hasta que las observa interactuando con un niño, cuando el auto tiene un neumático sin aire, cuando el jefe está fuera, y cuando creen que nadie se enterará. Pero los íntegros jamás tienen que preocuparse de eso. No importa dónde estén, con quién estén, o en qué clase de situación se encuentren, son coherentes y viven basados en sus principios.

—Seamos personas de influencia

¿SU COMPORTAMIENTO ES CONSISTENTE
CON LOS PRINCIPIOS DE INTEGRIDAD, MÁS ALLÁ
DE DÓNDE O CON QUIÉN SE ENCUENTRE?

ALIMENTE LAS EMOCIONES ADECUADAS

En la vida, la fe y el temor brotan dentro de usted, y usted escoge cuál va a prevalecer. Alguien escribió una vez:

> Dos naturalezas laten dentro de mi pecho,
> una es inmunda, la otra bendecida.
> Amo a la una, y odio a la otra;
> la que yo alimente dominará.

La cosa es que ambas emociones siempre estarán presentes dentro de usted. La emoción que continuamente alimente es la que dominará su vida; no puede esperar a que el temor desaparezca así nomás. Si constantemente se enfoca en sus temores, los entretiene, y cede a ellos, aumentarán. La manera como finalmente los vence es haciéndolos morir de hambre; no les dé a sus temores ni su tiempo ni su energía. No los alimente con chismes o programas negativos de noticias o películas de terror. Enfóquese en su fe y aliméntela. Cuanto más tiempo y energía le da, más fuerte se volverá. Y cuando sienta temor de hacer algo pero aún así lo haga, estará volviendo a programar su actitud. Cuando sienta temor, significará «ande» en lugar de «deténgase», y «pelee con más fuerza» en lugar de «ríndase».

—Lo que marca la diferencia

¿QUÉ TIPO DE EMOCIONES ALIMENTA USTED?
ESCOJA ALIMENTAR SU FE Y CORAJE.

EL LIDERAZGO SE DESARROLLA DÍA A DÍA, NO EN UN DÍA

Ser un líder es como invertir exitosamente en la bolsa de valores. Si usted espera hacer una fortuna en un día, no tendrá éxito. Lo que más importa es lo que hace día a día a largo plazo. Si invierte continuamente en el desarrollo de su liderazgo, y permite que sus «bienes» incrementen, el resultado inevitable es el crecimiento paulatino.

- *Fase 1*: No sé lo que no sé. Cuando un individuo no sabe lo que no sabe, no crece.
- *Fase 2*: Sé que necesito saber. En algún momento de la vida muchas personas son colocadas en una posición de liderazgo, y miran a su alrededor y descubren que nadie las está siguiendo. Cuando esto sucede, se dan cuenta de que necesitan aprender a dirigir.
- *Fase 3*: Sé lo que no sé. Para crecer como líder, tengo que admitir que no tengo todas las respuestas ni habilidades como líder. Necesito a otras personas en mi camino de crecimiento.
- *Fase 4*: Sé, me desarrollo y comienza a notarse. Cuando usted reconoce su falta de destreza y empieza una disciplina diaria de crecimiento en el liderazgo, comienzan a suceder cosas muy emocionantes.
- *Fase 5*: Camino hacia delante porque ahora sé a donde voy. Su capacidad de dirigir es casi instantánea. Usted desarrolla grandes instintos. Y es allí donde la recompensa es más grande que la vida.

—*Las 21 leyes irrefutables del liderazgo*

¿SABE EN QUÉ LUGAR ESTÁ USTED EN EL PROCESO DE LIDERAZGO?

HAGA SENTIR IMPORTANTES A LOS DEMÁS

Alan Zimmerman cuenta la historia de Cavett Roberts, un abogado y vendedor exitoso que fundó la Asociación Nacional de Conferencistas:

> Roberts miró por su ventana una mañana y vio a un flaco jovencito de doce años vendiendo libros de puerta en puerta. Roberts le dijo a su esposa: «Mira cómo le enseño a este niño una lección sobre ventas . . . La señora Roberts observó mientras el niño golpeaba a la puerta. El señor Roberts abrió la puerta y le explicó en palabras cortantes que era un hombre muy ocupado y no tenía interés alguno en comprar libros, pero también dijo: «Te daré un minuto, pero después me tengo que ir al aeropuerto».
>
> El pequeño vendedor no se acobardó por el desplante de Roberts, solo miró al hombre alto de cabello gris y porte distinguido, sabiendo que era un hombre bastante conocido y acaudalado. El niño dijo: «Señor, ¿podría ser usted el famoso Cavett Roberts?» A lo cual Roberts respondió: «Pasa adelante, hijito».
>
> Roberts le compró varios libros al niño, libros que quizás nunca leería. El niño había aprendido el principio de hacer sentir importante a la otra persona, y funcionó.

Al hablar de carisma, todo se resume en esto: La persona *sin* carisma llega donde un grupo y dice «aquí estoy yo», mientras que la persona *con* carisma llega a un grupo y dice «ahí están ustedes».

—Cómo ganarse a la gente

CUANDO ENTRA A UNA SALA,
¿MIRA USTED A LOS DEMÁS Y LES DICE: «¡AQUÍ ESTÁN!»?

ES UN VIAJE FAMILIAR

Bastante temprano en nuestro matrimonio, Margaret y yo nos dimos cuenta que en mi carrera tendría la oportunidad de viajar con frecuencia. Decidimos que cada vez que tuviera la oportunidad de ir a algún lugar interesante o de asistir a un evento que fuera estimulante, ella vendría conmigo, aun cuando fuera financieramente difícil.

Me encanta llevar a mi familia conmigo, aun en los viajes de negocios, porque tengo la oportunidad de compartir con ellos las alegrías y recompensas del viaje. Esos viajes han sido divertidos. Pero nuestros viajes a través del globo en ninguna manera se comparan con el otro viaje que he emprendido con ellos: el viaje del éxito.

Sin embargo, muchas otras se están dando cuenta que la esperanza de felicidad a expensas de la ruptura familiar es una ilusión. No puede desechar su matrimonio o descuidar a sus hijos y tener un éxito verdadero. Formar y mantener una familia fuerte nos beneficia en todo sentido, incluyendo el ayudarnos a hacer el viaje del éxito.

Creo que el logro más grande de mi vida fue conseguir que Margaret se casara conmigo. Somos socios en todo, y sé que sin ella no hubiera alcanzado ningún éxito en la vida. Pero mi gratitud hacia ella y mis hijos no viene de lo que ellos me han dado. Viene de lo que ellos son para mí. Hace ya varios años comprendí que todo el éxito del mundo es nada si no eres amado y respetado por los seres más íntimos. Cuando llegue al final de mis días, no quiero que Margaret, Elizabeth o Joel Porter digan que fui un buen autor, orador, pastor o líder. Mi deseo es que mis hijos piensen que soy un buen padre y Margaret piense que soy un buen esposo. Eso es lo que más importa. Es la medida del verdadero éxito.

—El mapa para alcanzar el éxito

¿LO AMAN Y RESPETAN AQUELLOS QUE ESTÁN
EN SU CÍRCULO MÁS ÍNTIMO?

DIGA LO QUE PIENSA, Y PIENSE LO QUE DIGA

Al igual que cualquier otra clase de liderazgo, convertirse en un líder de 360° tiene que ver con confiar en las personas. Cuando le preguntaron a Winston Churchill cual era el requisito más esencial de un político, él dijo: «La habilidad de predecir lo que sucederá mañana, el próximo mes y el próximo año, para luego explicar porqué no sucedió». Churchill comprendía la dinámica de la política tanto como cualquiera en el siglo veinte. Los líderes políticos se encuentran bajo una gran presión. Quizás esa es la razón por la que algunos no pueden aguantar y se derrumban, diciéndole a la gente lo que quieren oír en lugar de lo que ellos realmente creen. Y esos que se derrumban crean una reputación negativa bajo la que todos los políticos tienen que trabajar.

Si usted desea desarrollar la confianza con los demás, usted debe ser más que competente. Usted debe ser creíble y constante. La forma de lograr obtener estas cualidades es asegurándose de que lo que *dice*, lo que *hace* y lo que *dice que hace*, sean lo mismo. Si hace eso, las personas que trabajan junto a usted sabrán que pueden depender de usted.

—Líder de 360°

PREGÚNTELES A QUIENES USTED CONOCE MEJOR SI SUS PALABRAS SON CONSISTENTES CON SUS ACCIONES.

RECUERDE LA HISTORIA DE UNA PERSONA

Hay muchas buenas razones por las cuales aprender sobre la vida de una persona. Aquí hay algunas que me siguen motivando para continuar esta práctica con los demás:

- *Querer saber* la historia de una persona es como decirle: «Usted podría ser especial».
- *Recordar* la historia de una persona es como decirle: «Usted es especial».
- *Recordarle* a esa persona aspectos de su historia es como decirle: «Usted es especial para mí».
- *Repetir* la historia de una persona a los demás es como decirle: «Usted debería ser especial para ellos».

¿Cuál es el resultado? Usted se convertirá en una persona especial para aquella que le compartió su historia.

Cuando conozca a alguien, luego de las presentaciones, no lo piense dos veces. Pídale que le hable de su vida. Puede hacerlo de varias formas. Puede preguntarle directamente: «Hábleme de usted». Puede también preguntarle de dónde es o cómo llegó al lugar donde está. Use su propio estilo.

—25 maneras de ganarse a la gente

APROVECHE LA HISTORIA DE ALGUIEN
COMO PUNTO DE ENCUENTRO.

NEGÁNDOSE A CORRER UN RIESGO

La vida significa riesgo. La gente que se sabotea a sí misma no debería de preocuparse tanto de fracasar, sino de las oportunidades que se pierden al ni siquiera intentar conseguirlas. El escritor de discursos Charles Parnell observó: «Demasiada gente está teniendo lo que podría llamarse "experiencias cercanas a la vida". Se pasan la vida bateando despacito, tan temerosos de fracasar que nunca intentan ganar los premios mayores, nunca saben la emoción de batear un cuadrangular o siquiera tratar de darle a la pelota».

El escritor francés, poeta, y crítico de arte Guillaume Apollinaire escribió:

Vengan al borde.
No, nos caeremos.
Vengan al borde.
No, nos caeremos.
Fueron al borde.
Él los empujó y volaron.

Los que vuelan siempre se van primero al borde. Si quiere aprovechar una oportunidad, debe arriesgarse; si quiere crecer, debe cometer errores; si quiere alcanzar su potencial, tendrá que arriesgarse; de lo contrario, se resignará a una vida de mediocridad. La gente que no comete errores termina trabajando para aquellos que sí los cometen. Y al final, a menudo terminan lamentando la vida segura que vivieron.

—Lo que marca la diferencia

DE ALGUNA FORMA, ESTA SEMANA ACÉRQUESE AL BORDE.

EL PODER DE LA COLABORACIÓN

¿Es usted una persona colaboradora? Quizás no esté trabajando contra el equipo, pero eso no significa necesariamente que esté trabajando para él. ¿Aporta colaboración y añade valor a sus compañeros de equipo aun cuando sean personas que no le simpatizan totalmente?

Para convertirse en un jugador de equipo que sea colaborador . . .

Piense en ganar, ganar y ganar. Por lo general, cuando colabora con otros, usted gana, ellos ganan y el equipo gana. Busque a alguien en el equipo con una función similar a quien haya visto antes como un competidor. Piense en las formas en que pueden compartir información y trabajar juntos para beneficio de ambos y del equipo.

Complemente a otros. Otra forma de colaborar es encontrar a alguien que sea fuerte en las áreas en que usted es débil y viceversa. Busque a otros en el equipo con habilidades complementarias y trabajen juntos.

Sálgase del panorama. Hágase el hábito de preguntarse qué es lo mejor para el equipo. Por ejemplo, la próxima vez que esté en una reunión para resolver problemas, y todos estén aportando ideas, en lugar de promoverse, pregúntese cómo funcionaría el equipo si usted no estuviera involucrado en la solución. Si conviene, proponga ideas que promuevan e involucren a otras personas.

—*Las 17 cualidades esenciales de un jugador de equipo*

PROPÓNGASE MOSTRAR HOY UN ESPÍRITU DE COLABORACIÓN
Y COOPERACIÓN EN TODO LO QUE USTED HAGA.

NO TOME ATAJOS

Un obstáculo bastante común para tener éxito es el deseo de cortar camino y tomar la vía más corta para lograrlo. A la larga, esta actitud no paga bien. Como dijo Napoleón, la victoria pertenece a los que más perseveran.

La mayoría de la gente tiende a subestimar el tiempo que demanda alcanzar algo que valga la pena, pero para alcanzar el éxito, la persona tiene que estar dispuesta a pagar el precio. James Watt pasó veinte años trabajando para perfeccionar su motor de vapor. William Harvey trabajó noche y día durante ocho años para probar cómo la sangre circula por el cuerpo humano. Fueron necesarios otros veinticinco años para que la profesión médica reconociera que estaba en lo cierto.

Acortar camino es en realidad una señal de impaciencia y una autodisciplina muy pobre. Si está dispuesto a seguir adelante, podrá abrir camino allí donde no haya. Es lo que Albert Grey dice: «El común denominador del éxito radica en formarse el hábito de hacer cosas que a los que fracasan no les gusta hacer».

Si acostumbra a rendirse ante sus estados de ánimo o sus impulsos, entonces necesita cambiar su actitud ante las cosas que hay que hacer. El mejor método es fijarse normas que demanden responsabilidad. Soportar las consecuencias por algún error le ayudará a mantenerse en movimiento hacia adelante. Una vez que haya fijado las nuevas normas, trabaje según ellas, no según su estado de ánimo. Eso lo mantendrá en la dirección correcta.

La autodisciplina es una cualidad que se obtiene a través de la práctica. El psicólogo Joseph Mancusi ha dicho: «Las personas verdaderamente exitosas han aprendido a hacer lo que no surge en forma natural. El verdadero éxito descansa en experimentar miedo o aversión y actuar a pesar de eso».

—El lado positivo del fracaso

RECUERDE QUE, A LA LARGA,
LOS ATAJOS NO TRAEN BENEFICIOS.

LOGROS POR SOBRE LA AFIRMACIÓN

El reconocimiento de los demás es inconstante y fugaz. Si quiere impactar con su vida, tiene que cambiar los elogios que le gustaría recibir de los demás por cosas de valor que puede realizar. No puede ser «uno de tantos» y al mismo tiempo seguir su destino.

En una ocasión, un amigo me explicó algo que ilustra muy bien este concepto. Se crió cerca del Océano Atlántico, donde la gente pesca cangrejos para cenar. Me contó que a medida que pescaban los cangrejos los echaban en un canasto o en un balde. Me contó que si tiene un cangrejo en el canasto necesita taparlo para que no se salga, pero si tiene dos o más, no es necesario. Esto no tenía ningún sentido hasta que me dio más explicaciones. Me dijo que cuando hay varios cangrejos, unos se paran encima de los otros de modo que ninguno logra escapar.

He descubierto que la gente sin éxito actúa de la misma manera. Hacen todo tipo de cosas para impedir que otros tomen la delantera, tratando de impedirles que mejoren como personas o avancen en su situación. Usan toda clase de artimañas para que los demás no salgan del cesto: hacen política, promueven la mediocridad, y otras muchas cosas. La buena noticia es que si la gente trata de hacer esto, usted no tiene por qué entrar en su juego. Puede quedarse fuera del canasto negándose a ser un cangrejo. Quizás tenga que enfrentar la oposición y vivir tiempos de inseguridad, pero gozará de libertad, crecimiento en potencial y satisfacción. Levántese y levante a otros con usted.

—El mapa para alcanzar el éxito

TOME EL CAMINO ALTO Y HABLE BIEN DE LOS DEMÁS,
SIN IMPORTAR LO QUE ELLOS DIGAN DE USTED.

VAYA MÁS ALLÁ DE SUS FUERZAS

Aun fuera del trabajo, creo que todos tendemos a respetar y a gravitar con personas cuyas fortalezas son como las nuestras. Atletas deportivos andan juntos. Actores se casan con otros actores. Personas emprendedoras disfrutan de conversaciones con otros emprendedores. El problema es que si usted dedica tiempo solamente a personas como usted, su mundo se puede hacer demasiado pequeño y su pensamiento muy limitado.

Si usted es del tipo de personas creativas, busque personas que sean analíticas. Si usted tiene una personalidad tipo A, aprenda entonces a apreciar los puntos fuertes de las personas que son más relajadas. Si lo suyo son los negocios, dedique tiempo con personas que trabajan en ambientes sin fines de lucro. Si usted es un ejecutivo, aprenda a juntarse con los obreros. Cada vez que usted tenga la oportunidad de conocer personas que tengan fortalezas diferentes a los suyas, aprenda a celebrar sus habilidades y a conocerlos mejor. Ampliará su experiencia y aumentará su apreciación por las personas.

—Líder de 360°

HAGA UN ESFUERZO Y PASE TIEMPO CON ALGUIEN
QUE NO PIENSE NI ACTÚE COMO USTED.

EVITE EL CHISME

Se dice que las grandes personas hablan acerca de las ideas, que las personas promedio hablan acerca de sí mismas, y que las personas insignificantes hablan de los demás. Esto es el chisme. Eso hace que las personas se vuelvan insignificantes. El chisme no tiene ningún lado bueno, denigra a la persona de la cual se habla, denigra a la persona que está diciendo cosas malas de los demás, y denigra al que lo escucha. Esa es la razón por la cual usted debe evitar, no sólo esparcir el chisme, sino también ser receptor de él. Si usted no deja que las personas le pasen un chisme, usted se sentirá mejor respecto de la persona de la cual se ha hablado y de usted mismo. Además cualquiera que le comparta un chisme, algún día chismeará de usted.

El primer ministro británico Winston Churchill dijo: «Cuando las águilas están en silencio, los pericos empiezan a parlotear». El líder de 360° es como un águila. Se remonta, inspira y vuela alto. Un líder no habla solo para escucharse hablar. No habla de alguien más solo para sentirse mejor. Si tiene un problema con alguien, va con ese individuo y resuelve el asunto directamente, nunca usando una tercera persona. Elogia en público y critica en privado. Nunca dice nada acerca de los demás que no quiere que ellos escuchen, porque probablemente lo harán.

—*Líder de 360°*

NO SE INVOLUCRE EN EL CHISME, NI PERMITA QUE NADIE LO ARRASTRE A ELLO.

LAS PERSONAS RECUERDAN
LAS PALABRAS DE ALIENTO

Por años, me he hecho el propósito de escribirles notas personales a los demás. Generalmente olvido lo que he escrito, pero en ocasiones alguien que recibió una nota mía me la muestra y me dice del gran estímulo que fue para él o ella. Es en esos momentos que me acuerdo del aliento constante y repetitivo que las personas reciben por una palabra escrita.

Usted no sabe si algo que les escribe a los demás les iluminará durante sus momentos oscuros o los sostendrá durante los momentos difíciles. En el primer libro de *Sopa de pollo para el alma*, la maestra, hermana Helen Mrosla, relata cómo una tarea oportuna en una clase se convirtió en una fuente de ánimo para sus estudiantes. Un día, cuando sus alumnos de secundaria de la clase de matemáticas estaban muy irritables, les pidió que escribieran algo que les gustara de sus compañeros. Ella entonces recopiló los resultados el fin de semana y los entregó el lunes siguiente.

Años más tarde, uno de sus estudiantes, Mark, murió en Vietnam. Ella y algunos de sus ex condiscípulos se encontraron en el funeral. Después, el padre de Mark le dijo al grupo: «Encontraron esto en un bolsillo de Mark cuando murió» y mostró un papel bastante ajado. Era el papel que había recibido de su maestra hacía muchos años. Después de eso, Charlie, uno de los compañeros de Mark dijo: «Yo conservo el mío en la gaveta de escritorio». La esposa de Chuck comentó: «Chuck puso el suyo en nuestro álbum de bodas». «Yo también conservo el mío», dijo Marilyn, «en diario».

Todos habían atesorado las palabras amables de estímulo que habían recibido. Ese es el poder de unas pocas palabras amables.

—25 maneras de ganarse a la gente

ESCRÍBALE HOY A ALGUIEN UNAS PALABRAS DE ALIENTO.

APRENDA A SER FLEXIBLE

Quizás el enemigo más implacable de los logros, del crecimiento personal y del éxito es la inflexibilidad. Un amigo me mandó «Las diez mejores estrategias para vérselas con un caballo muerto». Me pareció que la lista era para reírse:

1. Compre un látigo más fuerte.
2. Cambie al jinete.
3. Nombre un comité para que estudie al caballo.
4. Nombre un equipo para que reviva al caballo.
5. Envíe un memo diciendo que en realidad el caballo no está muerto.
6. Contrate a un consultor caro para que encuentre «el verdadero problema».
7. Ponga a varios caballos muertos juntos para aumentar la velocidad y la eficiencia.
8. Escriba varias veces la definición estándar de *caballo vivo*.
9. Declare al caballo como el mejor, más rápido y más económico cuando está muerto.
10. Promueva al caballo muerto a una posición más elevada.

Le apuesto a que ha visto cada una de estas «soluciones» aplicadas en su lugar de trabajo. En realidad hay una sola manera efectiva de tratar con el problema. Cuando se le muera su caballo, por el amor de Dios, desmóntese. Usted no tiene que estar loco por cambiar para tener éxito, pero sí tiene que estar dispuesto a aceptar el cambio.

—*El lado positivo del fracaso*

BUSQUE UN «CABALLO MUERTO» EN SU ORGANIZACIÓN,
Y TRATE CON ÉL DE MANERA ADECUADA.

COMPROMISO

¿**C**uán importante es el compromiso para usted? ¿Es usted una de esas personas que valora la lealtad y sigue con algo hasta terminarlo? ¿Acostumbra pararse firme cuando las cosas van mal? ¿O tiende a comprometerse y luego quitarse? Más específicamente, ¿cuán comprometido está usted con su equipo? ¿Es su respaldo sólido? ¿Es su dedicación innegable? Para mejorar su nivel de compromiso . . .

Una sus compromisos a sus valores. Como sus virtudes y su habilidad para cumplir sus compromisos están estrechamente relacionados, tómese un tiempo para reflexionar. Primero, haga una lista de sus compromisos personales y de sus compromisos profesionales. Luego trate de articular sus valores fundamentales. Una vez que tenga ambas listas, compárelas. Probablemente encontrará que tiene compromisos no relacionados con sus valores; revalúelos. También encontrará que tiene valores que no está viviendo; comprométase a ellos.

Arriésguese. Comprometerse implica riesgos. Usted puede fallar. Sus compañeros pueden desanimarlo. Es posible que descubra que alcanzar sus metas no le proporcionó los resultados deseados, pero de todas maneras, corra el riesgo y comprométase. George Halas, antiguo dueño de los Chicago Bears, dijo: «Nadie que dé lo mejor de sí va a lamentar haberlo hecho».

Evalúe el compromiso de sus compañeros de equipo. Si encuentra difícil comprometerse en algunas relaciones y no puede encontrar una razón para esto en usted, piense en esto: No se puede hacer un compromiso con personas no comprometidas y esperar recibir de ellos un compromiso. Examine la relación para ver si está receloso porque el receptor potencial no es digno de confianza.

—Las 17 cualidades esenciales de un jugador de equipo

AUMENTE SU GRADO DE COMPROMISO Y MANTÉNGASE FIRME EN CUESTIONES RELACIONADAS CON SUS VALORES.

QUE EL FRACASO LO ENCAMINE AL ÉXITO

Oliver Goldsmith nació hijo de un pobre predicador en Irlanda en los años 1700. Cuando creció, no fue un gran alumno. En efecto, su maestro de escuela lo llamaba «estúpido cabeza dura». Se las ingenió para sacar un título universitario, pero terminó último en su clase. No estaba seguro qué quería hacer. Primero trató de ser un predicador, pero no iba con él, y nunca fue ordenado al ministerio. Luego intentó seguir una carrera en derecho pero fracasó en ello. Luego se quedó con medicina, pero era un doctor indiferente y no tenía pasión por su profesión. Pudo mantenerse en varios puestos pero sólo temporalmente. Goldsmith vivía en la pobreza, estaba a menudo enfermo, y una vez incluso tuvo que empeñar su ropa para comprar comida.

Parecía que nunca iba a encontrar el camino, pero luego descubrió un interés y una aptitud por la escritura y la traducción. Al principio, trabajó como corrector y escritor del Fleet Street, pero después comenzó a escribir obras que salieron de sus propios intereses. Él aseguró su reputación de novelista con *El vicario de Wakefield*, de poeta con *The Deserted Village* [La aldea desierta], y de autor teatral con *She Stoops to Conquer* [Ella se rebaja para conquistar].

Mi amigo, Tim Masters, dice que el fracaso es la parte productiva del éxito. Abre el camino que no tiene para viajar una vez más, la montaña que no tiene para escalar otra vez, y el valle que no tiene para cruzar otra vez. En el momento que está cometiendo errores, no parecerán «el beso de Jesús»; esta era una expresión de la Madre Teresa para referirse a los fracasos que nos llevan a Dios. Pero si tenemos la actitud correcta, nos pueden llevar a lo que deberíamos estar haciendo.

—*Lo que marca la diferencia*

ACEPTE EL FRACASO COMO UN MAL MENOR.

EL PODER DE LAS HABILIDADES INTERPERSONALES

El peor obstáculo al éxito que veo en los demás es una capacidad pobre de entender a la gente. No hace mucho, el *Wall Street Journal* publicó un artículo sobre las razones por las que los ejecutivos fallan. Entre las primeras cosas de la lista estaba la incapacidad personal para relacionarse efectivamente con los demás.

Días atrás les estuve hablando a algunas personas que se quejaban de no haber obtenido un contrato que esperaban conseguir. «No fue justo», me dijo uno de ellos. «Todos los que participaron se conocían. Nosotros no teníamos posibilidades. Todo eso es pura política». Sin embargo, a lo que esa persona se estaba refiriendo no era a política sino a relaciones.

Las escritoras Carole Hyatt y Linda Gottlieb dicen que las personas que fracasan en el trabajo por lo general citan «actitudes políticas» como las razones para sus fracasos. La realidad es que a lo que ellas llaman política es a menudo nada más y nada menos que una interacción regular con otras personas.

Si no ha aprendido cómo relacionarse con las personas, siempre estará librando una batalla para triunfar. Sin embargo, aprender a relacionarse con las personas le ayudará más que cualquiera otra habilidad que pueda desarrollar. A la gente le gusta hacer negocios con las personas que les son simpáticas. O, como dijo el presidente Theodore Roosevelt: «El ingrediente más importante en la fórmula del éxito es saber cómo entenderse con la gente».

—*El lado positivo del fracaso*

SUS HABILIDADES DE COMUNICACIÓN INTERPERSONAL
¿SON TAN BUENAS COMO POTENCIALMENTE PODRÍAN SER?

INCENDIE LOS BARCOS

¿Cómo define usted un verdadero compromiso? Permítame decirle cómo lo definió Hernán Cortés. En 1519, con el apoyo del gobernador Velásquez, de Cuba, Cortés navegó desde Cuba hacia México con el fin de lograr riquezas para España y fama para él. Aunque sólo tenía treinta y cuatro años, el joven capitán español había preparado su vida entera para esto.

Pero los soldados a sus órdenes no tenían el mismo compromiso. Después de tocar tierra, oyó que sus marineros se querían amotinar y regresar a Cuba con las naves. ¿Cuál fue su decisión? Quemó las naves. ¿Hasta dónde está comprometido usted con su equipo? Lo está totalmente, o ¿está listo para dar un paso atrás cuando las cosas empiecen a ponerse difíciles? Si es así, quizás necesite quemar una nave, o dos. Recuerde, no hay tal cosa como campeones indiferentes.

—Las 17 cualidades esenciales de un jugador de equipo

¿ESTÁ USTED LO SUFICIENTEMENTE DISPUESTO,
EN CASO DE SER NECESARIO, A INCENDIAR LOS BARCOS
PARA ASEGURAR EL ÉXITO DE SU EQUIPO?

DÉ CRÉDITO AL EQUIPO

En su libro *Empresas que sobresalen*, Jim Collins señala que los líderes de las mejores organizaciones, los cuales él llama «líderes del nivel 5», están caracterizados por la humildad y una tendencia a evitar ser el foco de atención. ¿Significa eso que los líderes no son talentosos? Por supuesto que no. ¿Significa que no tienen egos? No. Significa que reconocen que todos en el equipo son importantes y que comprenden que las personas hacen un mejor trabajo y lo hacen con mayor esfuerzo cuando son reconocidas por su contribución.

Si quiere ayudar a que su equipo avance más, ayudar a los miembros de su equipo a agudizar sus talentos y ampliar su potencial, cuando las cosas no vayan bien, acepte su culpabilidad y cuando las cosas vayan bien, dé el mérito a los demás.

—*El talento nunca es suficiente*

ELOGIE HOY A OTROS POR SU CONTRIBUCIÓN.
ACEPTE LA RESPONSABILIDAD POR ALGO QUE NO SALGA BIEN.

RECONOZCA EL VALOR DE UN NOMBRE

¿Cómo se siente cuando alguien lo llama con el nombre equivocado? ¿Y qué tal cuando pasa tiempo con la persona y aun así no recuerda su nombre? ¿Y cómo se siente cuando no ha visto a alguna persona por mucho tiempo y ella sí se acuerda de su nombre? ¿No lo hace sentirse bien? (¿No lo impresiona, además?) Cuando las personas se acuerdan de su nombre, están haciendo que usted se sienta valorado.

Mi amigo Jerry Lucas, quien es conocido como el «Doctor Memoria» ha dedicado su vida, después de su gran carrera en la NBA, a ayudar a los niños escolares y a los adultos para que mejoren su memoria por medio de una variedad de técnicas innovadoras. Una de ellas es el siguiente método:

> Diga el nombre de la persona al menos tres veces en la conversación.
> Haga una pregunta acerca del nombre de esa persona (por ejemplo, ¿cómo se deletrea?)
> Visualice un rasgo físico o del carácter de la persona.
> Termine la conversación mencionando el nombre de la persona.

Hace algunos años Jerry demostró lo útil que este método era cuando recordó los nombres de todas las personas en la audiencia del programa *The Tonight Show*. Pienso que también puede ayudarle a usted a recordar los nombres y los apellidos de las personas que conoce.

Si usted se esfuerza, *logrará* poco a poco recordar el nombre de las personas.

—25 maneras de ganarse a la gente

UTILICE CUALQUIER MÉTODO A SU ALCANCE
PARA RECORDAR EL NOMBRE DE LAS PERSONAS.

MIDIENDO LA INTEGRIDAD

Si la reputación es como el oro, entonces tener integridad es como ser dueño de la mina. Las siguientes preguntas podrían ayudarle a identificar las áreas que requieren atención.

1. ¿Cuán bien trato a las personas que no me benefician?
2. ¿Soy transparente con los demás?
3. ¿Aparento ser algo distinto dependiendo de la(s) persona(s) con quien(es) esté?
4. ¿Soy el mismo cuando ocupo el centro de atención que cuando estoy solo?
5. ¿Reconozco rápidamente el mal que hago sin que me presionen?
6. ¿Doy prioridad a otras personas antes que a mi agenda personal?
7. ¿Tengo un patrón rígido para las decisiones morales, o determinan las circunstancias mis elecciones?
8. ¿Tomo decisiones difíciles, aunque impliquen un costo personal?
9. Cuando tengo algo que decir de ciertas personas, ¿les hablo a ellas o hablo de ellas?
10. ¿Rindo cuentas ante al menos una persona por lo que pienso, digo, y hago?

Invierta algún tiempo para reflexionar en cada pregunta, considerándola con sinceridad antes de responder. Luego trabaje en las áreas dónde tiene más problemas.

—Seamos personas de influencia

PREOCÚPESE MENOS POR LO QUE OTROS OPINEN,
Y PRESTE ATENCIÓN A LOS RASGOS DISTINTIVOS DE SU CARÁCTER.

DICIEMBRE

1. Aprenda a escuchar
2. Progreso sobre la base de su carácter
3. Gestión de problemas
4. Todo lo que hagamos puede tener más trascendencia
5. Sepa a quién desarrollar
6. Sea comunicativo
7. Recupérese
8. Vea florecer a otra persona
9. Gestione su vida personal
10. Fomente la decisión
11. Traslade el mérito a los demás
12. Busque valor dentro de usted, no fuera de usted
13. La ley del círculo íntimo
14. Competencias
15. Encuentre un propósito
16. El mito de la influencia
17. Mire más allá de sus prejuicios personales
18. Aprenda una nueva definición de fracaso
19. Integridad
20. La ley de la imagen
21. Las voces de la visión
22. Desarrolle nuevas estrategias para alcanzar el éxito
23. Lleve a su familia consigo
24. Un pequeño cambio adicional
25. Dé sin condiciones
26. Conviértase en un empoderador
27. La ley de los dividendos
28. La actitud es su activo más importante
29. Conviértase en alguien que hace crecer a los demás
30. Levántese, recupérese y siga adelante
31. La ley del legado

APRENDA A ESCUCHAR

El primer paso en la educación es aprender a escuchar. El escritor y filósofo estadounidense, Henry David Thoreau, escribió: «Se necesitan dos personas para decir la verdad, una para hablar y la otra para escuchar». Ser un buen oyente nos ayuda a conocer mejor a las personas, para aprender lo que ellos han aprendido y para mostrarles que los valoramos como individuos.

Abraham Lincoln era uno de los presidentes con más disposición de aprender de la historia estadounidense. Cuando comenzó su carrera, él no era un gran líder, pero desarrolló su liderazgo dentro de su presidencia. Él era un gran oyente y como presidente abrió las puertas de la Casa Blanca a cualquiera que quería expresarle una opinión. Le llamaba a esas sesiones sus «baños de opinión pública». También les pedía a todas las personas con las que se reunía que le enviaran ideas y opiniones. Como resultado, recibió cientos de cartas cada mes, muchas más de las que él había recibido en el pasado. Aprendió mucho de esta práctica, y aunque no estuviera de acuerdo con los argumentos, aprendió cómo pensaban los que le escribían esas cartas y usó ese conocimiento para ayudarse a crear sus políticas y persuadir a los demás para que las adoptaran.

Conforme transcurra cada día, recuerde que no puede aprender si siempre está hablando. Tal como lo dice el viejo adagio: «Hay una razón por la cual tiene dos oídos pero sólo una boca». Escuche a los demás, sea humilde y comenzará a aprender las cosas que le puedan ayudar a ampliar su talento.

—El talento nunca es suficiente

PRACTIQUE USANDO MENOS PALABRAS Y ESCUCHANDO CON ATENCIÓN A LOS DEMÁS.

PROGRESO SOBRE LA BASE DE SU CARÁCTER

Cada vez que enfrente sus errores y trate de seguir adelante a pesar de ellos, es una prueba para su carácter. Siempre llega el tiempo en que *rendirse* es más fácil que *aguantar*, cuando *dejar de luchar* se ve más atractivo que *presentar batalla*. En tales momentos, el carácter puede ser la única cosa que lo puede mantener avanzando.

Pat Riley, el entrenador de la NBA ha dicho: «Llegará el momento en que se definan los ganadores de los perdedores. Los verdaderos guerreros entienden y captan el momento, haciendo un esfuerzo tan intenso e intuitivo que podría decirse que entregan el corazón». Después que usted ha sido lanzado a la lona y ha tenido la voluntad de levantarse, la inteligencia para planear su estrategia y el valor para entrar en acción, sepa esto: experimentará uno de esos momentos decisivos que lo definirá como un triunfador o como un perdedor.

—El lado positivo del fracaso

TRABAJE HOY DESDE EL CORAZÓN.

GESTIÓN DE PROBLEMAS

En condiciones de un liderazgo efectivo un problema rara vez adquiere proporciones gigantescas porque es reconocido y solucionado en sus etapas iniciales. Los grandes líderes por lo general reconocen un problema en la siguiente secuencia:

1. Lo presienten antes de verlo (intuición).
2. Comienzan a buscarlo y hacen preguntas (curiosidad).
3. Reúnen información (procesamiento).
4. Expresan sus sentimientos y descubrimientos con unos cuantos colegas de confianza (comunicación).
5. Definen el problema (escritura).
6. Revisan sus recursos (evaluación).
7. Toman una decisión (dirección).

Los grandes líderes raras veces son tomados por sorpresa. Se dan cuenta de que el puñetazo que les ha derribado no es el duro, sino el único que no vieron venir. Por eso, siempre están buscando señales e indicadores que les permitan darse cuenta del problema y sus probabilidades de solución. Tratan los problemas como el del potencial intruso en una granja de Indiana que leyó este letrero en una cerca: «Si cruza este campo, es mejor que lo haga en 9.8 segundos. El toro puede hacerlo en 10».

—*Desarrolle el líder que está en usted*

ESTÉ ATENTO A SU INTUICIÓN Y OBRE EN CONSECUENCIA CUANDO ALGO LO AFECTE.

TODO LO QUE HAGAMOS PUEDE TENER MÁS TRASCENDENCIA

La mayoría de los momentos en la vida serán especiales si los vemos de esa forma. Un día promedio será sólo un día promedio porque no habremos hecho que sea especial. La mejor manera de elevar una experiencia es dar lo mejor de nosotros. Eso la hace especial. Una conversación normal se vuelve mejor cuando se escucha con interés. Una relación común se transforma cuando uno hace un mayor esfuerzo. Un evento insignificante se vuelve algo especial cuando se le agrega creatividad. De cualquier cosa se puede hacer algo importante si la persona da lo mejor de sí.

—*25 maneras de ganarse a la gente*

COMPROMÉTASE A PONER LO MEJOR DE SÍ EN ESTE DÍA.

SEPA A QUIÉN DESARROLLAR

A menudo me preguntan en las conferencias sobre liderazgo: «¿Cómo se sabe qué persona se debe emplear?» Me río y les digo: «Usted nunca puede estar seguro», y ¡mis antecedentes subrayan ese comentario! Estas son algunas pautas que he tratado de seguir cuando busco personal:

- Saber lo que se necesita antes de comenzar a buscar a alguien.
- Tomar tiempo para investigar el campo.
- Llamar a muchas referencias.
- Tener varias entrevistas.
- Incluir a muchos socios en algunas entrevistas y pedir su información.
- Entrevistar a las esposas de los candidatos.
- Verificar los antecedentes de los candidatos.
- Si es posible establecer un período de prueba para ver si el trabajo y el candidato coinciden.
- Hacer preguntas difíciles tales como: «¿Por qué dejó su empleo?»; «¿Qué puede aportar?»; «¿Está dispuesto a pagar el precio?»
- Confiar en el instinto.

Si en el papel todo parece funcionar bien, pero usted se siente mal al respecto, proceda con calma. Es más, retírese y deje que un socio se haga cargo; luego compare las conclusiones. Personalmente, empleo a una persona si todo se ve bien y yo me siento bien.

—Desarrolle el líder que está en usted

RECUERDE QUE USTED PUEDE PERDER CON BUENOS JUGADORES EN SU EQUIPO, PERO NO PUEDE GANAR SIN ELLOS.

SEA COMUNICATIVO

¿Cómo actúa usted cuando de comunicarse se trata? ¿Está bien conectado a todos sus compañeros? ¿Ha descuidado o excluido a algunas personas de su círculo de comunicación? ¿O se ha aislado de otros tratando de ser más productivo? Cada vez que está en un equipo pero no se comunica con los integrantes, el equipo sufre.

Para mejorar su comunicación . . .

Sea franco. La comunicación franca genera confianza. Si tiene agendas ocultas, se comunica con los demás vía terceras personas y endulza las malas noticias, se afectan las relaciones en el equipo. Piense en la pobre relación que tiene con alguien en su equipo. Si no ha sido franco con esa persona, decida entonces cambiar de actitud. Propóngase hablar franca pero amablemente con sus compañeros.

Sea rápido. Si usted acostumbra guardarse las cosas en lugar de decirlas, propóngase cumplir con la regla de las veinticuatro horas. Cuando descubra algo irregular en relación con sus compañeros, use la primera oportunidad razonable para tocar el punto. Invite a los demás a hacer lo mismo con usted.

Sea inclusivo. Algunas personas tienden a retener información y no la comparten a menos que los obliguen a hacerlo. No haga esto. Si puede incluir a otros, hágalo. Por supuesto, se requiere que sea discreto con información delicada pero recuerde esto: la gente se interesa en aquello en lo que está involucrada. La comunicación franca aumenta la confianza, la confianza aumenta el sentido de pertenencia y el sentido de pertenencia favorece la participación.

—*Las 17 cualidades esenciales de un jugador de equipo*

ATRAIGA A LOS MIEMBROS DE SU EQUIPO GRACIAS A UNA COMUNICACIÓN EFECTIVA.

RECUPÉRESE

Hace unos veinte años, la revista *Time* describió un estudio que hizo un psicólogo sobre las personas que habían perdido su trabajo tres veces a causa del cierre de fábricas. Los escritores estaban asombrados de lo que descubrieron. Esperaban que los que fueron despedidos estuvieran decaídos y desanimados. En cambio, notaron que estaban increíblemente fuertes de ánimo. ¿Por qué? Concluyeron que la gente que había sobrellevado repetidamente la adversidad había aprendido a recuperarse. La gente que había perdido su empleo y había encontrado otro dos veces anteriormente estaba mucho mejor preparada para lidiar con la adversidad que alguien que siempre hubiese trabajado en el mismo sitio y nunca hubiese tenido que enfrentar la adversidad.

Puede que suene irónico, pero si ha experimentado muchos fracasos, está en realidad en mejor posición para lograr el éxito que la gente que no. Cuando falla, y falla, y falla otra vez —y continúa levantándose y aprendiendo de sus fracasos— está edificando fortaleza, tenacidad, experiencia y sabiduría. Y la gente que desarrolla tales cualidades es capaz de sostener su éxito, no como muchos que reciben cosas buenas temprano y de manera fácil. Siempre y cuando no se rinda, está en un lugar realmente bueno.

—Lo que marca la diferencia

AUNQUE SUENE IRÓNICO, FESTEJE SI HA SUFRIDO
MUCHOS FRACASOS.

VEA FLORECER A OTRA PERSONA

Scott Adams, creador de la tira cómica *Dilbert*, nos cuenta la historia de sus inicios como caricaturista:

> Usted no tiene que ser una «persona de influencia» para influir. De hecho, la gente que más influencia ha tenido en vida ni siquiera sabe las cosas que he aprendido de ellos. Cuando estaba intentando convertirme en un caricaturista profesional, envié carpeta de trabajos a varios editores. Me rechazaron una y otra vez. Uno de ellos, hasta me llamó para decirme que debía tomar clases de arte. Seguí intentándolo hasta que Sara Gillespie, una editora de United Media y una experta en su área, me ofreció un contrato. Al principio, no le creí. Le pregunté si quería que cambiara estilo, que trabajara con un compañero o que aprendiera a dibujar. Sin embargo, ella creía que yo era lo suficientemente bueno como para ser un caricaturista cuya labor se publicara nacionalmente. Su confianza en mí hizo que cambiara perspectiva y alteró lo que pensaba de mis capacidades. Esto le puede sonar extraño, pero desde el momento que colgué, empecé a dibujar mejor.

No sabemos lo que sucedería si empezara a alentar los sueños de quienes están a su alrededor.

—*25 maneras de ganarse a la gente*

ALIENTE HOY A ALGUIEN; ES POSIBLE QUE LOGRE
VERLO FLORECER MAÑANA.

GESTIONE SU VIDA PERSONAL

Usted puede hacer todo lo correcto en el trabajo y dirigirse bien allí, pero si su vida personal es un lío, finalmente todo lo demás se echará a perder. ¿De qué le sirve a un líder subir a la cumbre del organigrama, pero perder un matrimonio o aislar a los niños? Hablándole como consejero de experiencia, puedo decirle que ningún éxito es más valioso que la familia.

Durante años, una de mis definiciones del *éxito* ha sido: que los más cercanos a mí sean los que me aman y respetan más. Eso es lo más importante. Me interesa más el amor y el respeto de mi esposa, mis hijos, y mis nietos antes que el de cualquiera en mi trabajo. No me malentienda. Quiero que la gente que trabaja conmigo me respete también, pero no a costa de mi familia. Si fracaso en administrarme en mi casa, entonces el impacto negativo se desbordará en cada área de mi vida, incluso en el trabajo.

Si usted quiere dirigir a sus superiores, usted primero debe liderarse a sí mismo. Si usted no puede hacerlo, no tendrá ninguna credibilidad. He descubierto lo siguiente:

- Si no puedo liderarme correctamente, los demás no me seguirán.
- Si no puedo liderarme, los demás no me respetarán.
- Si no puedo liderarme, los demás no se asociarán conmigo.

Eso aplica en cualquier momento sin importar si usted desea influir en las personas que están por encima de usted, a su lado, o debajo de usted. Entre más se asegure de que está haciendo lo que debe, mejor oportunidad tendrá de causar un impacto en los demás.

—Líder de 360°

¿CÓMO MANEJA SU VIDA EN SU HOGAR?

FOMENTE LA DECISIÓN

El escritor Napoleon Hill dijo: «El esfuerzo sólo libera plenamente sus recompensas después que una persona se rehúsa a desertar». Para desarrollar persistencia de largo alcance hay que cultivar una determinación interior sobre una base de continuidad. Si lo hace, algún día su historia quizás sea similar a una de estas:

- El almirante Peary trató de alcanzar el Polo Norte siete veces antes de lograrlo en el intento número ocho.
- Oscar Hammerstein tuvo cinco espectáculos fracasados que duraron todos juntos menos de seis semanas antes de *Oklahoma*, que se mantuvo en cartelera durante 269 semanas con un ingreso bruto de siete millones de dólares.
- John Creasey recibió 743 rechazos antes que se publicara una palabra escrita por él. Finalmente publicó 560 libros de los cuales se han vendido más de sesenta millones de ejemplares.
- Eddy Arcaro perdió doscientos cincuenta carreras consecutivas antes de ganar la primera.
- Albert Einstein, Edgar Allan Poe y John Shelley fueron todos expulsados de sus escuelas por ser considerados mentalmente lentos.

Aprenda a ser una persona con determinación. Recuerde que la única diferencia entre un tiro pequeño y un gran tiro es que el gran tiro se mantuvo tirando.

—*El lado positivo del fracaso*

¿EN QUÉ MEDIDA ESTÁ USTED DECIDIDO A LOGRAR SUS METAS Y GUIAR A SU EQUIPO HACIA EL ÉXITO?

TRASLADE EL MÉRITO A LOS DEMÁS

Dar el mérito a los demás es una de las formas más fáciles de ganarse a la gente. Me encanta lo que H. Ross Perot dijo una vez cuando hablaba sobre dar méritos: «Recompense a sus empleados mientras el sudor todavía se les ve en las cejas». ¿No es cierto que el mejor momento para reconocer el mérito de los demás es cuando la cantidad de trabajo y sacrificio realizado todavía está reciente en sus mentes? ¿Por qué esperar? Es probable que haya escuchado la enseñanza del experto en administración Ken Blanchard acerca de pescar a las personas mientras están realizando algo bueno. ¡Qué gran idea! Entre más rápido dé usted el mérito a alguien más, mayor será la recompensa.

En el año 2003, cuando entrevisté a John Wooden, el entrenador de baloncesto de la UCLA me comentó que a sus jugadores les decía frecuentemente que cuando anotaran, se volvieran al jugador que les dio el pase y le dieran una sonrisa, un guiño de ojo o una señal de agradecimiento. «¿Y qué tal si no me está viendo?» preguntó un jugador. Wooden le contestó: «Te aseguro que te estará mirando». A todos nos gusta que nuestra aportación sea reconocida.

—25 maneras de ganarse a la gente

PESQUE A ALGUIEN HACIENDO ALGO BUENO HOY
Y ELÓGIELO EN PÚBLICO.

BUSQUE VALOR DENTRO DE USTED, NO FUERA DE USTED

Durante la Gran Depresión, Thomas Edison dio su último mensaje público. Él dijo: «Mi mensaje para ustedes es: ¡Sean valientes! He vivido mucho tiempo y he visto la historia repetirse una y otra vez. He visto muchas depresiones en los negocios. Estados Unidos siempre ha salido adelante más fuerte y más próspero. Deben ser tan valientes como lo fueron sus antecesores. ¡Tengan fe! ¡Adelante!» Edison sabía que cuando experimentamos el temor, debemos estar dispuestos a seguir adelante. Esa es una decisión individual. El valor comienza de manera interna antes que se muestre de manera externa.

Me encanta la historia acerca de la carta más pequeña escrita al editor del periódico inglés *Daily Mail*. Cuando el editor invitó a los lectores a enviar sus respuestas a la pregunta: «¿Qué tiene de malo el mundo?», se dice que el escritor G. K. Chesterton le envió lo siguiente:

> Estimado señor:
> Yo.
> Sinceramente,
> G. K. Chesterton

El valor, al igual que otras cualidades del carácter, surge de adentro. Comienza con una decisión que tomamos y se desarrolla cuando decidimos llevarla hasta el final.

—El talento nunca es suficiente

TENGA EL VALOR DE COMBATIR PRIMERO
LAS BATALLAS INTERNAS.

LA LEY DEL CÍRCULO ÍNTIMO

Cuando vemos a una persona increíblemente talentosa, nos sentimos tentados a creer que el talento por sí solo la hizo exitosa. Creer eso es creer una mentira. Nadie hace nada grandioso por sí solo. Los líderes no llegan al triunfo por sí mismos. El potencial de un líder se determina por aquellos que están más cerca de él. Lo que marca la diferencia es el círculo íntimo de un líder.

Para practicar la Ley del Círculo Íntimo, usted debe poner de su parte al crear relaciones. Al considerar las personas que deben estar en su círculo íntimo, hágase las siguientes preguntas.

1. ¿Tienen una gran influencia con los demás?
2. ¿Poseen puntos fuertes que contrarresten mis puntos débiles?
3. ¿Me añaden valor a mí y a mi organización?
4. ¿Impactan ellos positivamente a los demás miembros del círculo íntimo?

—*Las 21 leyes irrefutables del liderazgo*

SEA SUMAMENTE DELIBERADO Y ESTRATÉGICO
A LA HORA DE ARMAR SU CÍRCULO ÍNTIMO.

COMPETENCIAS

A veces, la palabra *competencia* se usa para querer decir «apenas suficiente» Cuando hablo de la calidad de competencia que desean los miembros de un equipo, hablo en sentido de su definición más básica: «estar bien calificado, apto». Las personas altamente competentes tienen algunas cosas en común:

Están comprometidos con la excelencia. En *Christian Excellence*, John Johnson escribe: «El éxito basa nuestros méritos en comparación con otros. La excelencia fija nuestros méritos midiéndolos contra nuestro propio potencial. El éxito concede sus recompensas a unos pocos aunque es el sueño de multitudes. La excelencia está al alcance de todos los seres humanos pero sólo unos pocos la aceptan».

Nunca se conforman con menos que lo mejor. La palabra *mediocre* literalmente significa: «a la mitad del camino de una montaña». Ser mediocre es hacer un trabajo a medias, quedarse a la mitad del camino de la cumbre. Las personas competentes nunca se conforman con menos que lo mejor.

Prestan atención a los detalles. Dale Carnegie dijo: «No tengas miedo en dar lo mejor de ti en lo que parecen ser pequeños trabajos. Cada vez que conquistas uno te haces más fuerte. Si haces bien los pequeños trabajos, los grandes tienden a resolverse solos».

Trabajan con consistencia. Las personas altamente competentes trabajan con gran consistencia. Todo el tiempo están dando lo mejor de sí, y eso es importante. Si el 99.9% fuera suficientemente bueno, entonces en los siguientes sesenta minutos se cobrarían 22,000 cheques contra cuentas bancarias que no corresponden, y sólo en el día de hoy, se entregarían doce bebés a padres equivocados.

—Las 17 cualidades esenciales de un jugador de equipo

TRABAJE CON EL MÁS ALTO GRADO DE COMPETENCIA Y EXIJA LO MISMO A TODOS LOS MIEMBROS DE SU EQUIPO.

ENCUENTRE UN PROPÓSITO

Más que cualquiera otra cosa, lo que hace que la persona siga avanzando en medio de la adversidad es un claro sentido de propósito. El consultor de negocios Paul Stoltz hizo un estudio extenso sobre lo que hace que las personas persistan en medio del desaliento.

Según Stoltz, el ingrediente más importante de la persistencia es el siguiente: «Identifique la montaña, su propósito en la vida, entonces todo lo que haga tendrá sentido. Yo me muevo todos los días entre personas que están básicamente ascendiendo a la montaña equivocada. Personas que han pasado veinte años o más de su vida haciendo algo que no ha tenido para ellos un sentido profundo. De pronto, miran atrás y dicen: "¿Qué he estado haciendo?"»

Si usted es por naturaleza una persona que se plantea propósitos, entonces es probable que ya posea un sentido innato de dirección que le ayudará a vencer la adversidad. Pero si no es así, entonces es muy probable que necesite ayuda. Use los siguientes pasos para que le ayuden a desarrollar un deseo.

+ Relaciónese con personas que posean un gran deseo.
+ Desarrolle un descontento hacia el statu quo.
+ Busque una meta que lo estimule.
+ Ponga lo más precioso que tenga en alcanzar esa meta.
+ Imagínese disfrutando de la recompensa de haber alcanzado esa meta.

Si sigue esta estrategia, es probable que no dé inmediatamente con el propósito deseado, pero a lo menos empezará a moverse en esa dirección. Y eso es importante. Como dijo Abraham Lincoln: «Recuerde siempre que su resolución para triunfar es más importante que cualquiera otra cosa». Esa resolución viene de un sentido de propósito.

—El lado positivo del fracaso

¿CUÁN SEGURO ESTÁ USTED DE ESTAR ESCALANDO
LA MONTAÑA CORRECTA?

EL MITO DE LA INFLUENCIA

Leí alguna vez que el presidente Woodrow Wilson tenía un ama de llaves que constantemente se lamentaba de que su esposo no poseía una posición más prestigiosa en la vida. Un día, esta dama se le acercó al presidente luego de que escuchó que el Secretario de Trabajo había renunciado de la administración.

«Presidente Wilson», le dijo: «mi esposo es perfecto para esa posición vacante. Él es un hombre trabajador, sabe lo que es el trabajo y comprende a las personas que trabajan. Por favor, considérelo cuando designe al nuevo Secretario del Trabajo».

«Aprecio su recomendación», respondió Wilson, «pero debe recordar que la posición del Secretario del Trabajo es muy importante. Requiere a una persona influyente».

«Pero», le dijo el ama de llaves, «si usted hiciera que mi esposo fuera el Secretario de Trabajo, él sería una persona influyente».

Las personas que no tienen una experiencia en el liderazgo tienden a sobreestimar la importancia de un título de liderazgo. Usted puede concederle una posición a alguien, pero no puede concederle un verdadero liderazgo. La influencia debe ser algo que se gana.

Una posición le da a usted una oportunidad. Le da la ocasión de probar su liderazgo. Hace que las personas le den a usted el beneficio de la duda por un tiempo, pero luego de ese tiempo, usted se habrá ganado un nivel de influencia, para bien o para mal. Los buenos líderes obtendrán la influencia que respalda su posición. Los malos líderes disminuirán su influencia hasta que sea menos de la que tenían cuando iniciaron con esa posición. Recuerde, una posición no hace al líder, es el líder el que hace la posición.

—*Líder de 360°*

¿DEPENDE USTED DE SU POSICIÓN PARA LIDERAR A OTROS,
O SE ESFUERZA EN GANAR INFLUENCIA?

MIRE MÁS ALLÁ DE SUS PREJUICIOS PERSONALES

El novelista francés, André Gide dijo: «Un ambiente sin prejuicios es probablemente la cosa más rara del mundo». Desafortunadamente, eso es cierto. Pienso que todos los seres humanos tienen alguna clase de prejuicio. Juzgamos a las personas que no hemos conocido por su raza, etnia, género, ocupación, nacionalidad, religión, o asociaciones. Y eso nos limita en verdad.

Si deseamos desarrollarnos más allá de nuestro círculo de conocidos, y también de nuestras limitaciones creadas por nuestros propios pensamientos, entonces necesitamos romper las paredes de prejuicio que existen en nuestras mentes y en nuestros corazones. El novelista Gwen Bristow dijo: «Podemos tener el nuevo mundo que deseamos, si lo deseamos lo suficiente para abandonar nuestros prejuicios, todos los días y en todo lugar. Podemos edificar este mundo si practicamos ahora lo que dijimos que era la razón por la que estábamos luchando».

—*Líder de 360°*

**IDENTIFIQUE SUS PREJUICIOS Y ESFUÉRCESE EN ROMPER
LOS MUROS INTERNOS QUE HAYA LEVANTADO
POR CAUSA DE ELLOS.**

APRENDA UNA NUEVA DEFINICIÓN DE FRACASO

Thomas Edison creía que «muchos de los fracasos en la vida los experimentan personas que no se dan cuenta cuán cerca estuvieron del éxito cuando decidieron darse por vencidos». Si puede cambiar la forma en que ve el fracaso, entonces ganará en fuerzas para mantenerse en la carrera. Busque una nueva definición de *fracaso*. Tómelo como el precio que tiene que pagar por el progreso. Si puede hacer esto, se pondrá en una mucho mejor posición para triunfar.

¿Cómo se puede ayudar usted mismo a aprender una nueva definición de *fracaso* y desarrollar una perspectiva diferente sobre el fracaso y el éxito? Cometiendo errores. Chuck Braun, de Idea Connection Systems anima a los que buscan entrenamiento para pensar en forma diferente mediante el uso de una cuota de errores. Da a cada alumno una cantidad de treinta errores para que cometan en cada sesión de entrenamiento. ¿Y si un estudiante se pasa de esa cifra? Recibe otros treinta. Como resultado, el estudiante se relaja, ve los errores desde una perspectiva diferente, y empieza a aprender.

Recuerde, los errores no definen el *fracaso*. Son el precio de alcanzar el éxito en la jornada.

—El lado positivo del fracaso

¿CUÁN CERCA ESTÁ SU EQUIPO DEL ÉXITO?
¿ESTÁ USTED DISPUESTO A SEGUIR LUCHANDO
PARA LOGRAR UN AVANCE?

INTEGRIDAD

Debido a eso es crucial mantener la integridad ocupándose de las cosas pequeñas. Muchas personas malinterpretan esto. Piensan que pueden hacer lo que les plazca respecto a las cosas pequeñas porque creen que siempre y cuando no tengan un gran resbalón, les irá bien. Pero así no son las cosas. El *Webster's New Universal Unabridged Dictionary* describe la *integridad* como «adhesión a principios éticos y morales; carácter moral sólido; honestidad». Los principios éticos no son flexibles. Una mentirilla blanca sigue siendo mentira. El hurto es hurto, sea un dólar, mil, o un millón. La integridad se compromete con el carácter por encima de la ganancia personal, con las personas por sobre las cosas; con el servicio por encima del poder, con el principio por sobre la conveniencia; con la vista panorámica por encima de la inmediata.

Phillips Brooks, clérigo del siglo diecinueve mantuvo que: «El carácter se hace en los momentos pequeños de nuestras vidas». Siempre que quebrante un principio moral, crea una pequeña grieta en la base de su integridad. Y cuando las cosas se ponen duras, se dificulta y se complica actuar con integridad. El carácter no se crea en una crisis; sólo sale a la luz. Todo lo que hizo en el pasado, y las cosas que dejó de hacer, llegan a su término al estar bajo presión.

Desarrollar y mantener la integridad requiere atención constante. Josh Weston, ejecutivo y director de la compañía Automatic Data Processing, Inc., afirma: «Siempre he tratado de vivir con la siguiente regla: "No haga lo que no le agradaría leer en el periódico al día siguiente"». Es un buen principio que todos deberíamos observar.

—Seamos personas de influencia

¿QUÉ HACE USTED EN LOS PEQUEÑOS MOMENTOS DE SU VIDA?

LA LEY DE LA IMAGEN

Cuando los momentos son difíciles, cuando la incertidumbre es alta y el caos amenaza con abrumar a todo el mundo, los seguidores necesitan más que nunca una imagen clara de parte de los líderes. Una imagen vívida que puedan ver en el líder produce energía, pasión y motivación para seguir. Al esforzarse para mejorar como un ejemplo para sus seguidores, recuerde seguir estas cosas:

1. *Los seguidores siempre están observando lo que usted hace.* Así como los niños observan a sus padres y copian su comportamiento, de la misma forma los empleados observan a sus jefes. Las personas hacen lo que ven.

2. *Es más fácil enseñar lo que es correcto que hacer lo que es correcto.* El autor Norman Vincent Peale declaró: «No hay nada más confuso que las personas que dan un buen consejo pero dan un mal ejemplo». También diría que el siguiente pensamiento es correcto: No hay nada más *convincente* que las personas que dan buen consejo y a la vez dan un buen ejemplo.

3. *Debemos esforzarnos en cambiarnos a nosotros mismos antes de intentar mejorar a los demás.* Un gran peligro es la tentación de intentar cambiar a los demás sin primero hacer cambios en uno mismo.

4. *El regalo más valioso que un líder le puede dar a los demás es dar un buen ejemplo.* El liderazgo es más algo que se capta en vez de algo que se enseña. ¿Cómo se puede «captar» el liderazgo? ¡Observando a los buenos líderes en acción!

—*Las 21 leyes irrefutables del liderazgo*

¿CUÁL ES LA IMAGEN VÍVIDA DE USTED QUE SUS SEGUIDORES VEN?

LAS VOCES DE LA VISIÓN

¿De dónde viene la visión? Para encontrar la visión que es indispensable para el liderazgo, tiene que convertirse en un buen oyente. Tiene que escuchar varias voces.

La voz interior: La visión comienza adentro. ¿Sabe cuál es la misión de su vida? ¿Qué agita su corazón? ¿Con qué sueña? Si lo que sigue en la vida no viene de un deseo interno; de las profundidades de lo que es y de lo que cree, entonces no será capaz de lograrlo.

La voz de la insatisfacción: ¿De dónde viene la inspiración para las grandes ideas? De saber qué es lo que no funciona. Estar descontento con el estado de las cosas es un gran catalítico para la visión. ¿Se deja llevar con complacencia por la inercia? ¿O está ansioso por cambiar su mundo? Ningún gran líder en la historia ha luchado para evitar el cambio.

La voz del éxito: Nadie puede lograr grandes cosas solo. Para hacer realidad una gran visión, necesita un buen equipo. También necesita un buen consejo de alguien que vaya delante de usted en el viaje del liderazgo. Si quiere llevar a otros a la grandeza, búsquese un consejero. ¿Tiene un consejero que pueda ayudarle a aguzar su visión?

La voz más alta: Aunque es cierto que su visión tiene que venir de adentro, no debe dejarla confinada por sus capacidades limitadas. Una visión verdaderamente valiosa tiene que tener a Dios en ella. Solo Él conoce todas sus capacidades. Cuando ha buscado su visión, ¿ha mirado más allá de sí, incluso más allá del tiempo de su vida? Si no, puede estar perdiendo su verdadero potencial y lo mejor de su vida.

—Las 21 cualidades indispensables de un líder

ASEGÚRESE DE QUE SU VISIÓN TENGA TODO LO NECESARIO PARA QUE USTED ALCANCE EL MÁXIMO DE SUS POSIBILIDADES.

DESARROLLE NUEVAS ESTRATEGIAS PARA ALCANZAR EL ÉXITO

Lester Thurlow dice que «un mundo competitivo le ofrece dos posibilidades: Perder o, si quiere triunfar, la alternativa de cambiar». No todo está hecho una vez que desarrolla un plan y lo pone en acción. Realmente, si quiere triunfar, nunca estará todo hecho. El triunfo se encuentra en el camino, en el desarrollo del proceso. No importa lo duro que usted trabaje, no logrará crear el plan perfecto o llevarlo a cabo sin error. Nunca llegará al punto en que ya no cometerá errores, en el que no volverá a fallar. Pero no hay problema con eso.

Los fracasos son hitos en el camino del éxito. Cada vez que usted planea, se arriesga, fracasa, revalúa o hace ajustes, está disponiendo de otra oportunidad para volver a empezar, sólo que en mejores condiciones que la primera vez. Cuando Thomas Edison tenía sesenta y siete años se le quemó completamente su laboratorio. Su comentario fue: «Menos mal que en el incendio se quemaron todos nuestros errores. Ahora podemos tener un nuevo comienzo fresco».

—El lado positivo del fracaso

RENUNCIE A LA IDEA DE LLEGAR ALGUNA VEZ A LA PERFECCIÓN.

LLEVE A SU FAMILIA CONSIGO

El entrenador de la NBA, Pat Riley dijo: «Mantenga una vida familiar por un largo periodo de tiempo y podrá mantener el éxito por un largo periodo de tiempo. Lo primero es lo primero. Si su vida está en orden puede hacer lo que quiera». Hay definitivamente una correlación entre el éxito familiar y el éxito personal. El edificar una familia firme no solo pone los cimientos para el éxito futuro, sino que también otorga un sentido más profundo a la vida.

Creo que pocas personas han sido realmente exitosas sin una familia positiva, que los apoye. No importa cuán grandes sean los logros de una persona, creo que todavía les falta algo cuando trabajan sin el beneficio de sus parientes más íntimos. Es cierto, hay personas con vocación de solteros, pero son pocos. Para la mayoría de las personas, una buena familia le ayuda a conocer su propósito y a desarrollar su potencial y les ayuda a disfrutar del viaje con una intensidad que no es posible de otra manera. Cuando se llega al punto de sembrar semillas que beneficien a los demás, ¿quiénes podrían sacar de usted los mejores beneficios sino los miembros de su propia familia?

—El mapa para alcanzar el éxito

SI USTED TIENE UNA FAMILIA, NO LA DESCUIDE
POR ALCANZAR EL ÉXITO EN SU CARRERA.

UN PEQUEÑO CAMBIO ADICIONAL

A la mayoría de las personas no les gusta el cambio. Desean una mejoría, pero se resisten a cambiar su rutina diaria. Ese es un problema porque tal como lo dice el experto en liderazgo, Max Depree: «No podemos convertirnos en lo que necesitamos ser si seguimos siendo lo que somos». Para afinar su talento por medio de la práctica, necesita hacer más que sólo ser *abierto* a cambiar: necesita *buscar* el cambio y necesita hacerlo un poco más que los demás. Lo siguiente es lo que debe buscar y en lo que debe enfocar su energía para obtener la clase de cambios que le transformará para bien:

- No cambie sólo lo suficiente para alejarse de los problemas, cambie lo suficiente como para resolverlos.
- No cambie las circunstancias para mejorar su vida, cámbiese a sí mismo para mejorar las circunstancias.
- No haga las mismas cosas de siempre esperando obtener diferentes resultados, obtenga diferentes resultados haciendo algo nuevo.
- No espere a ver la luz para cambiar, comience a cambiar tan pronto como sienta el calor.
- No vea el cambio como algo dañino que debe ser hecho, mire el cambio como algo útil que puede ser hecho.
- No evite pagar el precio inmediato del cambio, si lo hace, pagará el precio final de nunca mejorar.

El poeta y filósofo Johann von Schiller escribió: «Aquel que ha dado lo mejor de sí en su propio tiempo ha vivido para todos los tiempos». Uno puede dar lo mejor de sí solamente si está buscando de manera continua aceptar el cambio positivo.

—El talento nunca es suficiente

BUSQUE ALGO QUE NECESITE CAMBIAR EN USTED
Y COMIENCE A TRABAJAR EN ELLO.

DÉ SIN CONDICIONES

El teólogo jesuita Pierre Teilhard de Chardin decía: «Lo cosa más satisfactoria en la vida es haber podido dar gran parte de uno mismo a los demás». Cualquiera que haya ayudado gustosamente a otra persona sabe que esto es cierto. Sin embargo, no todos pueden adoptar esa mentalidad. ¿Por qué? Primero que todo, yo creo que no tiene nada que ver con las circunstancias. He conocido a personas muy generosas que casi no tenían nada pero que estuvieron dispuestas a compartir lo poco que tenían. Y he conocido a personas que tienen mucho y sin embargo son tacañas con su tiempo, su dinero y su talento. Es más bien un asunto de actitud.

La gente que de manera habitual da sin esperar nada a cambio casi siempre tiene una mentalidad de abundancia. Dan porque creen que al hacerlo no se quedarán sin recursos. El pastor y antiguo profesor Henri Nouwen decía: «Cuando no damos, por esa mentalidad de escasez, lo poco que tenemos disminuye. Cuando damos generosamente, con una mentalidad de abundancia, lo que damos se multiplicará».

He descubierto que eso es cierto. Una vez alguien me preguntó por qué debía adoptar esa mentalidad de abundancia y se sorprendió con la respuesta. Le dije que si creía en la abundancia, eso es lo que la vida le daría. Si creía en la escasez, eso es lo que obtendría. No sé por qué es eso, pero después de cincuenta años de ponerle atención a las actitudes de las personas y de mirar cómo sus vidas se desarrollaban, llegué a la conclusión de que es cierto. Si usted desea ser más generoso, cambie su manera de pensar y su actitud acerca de la abundancia. No solamente le permitirá ser más generoso, sino que también cambiará su vida.

—25 maneras de ganarse a la gente

SEA GENEROSO, SIN IMPORTAR LAS CIRCUNSTANCIAS
EN LAS QUE SE ENCUENTRE.

CONVIÉRTASE EN UN EMPODERADOR

La habilidad de impulsar y facultar a los demás es una de las claves para el éxito personal y profesional. John Craig señaló: «No importa cuánto trabajo pueda hacer, ni cuán atractiva sea su personalidad, no podrá llegar muy lejos en los negocios si no puede trabajar con otros». El ejecutivo J. Paul Getty declaró: «No importa cuánta experiencia o conocimiento posea un ejecutivo; si no puede alcanzar resultados con las personas, carece de valor».

Cuando uno se convierte en alguien que impulsa y faculta, hace más que trabajar con y a través de las personas. Les capacita para alcanzar los niveles superiores en su desarrollo personal y profesional. En términos sencillos, facultar es darles su influencia con el fin de que crezcan de modo personal y organizativo. Es compartir parte de sí mismo, su influencia, posición, poder, y oportunidades, con los demás con el propósito de invertir en sus vidas para que puedan operar a capacidad total. Es ver el potencial de la gente, compartirle sus recursos, y mostrarle que cree completamente en ella.

El acto de facultar a otros cambia vidas, y para usted y aquellos que faculta, es una situación ideal. Dar a otros su autoridad no es como regalar un objeto, su auto, por ejemplo. Si lo regala, se queda varado. Ya no tiene transporte. Pero facultar a los demás dándoles autoridad tiene el mismo efecto que compartir información: No pierde nada. Aumenta la habilidad de los demás sin reducir la suya.

—*Seamos personas de influencia*

CUANDO SEA POSIBLE, EMPODERE A OTROS
PARA QUE PUEDAN LOGRAR MÁS.

LA LEY DE LOS DIVIDENDOS

Todo lo que hago en esta etapa de mi vida es un esfuerzo colectivo. Cuando empecé a dictar seminarios hacía de todo. Seguramente había otras personas ayudando, pero lo más probable es que al mismo tiempo que me disponía a hablar, me dedicara a empacar una caja y a enviarla. Ahora simplemente aparezco y enseño. Mi maravilloso equipo cuida de todo lo demás. Incluso el libro que usted está leyendo es un esfuerzo de equipo. Mi equipo es mi gozo. No hay nada que no haría por la gente de mi equipo, porque ellos hacen todo por mí:

- Mi equipo me ha hecho mejor de lo que soy.
- Mi equipo multiplica mis recursos para el bien de otros.
- Mi equipo me capacita para hacer lo que hago con excelencia.
- Mi equipo me ha permitido disponer de más tiempo.
- Mi equipo me representa donde yo no puedo estar.
- Mi equipo provee un ambiente de comunidad que yo disfruto.
- Mi equipo llena los deseos de mi corazón.

Forjar un equipo para el futuro es exactamente como hacer crecer una cuenta de ahorros. Esta podría empezar lentamente, pero lo que usted pone en ella le da un gran rendimiento, así como los intereses compuestos obran con las finanzas. Inténtelo y descubrirá que la Ley de los Dividendos funciona de verdad. La inversión en el equipo crece con el tiempo.

—Las 17 leyes incuestionables del trabajo en equipo

INVERTIR EN SU EQUIPO RINDE DIVIDENDOS,
NO SÓLO PARA SUS MIEMBROS Y LA ORGANIZACIÓN,
SINO TAMBIÉN PARA USTED.

LA ACTITUD ES SU ACTIVO MÁS IMPORTANTE

Puede ser que las actitudes no sean el activo que nos haga grandes líderes, pero sin buenas actitudes, jamás llegaremos a desarrollar todo nuestro potencial. Robert Half International, una firma consultora de San Francisco, pidió, recientemente, a los vicepresidentes y a los directores de personal de las cien compañías más grandes de Estados Unidos que mencionaran la razón más importante para despedir a un empleado. Las respuestas son muy interesantes y destacan la importancia de la actitud en el mundo de los negocios.

- Incompetencia: 30%
- Incapacidad para trabajar con otros: 17%.
- Deshonestidad o mentira: 12%.
- Actitud negativa: 10%.
- Falta de motivación: 7%.
- Fallas o negativa para seguir las instrucciones: 7%.
- Otras razones: 8%.

Note que aunque la incompetencia ocupa el primer lugar en la lista, las siguientes cinco razones fueron problemas de actitud. No hace mucho, el Instituto Carnegie analizó los registros de diez mil personas y concluyó que el 15% del éxito se debe a la capacitación técnica. El otro 85% se debe a la personalidad, y el principal rasgo de personalidad identificado en la investigación fue la actitud. Nuestras actitudes determinan lo que vemos y cómo manejamos nuestros sentimientos. Estos dos factores determinan en gran medida nuestro éxito.

—Desarrolle el líder que está en usted

ASEGÚRESE DE QUE SU ACTITUD SEA SU ACTIVO
MÁS IMPORTANTE, NO SU MAYOR PASIVO.

CONVIÉRTASE EN ALGUIEN QUE HACE
CRECER A LOS DEMÁS

Albert Schweitzer mantuvo que «el gran secreto del éxito es pasar la vida como un hombre que jamás se gasta». Cuando usted hace suya la meta de aprender y desarrollarse continuamente, se convierte en la clase de persona que jamás se «gasta». Siempre recarga sus baterías y encuentra mejores maneras de hacer las cosas. Para determinar si continúa creciendo o no, pregúntese qué es lo que todavía anticipa. Si no se le ocurre nada u observa el pasado en lugar de ver al futuro, su crecimiento podría estar estancado.

Se afirma que: «El principal obstáculo para el descubrimiento no es la ignorancia. Es la ilusión del conocimiento». Mucha gente pierde de vista la importancia del crecimiento personal una vez que terminan su educación formal, pero no permita que eso le suceda a usted. Todo día que pasa sin crecimiento personal es una oportunidad perdida para mejorarse y para hacer florecer a los demás.

—Seamos personas de influencia

PROPÓNGASE APRENDER HOY ALGO NUEVO.

LEVÁNTESE, RECUPÉRESE Y SIGA ADELANTE

Indudablemente algunas de las grandes tareas están ante usted. Quizás entienda que tiene que acometerlas, pero le da miedo empezar. Quizás piense que no podrá sobreponerse al fracaso que pudiera resultar de intentarlo.

Formúlese un plan para hacerlo. No intente nada sin planificación. (Si ha intentado y ha fracasado una vez antes, probablemente no quiera lanzarse así nomás a hacer las cosas.) Para avanzar, párese bien firme sobre sus pies y use esta estrategia:

> Llegue a la meta.
> Organice sus planes.
> Muévase aun a riesgo de fracasar.
> Bienvenidos los errores.
> Avance basado en lo que usted es.
> Revalúe continuamente sus avances.
> Desarrolle nuevas estrategias para triunfar.

Si está dispuesto a mantener su decisión, trabajar según un plan y levantarse cada vez que lo tiren a la lona, podrá alcanzar sus metas y, algún día, hacer realidad sus sueños.

—*El lado positivo del fracaso*

CUALQUIERA SEA LA TAREA QUE TENGA HOY POR DELANTE,
PIENSE EN AVANZAR.

LA LEY DEL LEGADO

Creo que cada persona deja alguna clase de legado. Para algunos eso es algo positivo. Para otros es algo negativo. Pero esto es lo que sé: tenemos una opción acerca del legado que dejaremos y debemos esforzarnos intencionalmente para dejar el legado que queremos.

Conozca el legado que quiere dejar. La mayoría de las personas sencillamente aceptan sus vidas y no las dirigen. Creo que las personas necesitan ser proactivas acerca de la forma en que viven, y creo que eso es aun más importante en los líderes.

Algún día las personas resumirán su vida en una sola declaración. Mi consejo es: escoja ahora cuál va a ser esa declaración.

Viva el legado que usted desea dejar. Yo creo que para tener credibilidad como líder, se debe vivir lo que uno dice que cree. Si usted desea crear un legado, necesita vivirlo primero. Debe convertirse en lo que desea ver en los demás.

Escoja quién continuará su legado. No sé lo que usted desee lograr en su vida, pero le puedo decir esto: un legado continúa en las personas, no en las cosas. Muy frecuentemente los líderes ponen su energía en las organizaciones, los edificios, los sistemas u otros objetos inanimados. Pero solamente las personas quedan después de que nosotros nos hayamos ido. Todo lo demás es temporal.

Asegúrese de entregar el relevo. Casi todo el mundo puede hacer que una organización se vea bien por un periodo de tiempo corto, pero los mejores líderes dirigen pensando en el mañana y asegurándose que invierten en líderes que continuarán su legado. ¿Por qué? Porque el valor duradero del líder se mide por la sucesión.

—*Las 21 leyes irrefutables del liderazgo*

DEDIQUE TIEMPO A REFLEXIONAR SOBRE LAS INVERSIONES
DURADERAS QUE LE GUSTARÍA HACER Y BOSQUEJE
UN PLAN PARA LOGRARLAS.

ACERCA DEL AUTOR

John C. Maxwell es un reconocido experto en liderazgo a nivel internacional, orador y autor que ha vendido más de 19 millones de libros. Es el fundador de EQUIP, una organización sin fines de lucro que ha capacitado a más de 5 millones de líderes en 126 países por todo el mundo. Anualmente habla a los líderes de diversas organizaciones, tales como compañías de la lista Fortune 500, gobiernos extranjeros, la Liga Nacional de Fútbol Americano, la Academia Militar de Estados Unidos en West Point y las Naciones Unidas. Un autor de *best sellers* del *New York Times*, *Wall Street Journal* y *Business Week*, Maxwell ha escrito tres libros que han vendido cada uno más de un millón de ejemplares en inglés: *Las 21 leyes irrefutables de liderazgo, Desarrolle el líder que está en usted y Las 21 cualidades indispensables de un líder*. Se puede leer su blog en JohnMaxwellOnLeadership.com y seguirle en Twitter.com/JohnCMaxwell.

BIBLIOGRAFÍA ANOTADA

Los siguientes textos son breves descripciones de los libros de John C. Maxwell que se utilizaron para crear esta colección. Todos los textos publicados por Thomas Nelson Inc., Nashville, Tennessee.

LAS 17 CUALIDADES ESENCIALES DE UN JUGADOR DE EQUIPO
Cómo llegar a ser la persona que todos los grupos desean tener

Si desea que su equipo mejore, debe desarrollar mejores jugadores. Los grandes jugadores, al igual que los grandes equipos, se forman desde el interior. ¿Dónde puede aprender una persona a ser mejor jugador? Las opciones son por cierto limitadas. En esta obra, que acompaña a *Las 17 leyes incuestionables del trabajo en equipo*, John C. Maxwell se toma el trabajo de darnos a conocer qué es lo que mueve a un equipo. Las cualidades que John enseña llevan al lector a la esencia del trabajo en equipo. Cualquiera que las lea las puede entender y aplicar, ya sea en el hogar, en el trabajo, o en el campo de juego. Si usted aprende las diecisiete cualidades esenciales de un jugador, podrá llegar a ser la clase de persona que cualquier equipo desea tener en sus filas. Si todos los jugadores de su equipo lo logran, nada podrá detenerlos. (Publicado por primera vez en 2002.)

LAS 17 LEYES INCUESTIONABLES DEL TRABAJO EN EQUIPO
Adóptelas y faculte a su equipo

En esta popular obra, John C. Maxwell aborda las leyes del trabajo en equipo. Este libro, escrito en el mismo estilo que el éxito de ventas *Las 21 leyes irrefutables del liderazgo*, será sin lugar a dudas una obra de gran influencia en los líderes de todo el mundo. Ya sea en los negocios, en los ministerios, en los deportes o en la vida familiar, el trabajo en equipo es fundamental. El viejo enfoque autocrático no funciona. Después de más de treinta años de experiencia en liderazgo y de armar organizaciones exitosas, Maxwell sabe que la única manera de triunfar, y a lo grande, es desarrollando grandes equipos. Cada ley apela a la historia, a las noticias, y a la propia vida del autor; cada una ha sido comprobada y, cuando se la sigue, las personas estarán más cerca de sus objetivos. El trabajo en equipo es necesario; saber cómo formar equipos eficaces redundará en provecho de cada área de su vida. (Publicado por primera vez en 2001.)

LAS 21 CUALIDADES INDISPENSABLES DE UN LÍDER
Conviértase en una persona que los demás quieren seguir

¿Cuál es su sueño? En su más fantástica imaginación, ¿qué se ve haciendo? ¿Qué se interpone entre usted y sus sueños? La respuesta es liderazgo. La clave para pasar de entender lo que es un líder a ser un buen líder está en el carácter. Las cualidades del carácter activan la capacidad de dirigir, ¡o se interponen en el camino del éxito! Como señala el doctor Maxwell: «Parte del desarrollo de cualquier líder se origina en el aprendizaje de las reglas de todo líder, pues ellas son las herramientas que enseñan cómo funciona el liderago. Pero los líderes son eficaces por lo que ellos son en su interior. Para llegar al grado más alto de liderazgo, es necesario desarrollar esas cualidades desde el interior». Una mirada a los grandes líderes bastará para descubrir que esos líderes poseen las veintiuna cualidades que se describen en este libro, que acompaña y complementa el éxito de ventas del New York Times, *Las 21 leyes irrefutables del liderazgo*. Si usted logra ser el líder que debe ser en su interior, logrará ser el líder que desea ser en lo exterior. «Si usted es capaz de ello», dice Maxwell, «nada habrá en este mundo que no pueda lograr». (Publicado por primera vez en 1999.)

LAS 21 LEYES IRREFUTABLES DEL LIDERAZGO
Siga estas leyes y la gente lo seguirá a usted

Revisado y actualizado en su totalidad para celebrar el décimo aniversario de su publicación, este libro ha ayudado a más de un millón de personas a perfeccionar sus habilidades de liderazgo. En *Las 21 leyes irrefutables del liderazgo*, John C. Maxwell combina conocimiento perspicaz aprendido en sus más de cuarenta años de éxitos y errores de liderazgo con observaciones del mundo de los negocios, de la política, de los deportes, de la religión y el conflicto militar. Cada capítulo ha sido revisado. Dos capítulos, «La Ley de la Adición» (que reemplaza «La Ley de E. F. Hutton») y «La Ley de la Imagen» (que reemplaza «La Ley de la Reproducción»), son completamente nuevos. Secciones de aplicación práctica acompañan a cada capítulo. Se ha incluido una evaluación de liderazgo, además de diecisiete historias nuevas. «Un libro es una conversación entre el autor y el lector», dice Maxwell. «Han pasado diez años desde que escribí *Las 21 leyes irrefutables del liderazgo*. He madurado bastante desde ese entonces. He enseñado estas leyes en docenas de países de todo el mundo. Esta nueva edición me da la oportunidad de compartir lo que he aprendido». Si nunca ha leído *Las 21 leyes irrefutables del liderazgo*, entonces se ha estado perdiendo de uno de los libros de liderazgo de mayor éxito de ventas de todos los tiempos. Si ha leído la versión original, le encantará esta nueva versión expandida y actualizada. (Publicado por primera vez en 2006.)

25 MANERAS DE GANARSE A LA GENTE
Cómo hacer que los demás se sientan valiosos

Los doctores John C. Maxwell y Les Parrott redactaron en conjunto *25 maneras de ganarse a la gente*. Cada uno brinda su propia perspectiva a la obra, uno como comunicador experimentado y autoridad en liderazgo, y el otro como experto en relaciones personales y profesor de psicología. El doctor Maxwell comparte ejemplos prácticos de cómo ganarse a la gente en la vida diaria, mientras que el doctor Parrot respalda estas perspectivas con pruebas de investigaciones recientes en el campo psicológico. Juntos muestran la manera en que cualquiera puede ganarse a las personas haciéndolas sentirse de maravillas. (Publicado por primera vez en 2005.)

Cómo ganarse a la gente
Descubra principios que funcionan cada vez

Si se le pregunta a cualquier director ejecutivo, emprendedor, vendedor de primera línea o pastor cuál es la característica más necesaria para alcanzar el éxito en posiciones de liderazgo, responderán que es la capacidad de trabajar con las personas. ¿Cuántas veces habrá escuchado usted decir de una persona que es o no es «sociable»? Esta frase se usa con frecuencia para definir a quienes trabajan con nosotros. Pero ¿cómo se llega a ser una persona sociable? ¿Se puede aprender a ser un líder más bien orientado a las relaciones personales? ¿Cómo se aprende a tratar con personas que quizás carecen de esas capacidades relacionales? En su obra *Cómo ganarse a la gente*, John C. Maxwell transmite décadas de experiencia en veinticinco principios a usar en las relaciones con los demás y que cualquiera puede aprender. Los principios para relacionarse con las personas se clasifican según las preguntas que debemos hacernos si queremos ganarnos a las personas: Preparación: ¿Estamos preparados para las relaciones?; Conexión: ¿Estamos dispuestos a enfocarnos en los demás?; Confianza: ¿Podemos fomentar la confianza mutua?; Inversión: ¿Estamos dispuestos a invertir en otros?; Sinergía: ¿Podemos crear una relación en la que todos ganen? Cada sección contiene principios valiosos que, puestos en práctica, lo ayudarán a desarrollar habilidades esenciales de relación con los demás. (Publicado por primera vez en 2005.)

DESARROLLE EL LÍDER QUE ESTÁ EN USTED

John C. Maxwell, considerado autor de gran éxito de ventas por el *New York Times*, le muestra a una cultura que confunde la diferencia entre gerencia y liderazgo lo que distingue un «gerente-líder» de un «gerente común». Ya sea que usted esté dirigiendo a dos o a doscientas personas, tiene la responsabilidad de capacitarlos para llegar a ser todo lo que ellos sean capaces de ser. En este entrañable volumen, Maxwell comparte sus sentimientos para desarrollar líderes extraordinarios. Estos principios, que trascienden las barreras del tiempo y pueden aplicarse tanto en la vida del lector como en la de su organización, redundarán en cambios positivos gracias a la integridad personal y la autodisciplina. Un recurso infaltable para quien desea transitar o ya está transitando el camino del liderazgo. (Publicado por primera vez en 1996.)

DESARROLLE LOS LÍDERES QUE ESTÁN ALREDEDOR DE USTED
Cómo ayudar a otros a alcanzar su potencial pleno

John C. Maxwell tiene el compromiso de ser algo más que un líder: fomentar y aconsejar a miles de futuros líderes a su alrededor. Esta pasión fue lo que lo llevó a fundar INJOY y EQUIP, y es la fuerza que lo impulsa a hacer todo aquello que emprende. *Desarrolle los líderes que están alrededor de usted* es un libro práctico y a la vez inspirador, desbordante de estrategias que lo ayudarán a transformar sus metas en realidad forjando el liderazgo en las personas que lo rodean. Haciendo hincapié en el hecho de que una organización no crece si sus integrantes no lo hacen, Maxwell anima al lector a promover un espíritu productivo de trabajo en equipo, a tomar decisiones difíciles, a manejar las confrontaciones y fomentar, alentar y equipar a las personas para que lleguen a ser líderes. (Publicado por primera vez en 1996.)

EL LADO POSITIVO DEL FRACASO
Cómo convertir los errores en puentes hacia el éxito

Parece que nacieron algunas personas para lograr lo que quieren. Algunos dirán que tienen suerte, están bendecidos o tienen el toque de Midas. Pero, ¿cuál es la razón de sus triunfos? ¿Será que tienen mejor trasfondo familiar, más capital, mayores oportunidades o normas más altas? En *El lado positivo del fracaso*, John C. Maxwell tiene la respuesta: «La diferencia entre la gente promedio y los triunfadores es el concepto que tienen del fracaso y cómo lo enfrentan». La terrible verdad de la que nadie se atreve a hablar es que todos los caminos hacia el éxito nos conducen por la tierra del fracaso. Cualquier persona que admiremos lo transitaron: los hermanos Wright, Arnold Palmer, Mary Kay Ash, Truett Cathey, Erma Bombeck, Tony Gwynn, Amelia Earhart, Sergio Zyman, Hank Aaron, George Bernard Shaw, y la Madre Teresa vivieron el fracaso y aprendieron a transformarlo en un peldaño hacia el éxito. Según dice Peter Drucker, experto en liderago: «Cuanto mejor una persona, tanto más se equivocará debido a las cosas nuevas con las que experimentará». En realidad, los errores preparan el camino al éxito. ¡Permita que John C. Maxwell le enseñe los quince pasos para transformar los errores en peldaños hacia el éxito! (Publicado por primera vez en 2000.)

LÍDER DE 360°
Cómo desarrollar su influencia desde cualquier posición en su organización

Durante más de cuarenta años enseñando sobre liderazgo, John C. Maxwell se ha topado una y otra vez con este dilema: ¿Cómo aplico los principios de liderazgo si no soy el jefe? Es una pregunta legítima que Maxwell responde en *Líder de 360°*. Maxwell afirma que no hace falta ser el líder principal para ejercer una influencia significativa en su organización. Los buenos líderes no sólo son capaces de guiar a sus seguidores, sino que también son hábiles en guiar a sus superiores y sus pares. En esta obra Maxwell derriba mitos y arroja luz sobre los desafíos, a la vez que ofrece principios específicos para ejercer su influencia en todas direcciones, hacia arriba (con su jefe), lateralmente (con sus colegas) y hacia abajo (con sus subordinados). Los líderes de 360° pueden liderar con eficacia, sin importar su posición en una organización. Usted puede ampliar su influencia y convertirse en un miembro de equipo más valioso si aplica los principios que Maxwell aquí expone. (Publicado por primera vez en 2006.)

LO QUE MARCA LA DIFERENCIA
Convertir su actitud en su posesión más valiosa

¿Cómo pueden dos personas con las mismas destrezas y habilidades, en la misma situación, obtener dos resultados totalmente diferentes? El experto en liderazgo John C. Maxwell dice que lo que marca la diferencia es la actitud. Para aquellos que alguna vez se han preguntado qué es lo que los puede estar apartando de lograr la clase de éxito personal y profesional que siempre han soñado, Maxwell tiene palabras reveladoras: «Su actitud matiza todos los aspectos de su vida. Es como si fuera la brocha de la mente». En *Lo que marca la diferencia*, Maxwell hace trizas los mitos comunes que se refieren a la actitud: lo que puede y no puede hacer por usted. También muestra cómo vencer los cinco grandes obstáculos de la actitud. Lo que es más importante, usted aprenderá no sólo a desarrollar una actitud que tendrá un tremendo impacto en su carrera, familia y vida cotidiana, sino también a mantener esa actitud por el resto de su vida. Maxwell cree que la actitud es la clave para hacer la diferencia en su vida, y le enseña las destrezas que usted necesita para convertir su actitud en su posesión más valiosa. (Publicado por primera vez en 2006.)

EL MAPA PARA ALCANZAR EL ÉXITO
Usted puede llegar allá desde acá

Definir el éxito es una ardua tarea. Muchos lo equiparan con la fortuna, el poder, y la felicidad. No obstante, el éxito genuino no es algo que se adquiera o se logre. En cambio, es un viaje que lleva toda una vida. En un estilo fresco y directo, John C. Maxwell nos enseña las claves para conocer el propósito de la vida, crecer al máximo de nuestras posibilidades, y sembrar las semillas que beneficiarán a otros a lo largo del camino. Maxwell mostrará que el éxito se encuentra en el viaje bien realizado, no en el destino. *El mapa para alcanzar el éxito* contiene material nuevo y ampliado que hará de este libro una obra necesaria para cualquier colección bibliográfica sobre liderazgo. (Publicado por primera vez en 2003.)

Seamos personas de influencia
Cómo impactar positivamente a los demás

Cualquiera sea su vocación o aspiración, *Seamos personas de influencia* está a su alcance. Para ayudarlo a alcanzar nuevas metas, John C. Maxwell y Jim Dornan comparten herramientas de eficacia comprobada a lo largo del tiempo. Con humor, corazón y singular perspicacia, ellos comparten lo que han recopilado a través de décadas de experiencia tanto en el campo de negocios como en el de las entidades sin fines de lucro. Lo que es mejor, sus observaciones perspicaces son prácticas y fáciles de aplicar a la vida cotidiana. Ya sea que desee crear un negocio, fortalecer a sus hijos o alcanzar al mundo, usted puede lograrlo elevando su nivel de influencia en la vida de los demás. Por medio de este libro aprenderá formas simples y perspicaces de interactuar de manera más positiva con los demás, y verá cómo su éxito personal y organizativo se dispara por las nubes. (Publicado por primera vez en 1998.)

El talento nunca es suficiente
Descubre las elecciones que te llevarán más allá de tu talento

Mientras haya personas en el mundo, habrá mucho talento. Si ello bastase, cualquiera podría alcanzar el máximo de su potencial. Lo que falta son aquellas cosas que son necesarias además del talento. Muchos líderes de negocios hoy hacen demasiado hincapié solo en el talento. John C. Maxwell, reconocido experto en liderazgo, argumenta que ése es el camino equivocado para llegar al éxito. «Si el talento fuera suficiente, entonces ¿por qué conocemos personas talentosas que no son muy exitosas?» La sociedad está llena de personas que pudieron ser grandes, personas que mostraban un futuro prometedor pero nunca lograron su potencial completo. Pero también están las otras, personas como Thomas Jefferson, Joe Namath, Winston Churchill, Bono, Oprah y Charles Dickens, que subieron al siguiente nivel multiplicando, aprovechando al máximo su talento y mejorando el mundo que les rodeaba en el proceso. Maxwell cree que, en primer lugar, hay que ser talentoso y, en segundo lugar, que hay que mejorar ese talento. En esta obra Maxwell comparte el secreto de trece elecciones clave que usted puede hacer para convertirse en alguien con algo más que talento. (Publicado por primera vez en 2007.)

FUENTES POR LIBRO

LAS 17 CUALIDADES ESENCIALES DE UN JUGADOR DE EQUIPO

Enero 18; Enero 22; Abril 9; Abril 14; Abril 24; Mayo 7; Mayo 18; Mayo 28; Mayo 29; Junio 5; Junio 22; Julio 1; Julio 7; Julio 14; Julio 18; Agosto 5; Agosto 18; Agosto 19; Agosto 31; Septiembre 13; Septiembre 26; Octubre 16; Noviembre 1; Noviembre 8; Noviembre 17; Noviembre 24; Noviembre 27; Diciembre 6; Diciembre 14

LAS 17 LEYES INCUESTIONABLES DEL TRABAJO EN EQUIPO

Enero 2; Febrero 6; Febrero 11; Febrero 18; Marzo 30; Abril 4; Abril 7; Mayo 11; Mayo 13; Junio 15; Junio 25; Julio 19; Julio 30; Agosto 4; Septiembre 20; Septiembre 21; Noviembre 5; Diciembre 27

LAS 21 CUALIDADES INDISPENSABLES DE UN LÍDER

Enero 3; Enero 6; Enero 9; Enero 24; Enero 25; Enero 27; Febrero 3; Febrero 21; Marzo 2; Marzo 12; Marzo 18; Marzo 21; Abril 1; Abril 10; Abril 19; Abril 29; Mayo 5; Mayo 16; Junio 11; Agosto 23; Septiembre 6; Diciembre 21

LAS 21 LEYES IRREFUTABLES DEL LIDERAZGO

Enero 7; Enero 10; Enero 11; Enero 17; Enero 23; Febrero 8; Febrero 19; Febrero 24; Julio 3; Julio 28; Octubre 19; Octubre 20; Noviembre 11; Diciembre 13; Diciembre 20; Diciembre 31

25 MANERAS DE GANARSE A LA GENTE

Enero 8; Enero 12; Enero 19; Enero 29; Febrero 1; Febrero 4; Febrero 7; Febrero 12; Febrero 20; Marzo 1; Marzo 5; Marzo 15; Marzo 26; Abril 23; Abril 25; Mayo 12; Mayo 21; Junio 2; Junio 13; Junio 24; Junio 26; Julio 21;

Julio 24; Agosto 9; Agosto 17; Agosto 26; Septiembre 10; Septiembre 23; Septiembre 29; Octubre 7; Octubre 25; Noviembre 3; Noviembre 7; Noviembre 15; Noviembre 22; Noviembre 29; Diciembre 4; Diciembre 8; Diciembre 11; Diciembre 25; Febrero 29

CÓMO GANARSE A LA GENTE

Enero 4; Febrero 5; Marzo 4; Abril 6; Abril 11; Abril 15; Mayo 20; Junio 9; Septiembre 3; Septiembre 18; Septiembre 22; Octubre 11; Octubre 13; Octubre 23; Octubre 24; Octubre 28; Noviembre 12

DESARROLLE EL LÍDER QUE ESTÁ EN USTED

Enero 26; Febrero 15; Febrero 22; Febrero 26; Marzo 6; Marzo 22; Abril 16; Abril 17; Abril 20; Mayo 10; Mayo 22; Junio 10; Junio 28; Julio 13; Agosto 1; Agosto 8; Agosto 28; Septiembre 2; Septiembre 12; Septiembre 25; Octubre 3; Octubre 6; Octubre 27; Noviembre 2; Diciembre 3; Diciembre 5; Diciembre 28

DESARROLLE LOS LÍDERES QUE ESTÁN ALREDEDOR DE USTED

Marzo 16; Marzo 19; Marzo 28; Abril 5; Abril 12; Abril 22; Abril 27; Mayo 2; Mayo 8; Mayo 17; Mayo 25; Junio 1; Junio 14; Junio 19; Junio 23; Julio 2; Julio 25; Julio 29; Agosto 29; Octubre 4; Octubre 30

EL LADO POSITIVO DEL FRACASO

Febrero 25; Febrero 27; Marzo 3; Marzo 11; Marzo 23; Abril 3; Abril 18; Mayo 6; Mayo 15; Mayo 24; Mayo 30; Junio 6; Junio 16; Junio 27; Julio 6; Julio 15; Julio 26; Agosto 10; Agosto 21; Agosto 30; Septiembre 11; Septiembre 24; Octubre 1; Octubre 2; Octubre 15; Octubre 31; Noviembre 6; Noviembre 18; Noviembre 23; Noviembre 26; Diciembre 2; Diciembre 10; Diciembre 15; Diciembre 18; Diciembre 22; Diciembre 30

LÍDER DE 360°

Enero 1; Enero 5; Enero 14; Enero 15; Enero 21; Febrero 2; Febrero 9; Febrero 10; Marzo 9; Marzo 10; Marzo 13; Marzo 14; Marzo 17; Marzo 20; Marzo 24; Marzo 31; Abril 8; Abril 30; Mayo 3; Mayo 4; Mayo 9; Mayo 14;

Junio 4; Junio 21; Junio 29; Junio 30; Julio 8; Julio 20; Julio 27; Julio 31;
Agosto 2; Agosto 15; Agosto 16; Agosto 27; Septiembre 4; Septiembre 9;
Septiembre 14; Septiembre 19; Septiembre 28; Octubre 8; Octubre 9;
Octubre 14; Octubre 21; Octubre 26; Octubre 29; Noviembre 14;
Noviembre 20; Noviembre 21; Diciembre 9; Diciembre 16; Diciembre 17

LO QUE MARCA LA DIFERENCIA

Enero 16; Febrero 14; Abril 28; Mayo 19; Mayo 26; Junio 8; Junio 17; Julio 4;
Julio 10; Julio 22; Agosto 6; Agosto 11; Septiembre 5; Septiembre 15;
Septiembre 27; Octubre 5; Octubre 12; Octubre 22; Noviembre 10;
Noviembre 16; Noviembre 25; Diciembre 7

EL MAPA PARA ALCANZAR EL ÉXITO

Enero 13; Enero 20; Enero 28; Enero 30; Enero 31; Febrero 13; Febrero 17;
Febrero 23; Marzo 8; Marzo 27; Marzo 29; Abril 21; Mayo 1; Mayo 23;
Junio 3; Julio 9; Julio 16; Agosto 20; Agosto 25; Septiembre 16; Octubre 17;
Noviembre 13; Noviembre 19; Diciembre 23

SEAMOS PERSONAS DE INFLUENCIA

Febrero 16; Febrero 28; Marzo 7; Marzo 25; Abril 2; Mayo 31; Junio 12;
Agosto 7; Septiembre 7; Septiembre 8; Septiembre 30; Octubre 10;
Octubre 18; Noviembre 4; Noviembre 9; Noviembre 30; Diciembre 19;
Diciembre 26; Diciembre 29

EL TALENTO NUNCA ES SUFICIENTE

Abril 13; Abril 26; Mayo 27; Junio 7; Junio 18; Junio 20; Julio 5; Julio 11;
Julio 12; Julio 17; Julio 23; Agosto 3; Agosto 13; Agosto 14; Agosto 22;
Agosto 24; Septiembre 1; Septiembre 17; Noviembre 28; Diciembre 1;
Diciembre 12; Diciembre 24; Agosto 12

FUENTES POR DÍA

Julio 1	*Las 17 cualidades esenciales de un jugador de equipo*
Julio 2	*Desarrolle los líderes que están alrededor de usted*
Julio 3	*Las 21 leyes irrefutables del liderazgo*
Julio 4	*Lo que marca la diferencia*
Julio 5	*El talento nunca es suficiente*
Julio 6	*El lado positivo del fracaso*
Julio 7	*Las 17 cualidades esenciales de un jugador de equipo*
Julio 8	*Líder de 360°*
Julio 9	*El mapa para alcanzar el éxito*
Julio 10	*Lo que marca la diferencia*
Julio 11	*El talento nunca es suficiente*
Julio 12	*El talento nunca es suficiente*
Julio 13	*Desarrolle el líder que está en usted*
Julio 14	*Las 17 cualidades esenciales de un jugador de equipo*
Julio 15	*El lado positivo del fracaso*
Julio 16	*El mapa para alcanzar el éxito*
Julio 17	*El talento nunca es suficiente*
Julio 18	*Las 17 cualidades esenciales de un jugador de equipo*
Julio 19	*Las 17 leyes incuestionables del trabajo en equipo*
Julio 20	*Líder de 360°*
Julio 21	*25 maneras de ganarse a la gente*
Julio 22	*Lo que marca la diferencia*
Julio 23	*El talento nunca es suficiente*
Julio 24	*25 maneras de ganarse a la gente*
Julio 25	*Desarrolle los líderes que están alrededor de usted*
Julio 26	*El lado positivo del fracaso*
Julio 27	*Líder de 360°*
Julio 28	*Las 21 leyes irrefutables del liderazgo*
Julio 29	*Desarrolle los líderes que están alrededor de usted*
Julio 30	*Las 17 leyes incuestionables del trabajo en equipo*
Julio 31	*Líder de 360°*

Agosto 1	*Desarrolle el líder que está en usted*
Agosto 2	*Líder de 360°*
Agosto 3	*El talento nunca es suficiente*
Agosto 4	*Las 17 leyes incuestionables del trabajo en equipo*
Agosto 5	*Las 17 cualidades esenciales de un jugador de equipo*
Agosto 6	*Lo que marca la diferencia*
Agosto 7	*Seamos personas de influencia*
Agosto 8	*Desarrolle el líder que está en usted*
Agosto 9	*25 maneras de ganarse a la gente*
Agosto 10	*El lado positivo del fracaso*
Agosto 11	*Lo que marca la diferencia*
Agosto 12	*El talento nunca es suficiente*
Agosto 13	*El talento nunca es suficiente*
Agosto 14	*El talento nunca es suficiente*
Agosto 15	*Líder de 360°*
Agosto 16	*Líder de 360°*
Agosto 17	*25 maneras de ganarse a la gente*
Agosto 18	*Las 17 cualidades esenciales de un jugador de equipo*
Agosto 19	*Las 17 cualidades esenciales de un jugador de equipo*
Agosto 20	*El mapa para alcanzar el éxito*
Agosto 21	*El lado positivo del fracaso*
Agosto 22	*El talento nunca es suficiente*
Agosto 23	*Las 21 cualidades indispensables de un líder*
Agosto 24	*El talento nunca es suficiente*
Agosto 25	*El mapa para alcanzar el éxito*
Agosto 26	*25 maneras de ganarse a la gente*
Agosto 27	*Líder de 360°*
Agosto 28	*Desarrolle el líder que está en usted*
Agosto 29	*Desarrolle los líderes que están alrededor de usted*
Agosto 30	*El lado positivo del fracaso*
Agosto 31	*Las 17 cualidades esenciales de un jugador de equipo*